ことばとの対話

― 理論・記述・言語教育 ―

同志社ことばの会記念論文集刊行会

藤 岡 克 則

北 林 利 治

長谷部 陽一郎

編 著

英 宝 社

はしがき

　本書のタイトルにある「ことばとの対話」という表現には，違和感をおぼえるむきもあるだろう．対話とは言語を介したコミュニケーション活動であり，ことばはそうした活動の手段である．それならば，「ことばによ・る対話」が正しい表現ではないかと思われるかもしれない．しかし，本書が目指すのは，言語という誰にとっても基本的なコミュニケーションの媒体を分析対象として捉え，学問的情熱を傾ける研究者たちの「ことばとの・対話」に他ならない．

　ことばを対象とする研究には大きく分けて3つの領域があると思われる．1つは生成文法や認知言語学など一定の言語観のもとに個々の現象の中に潜む構造や法則を見出そうとする「言語理論研究」の領域である．これに対し，個々の事例を仔細に検討して，様々な特徴や振る舞いを明らかにすることに重きを置くのが「語法・記述研究」の領域である．そしてもう1つ，ことばの学習や教授法に関する問題に取り組む「言語教育研究」の領域がある．いずれにおいても言語の研究者は，ことばに対して客観的な考察の目を向ける観察者であろうとする．

　しかし，「ことば」は常に明確な形状や輪郭を持っているわけではない．理論的枠組や考察範囲の設定に応じて，異なった姿かたちを伴って現れてくる．つまりそれは，共通した単一の対象と言うより，ウィトゲンシュタイン流に言えば「家族的類似性」のもとにつながった集合的概念である．そうであるならば，言語の研究者の仕事とは，各自がこれと定めた立脚点から「ことば」という対象と親密な対話を試みることと言えるのではないだろうか．

　こうした考えのもとに，本書では言語理論研究，語法・記述研究，言語教育研究という3つの領域における論文を収録し，広範な「対話」の試みを1つの大きな眺望として読者に提供することを目指した．執筆に関わった研究者の多くは「同志社ことばの会」の会員である．

同志社ことばの会は，同志社大学文学部英文学科教授であった故石黒昭博先生が創設された研究会 Doshisha Linguistic Society に由来する，同志社大学にゆかりのある大学教員や学生で構成される研究会である．本研究会では，現在の名称を得る以前から，山内信幸先生，赤楚治之先生，高坂京子先生が中心的存在として，各種の活動を支え，また後進に対する指導的役割を果たしてくださった．先生方は近く還暦を迎えられることになり，本研究会の会員有志一同の感謝の気持ちを表すために本書の出版が企画された．

　同志社ことばの会では，毎年2月に同志社大学今出川校地にて「年次大会」を開催し，大学等の教育機関に職を持つ教員やその教え子である院生・学部生が研究発表を行う．そこでは「ことば」に関する実に様々な話題が扱われる．言語観や方法論も多様である．生成文法による統語論研究，認知言語学に基づく意味論研究，関連性理論による談話研究，コーパスを活用した英語教育の取り組み等々，特定の領域や分野にとらわれることなく，活発な議論が行われてきた．この年次大会は，個々の会員の「ことばとの対話」の報告会であり，また，理論や領域の垣根を超えて学問的話題や知見を共有できる場である．こうした良き伝統を，ことばに関心を持つ多くの人々と分かち合いたいという思いも，本書を構想する大きな動機となった．

　山内先生，赤楚先生，高坂先生は複数の領域にわたる幅広い研究・教育活動に携わっておられるが，各先生の近年の仕事はそれぞれ「語法・記述」，「言語理論」，「英語教育」に力点が置かれていると見受けられる．そこで，山内先生からは語法・記述領域，赤楚先生からは言語理論領域，高坂先生からは言語教育領域におけるご研究の成果を執筆していただいた．他の論文と併せて読み進めると，同志社ことばの会における3先生の指導的役割と影響力，そして本研究会で積み重ねられた対話の厚みを感じていただけるだろう．

　さらに本書には，山内先生，赤楚先生，高坂先生と交誼のある，国内はもとより国際的にも著名な山梨正明先生，益岡隆志先生，田地野彰先生に最新の論考をご寄稿いただいた．先生方は，それぞれの領域における重要な学問的潮流において，長年の間，第一線で活躍してこられた研究者である．慧眼と実績に裏打ちされた先生方の論考は，本書にとって言わば扇の

要のような存在であり，様々な研究を眺望し，関係付けていくことを可能にする「参照点」としての役割を担っている．

　このように幅広い領域の研究者による「ことばとの対話」に触れることは，私たち編者にとって，ことばの持つ様々な性質—例えば普遍性と多様性，創造性と慣習性，全体性と個別性，連続性と非連続性等—に関する新たな気づきのきっかけとなった．ことばの世界には一人称的視点にとどまっていては得られない豊かな眺望がある．その中で具体的に何が見えてくるかは，読者それぞれに異なることだろう．いつの日かそれらを持ち寄って，さらなる対話につないでいくことが，編者たちの願いである．

　　2019 年 1 月

　　　　　　　　　　　　　　　　　　　藤　岡　克　則

　　　　　　　　　　　　　　　　　　　北　林　利　治

　　　　　　　　　　　　　　　　　　　長谷部　陽一郎

目　次

III 一般論文

言語教育研究編

ことばとの対話

— 理論・記述・言語教育 —

I　招待寄稿

日常言語とレトリックの複合性
—修辞的複合モードの認知的分析—

山　梨　正　明

1.　はじめに

　一般に詩，小説をはじめとする文学に関わる言語表現を考察する場合には，言葉の綾としての言語の修辞性が注目されるが，日常言語に見られるような慣用表現の修辞性は等閑視される傾向がある.[1]　その一因は，問題の言語表現の修辞性が意識されているか否かにある.　文学の言語では一般に修辞性が意識されるが，日常言語の慣用的な表現の場合には，修辞性に根ざしていた意味が慣用化され，文字通りの意味のように解釈される.[2]　したがって，一般に文学の分野では，日常言語の慣用的な表現に認められる修辞性は注目されない.　これに対し，本稿では，文学の言語の修辞性だけでなく，日常言語の慣用的な表現に認められる修辞性も考察の対象とする.　特に以下の考察では，認知言語学の視点から，複合的な修辞機能が関わる言語現象として，メタファーとメトニミーの融合現象，メタファーとアイロニーの融合現象，複数のメタファーが同時多発的に関わる言語現象，複数のメタファーが共起する混合メタファーなどの現象を考察していく.　この種の修辞性が関わる言語現象は，これまでの伝統的なレトリックの研究や文学の研究では分析の対象にされていない.　修辞機能が複合的に関わる言語現象の考察は，伝統的なレトリックの研究や文学言語の研究だけでなく，人間の認知システムの解明を試みる言葉の科学の研究に，新たな知見を提供する.[3]

2.　メタファーとメトニミーの融合現象

　伝統的なレトリックの研究では，一般に言葉の綾としての修辞性が認められる言語表現には，メタファーやメトニミーを特徴づける認知プロセスが独立に関わっているように考えられている.　例えば，メタファーにはあ

る領域から他の領域への写像の認知プロセス，メトニミーには認知のドメインにおける焦点シフトの認知プロセスが，個々の言語表現に独立して関わっているように考えられる．しかし，言語現象の中には，修辞機能が複合的に関与する言語事例が広範に存在する．

　修辞的な機能が複合的に関わる興味深い例としては，次の表現が挙げられる．

　　(1)　a. 獅子鼻と才槌頭がケンカしている．
　　　　 b. 太鼓腹がジョギングしている．

(1)の「獅子鼻」，「才槌頭」，「太鼓腹」という表現の「鼻」，「頭」，「腹」は身体の一部を意味し，この部位が参照点として機能しターゲットとして問題の人物が含意されるという点では，広義のメトニミー表現である．しかし，「獅子鼻」，「才槌頭」，「太鼓腹」という表現は，その主要部の「鼻」，「頭」，「腹」がそれぞれ「獅子」，「才槌」，「太鼓」という修飾部によって修辞的に形容されている点でメタファー表現でもある．この点で，(1)のタイプの表現は，メトニミーとメタファーに基づく認知プロセスが複合的に関わっている表現である．ここでは，この種の複合的な修辞表現を，(「メタファー」と「メトニミー」のブレンディングにより)「メトファー」(metophor)と呼ぶことにする（山梨 2010: 79）．

　(1)のメトファー(「獅子鼻」，「才槌頭」,「太鼓腹」)の複合的な認知プロセスは，次のように規定される．

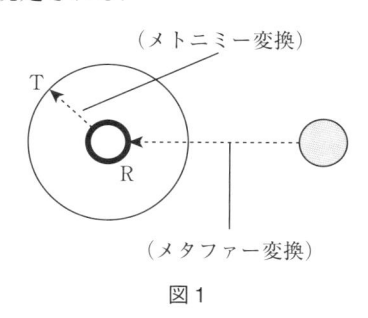

図1

図1の左側の R でマークされる太字のサークルは問題のメトファーの身体部位，T でマークされる細字のサークルはこの身体部位が含意する人物，

右側の網かけでマークされるサークルは，問題の身体部位を比喩的にたとえるソースドメインの存在を示す．また，この図の左側の斜めに延びる矢印と右側の水平に延びる矢印は，それぞれメトファーの言語表現に複合的に関わるメトニミー変換とメタファー変換の認知プロセスを示している．

　同様のメタファー／メトニミーの複合的な認知プロセスは，次の英語の例にも見られる．

　　(2)　a. A bulbous nose is laughing.
　　　　 b. A potbelly is jogging.

(2a) の a bulbous nose は，球根 (bulb) のようなふっくらした鼻を意味しており，(2b) の a potbelly は壺 (pot) のような丸く太ったお腹を意味している点で，身体部位のメタファーになっている．そして，このメタファーの認知プロセスが関わる身体部位の表現が，そのような鼻（ないしはお腹）の人物をメトニミー的に意味している．この点で，(2a-b) の文には，メタファーとメトニミーの認知プロセスが複合的に関わっている．

　次の例にも，メトニミーとメタファーに基づく認知プロセスが複合的に関わっている．

　　(3) 森を抜けると富士山が目に飛び込んで来た．

(3) の「目」は文字通りの身体部位の器官ではなく，視界を意味するメトニミー表現である．(3) の文は，この視界に富士山の姿が入ってきた（すなわち，富士山が見えた）という意味を表現している．この知覚の基本的なプロセスは，図 2 に示される (Yamanashi 2010: 166).

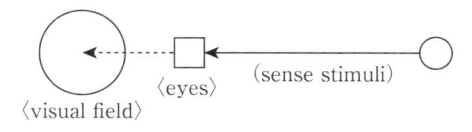

図 2

図 2 の左端のサークルは，参照点としての身体部位の「目」によって起動されるターゲットとしての「視界」を意味する．目から視界に向かう点線

の矢印は，感覚刺激が視界に入るプロセスを意味する．上の (3) の例では，この感覚刺激の移動のプロセスが文字通りに表現されているのではなく，(「飛び込んで来た」という表現から明らかなように）メタファー的に表現されている．この点で，(3) の「目に飛び込んで来た」という表現には，メトニミーとメタファーに基づく認知プロセスが複合的に関わっている．

(4) の例も興味深い．

(4)　a. Gabriel's eyes, ..., wandered to the wall above the piano.

(James Joyce, *The Dead*: p.128)

　　　b. His eyes searched the ground.　　　(John Steinbeck, *Flight*: p.473)

(4a-b) の eyes は，文字通りの身体部位の器官ではなく，視線を意味するメトニミー表現である．これらの例では，この視線の知覚対象への移動のプロセスが，wander, search という動詞によって比喩的に表現されている．(4) の表現に関わるこのメトニミーとメタファーの関係は，以下の図に示される．

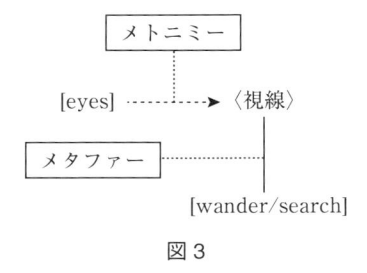

図 3

次の例にも，メトニミーとメタファーの認知プロセスが複合的に関わっている．

(5)　a. あの人は顔が広い．
　　　b. 大きい顔をするな！

この場合，「顔」は文字通りに身体部位としての顔を意味するのではなく，メトニミー的に，世間に関する情報ないしは対人的な態度を意味する．ま

た，この「顔」を叙述する形容詞の「広い」，「大きい」は，文字通りの物理的なサイズを意味するのではなく，比喩的に世間に関する情報量や態度の不遜さの程度を表現している．この点で，(5) の表現にも，メトニミーとメタファーに基づく認知プロセスが複合的に関わっている．

　次の (6) の例にも，メトニミーとメタファーに基づく認知プロセスが複合的に関わっている．

(6) a. 腰が低い．　　b. 頭（ず）が高い！　　c. 鼻が高い．
　　d. お目が高い．　　e. 頭が古い．

(6a-b) の「腰」，「頭」は，メトニミー表現として相手に対する対人関係的な態度を意味する．（「頭が高い！」という表現は，現代語の用法ではないが，時代劇などの台詞として使われる．）また，これらの身体部位の表現を叙述する形容詞の「高い」，「低い」は，文字通りの物理的なサイズを意味するのではなく，態度に関する謙虚さ，不遜さの程度を比喩的に表現している．(6c) の「鼻」は，メトニミー表現としてプライドを示し，これを叙述する「高い」はプライドの程度をメタファー的に叙述している．また，(6d) と (6e) の「目」，「頭」は，それぞれメトニミー表現としてモノを見る鑑定力，考え方を意味し，「高い」，「古い」は，鑑定力，考え方をメタファー的に叙述している．以上の点で，(6) の表現には，メトニミーとメタファーに関わる認知プロセスが複合的に関わっている．

　ただし，(6) のタイプの言語表現の形容詞の比喩性には，非対称性の制約が存在する．(6) の表現が可能ならば，これらの表現の形容詞の反意語から成る (7) の表現も修辞的な表現として可能に見える．

(7) a. *腰が高い．　　b. *頭（ず）が低い！　　c. *鼻が低い．
　　d. *お目が低い．　　e. *頭が新しい．

(7) の表現の場合，主語の身体部位を文字通りの意味で叙述している場合には，適切な表現である．しかし，これらの表現の形容詞が，(6) の例と同じようにメタファーとして使われる場合には意味をなさない．すなわちこの場合には，(7) の表現は不適切な表現である．(7) の文頭の * 印は，述

部の形容詞がメタファーとして使われた場合の不適切性を示す.[4]

　次の例では，メタファーとメトニミーの修辞性に関し，主語の部分の「町」の解釈が問題になる.

　　(8) 町はさすがに，まだ，寝しずまっていた．（川端康成『古都』: p.241）

(8) の場合，町それ自体を物理的存在として解釈するならば，「町」はメトニミー表現として＜町の人々＞を意味する．しかし，町が擬人的な存在と見なされるならば，比喩的な表現として解釈することも可能である．この複数の修辞的な解釈の可能性は，図 4 に示される.

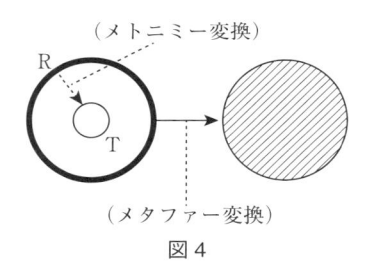

図 4

この図の R でマークされるサークルは参照点としての＜町＞，T でマークされるサークルはターゲットとしての＜町の人々＞を意味する．また，右の斜線でマークされたサークルは，R のサークルの起点領域から比喩的に写像された目標領域としての＜擬人化された町＞を意味する.

　(8) は，川端康成の『古都』の一例であるが，この種の文学テクストを構成する表現の場合，問題の表現がメトニミーの表現なのかメタファーの表現なのかを，分析的な視点から一律に決定することは難しい．ウィリアム・エンプソンの＜曖昧性＞の観点から見るならば，文学テクストの修辞性は，むしろこの種の曖昧性によって保証されるとも言える.[5]

3. シネクドキとメタファーの融合現象

　伝統的なレトリックの研究では，一般にシネクドキは，＜類＞と＜種＞の認識ないしは＜部分＞と＜全体＞の認識に基づく修辞表現とされている．しかし，認知言語学をはじめとする最近のレトリックの研究では，＜部分＞と＜全体＞の認識に基づく修辞表現は，メトニミーの修辞表現の一種として規定する立場もある．この規定に従うならば，シネクドキの修辞表現は，＜類＞と＜種＞の認識に基づく修辞表現に限定される．ここでは，シネクドキの分析に関する以上の二つのアプローチの適否は問題にしない．しかし，いずれにせよ少なくとも＜類＞と＜種＞の認識に基づく修辞的な表現は，シネクドキの修辞表現と見なされることには変わりはない．

　＜類＞と＜種＞の認識に基づくシネクドキの修辞表現の典型例としては，(9a)の「白いモノ」，(9b)の「クレオパトラや楊貴妃」という表現が考えられる．

> (9) a. 寒くなってきましたね．外には，白いモノが舞っていますよ．
> 　　 b. あの店のクレオパトラや楊貴妃達は，仕事の面でも常にトップを走っている．

(10)に示されるように，(9)の文脈における「白いモノ」は雪を，「クレオパトラや楊貴妃」は，美しい女性を意味する．

> (10) a. 白いモノ：[雪]
> 　　 b. クレオパトラや楊貴妃：[美しい女性]

前者は，類（白いモノ）から種（雪）への認知プロセスに基づくシネクドキの表現，後者は種（クレオパトラや楊貴妃）から類（美人）への認知プロセスに基づくシネクドキの表現である．(9a-b)の例は，この点で修辞的にソフィストケートされた表現であると言える．またこの種の表現は，日常言語の口語表現としては，少々凝った言い回しの表現とも言える．

　(9)の例の修辞性は，シネクドキの修辞性にとどまっている訳ではない．(9a-b)の文には，さらにメタファーの修辞性も関わっている．(11)に示さ

れるように，前者の文の「舞っている」は，比喩的に［降っている］を意味し，後者の文の「トップを走っている」は，比喩的に［最前線で活躍している］を意味する.

(11)　a. 舞っている：［降っている］
　　　b. トップを走っている：［最前線で活躍している］

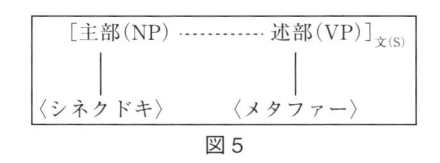

図 5

この点で，(9a-b) の文は，厳密にはシネクドキとメタファーの融合している修辞表現と見なすことができる. 換言するならば，これらの文は，図 5 に示されるように，主部のシネクドキと述部のメタファーが一つの文の中に共起し，相互作用している複合的な修辞表現と見なすことができる.

4. アイロニーとメタファーの融合現象

　一般に，日常の伝達では，問題の言語表現が文字通りの意味を伝える表現であるか，修辞的な意味を伝える表現であるかは問題にされるが，複数の異質の修辞的な意味を含意する表現であるかどうかは問題にされない. しかし，日常言語の創造性のメカニズムを明らかにしていくためには，単一の修辞機能が関わる言語現象だけでなく，複数の修辞的な認知プロセスが関わる言語現象も綿密に分析していく必要がある.

　一見したところ，次の (12) は，メタファーの典型例と考えられるが，この文には，メタファーとアイロニーの二種類の認知プロセスが関わっている.[6]

　　(12) あなたは我が社の希望の星だ.

この文は，(13b) に示されるメタファーとして解釈できる.

(13) a. あなたは我が社の希望の星だ.
    ↓（メタファー）
  b.＜あなたは我が社にとって貴重な存在だ＞

しかし，(12)の文は，文脈によってはこの解釈にとどまるのではなく，(14)に示されるように，（このメタファーの意味を介し）さらにアイロニーの意味を伝える発話としても解釈できる.

(14) a. あなたは我が社の希望の星だ.
    ↓（メタファー）
  b.＜あなたは我が社にとって貴重な存在だ＞
    ↓（アイロニー）
  c.＜あなたは我が社にとって価値のない不要な存在だ＞

すなわち，(12)は，文脈によっては，メタファーとアイロニーの認知プロセスが複合的に関わる表現として解釈することも可能である. ただし，この場合のアイロニーの解釈は，メタファーの意味を背景として可能になっている点に注意したい. 解釈の順序としては，逆にまずアイロニーの解釈が成立し，このアイロニーの意味を背景として，次にメタファーの解釈が成立することも論理的には可能である. しかし，実際の解釈としては，この後者の解釈は適切ではない. 以上のメタファーとアイロニーの解釈の順序とその制約は，表1に示される.

表1

（メタファーとアイロニーの意味の依存関係）
A. (i) 文字通りの意味 ──▶(ii) メタファーの意味 ──▶(iii) アイロニーの意味
B. (i) 文字通りの意味 ──▶(ii) アイロニーの意味 ─╱▶(iii) メタファーの意味

日常言語には，以上の修辞的な解釈よりもさらに複合的な認知プロセスが関わる発話が考えられる. 例えば，誰かが車を運転していてヤクザの高級車に追突し，その高級車に大きな窪みができた時のヤクザの次の台詞を考えてみよう. この台詞には，メタファー，アイロニー，緩叙法の修辞的な認知プロセスが複合的に関わっている.

(15) (i) 俺のベンツにかわいいエクボを作ってくれたじゃねーか！
　　　　嬉しいね！事務所まで来てもらおうか！
　　(ii) a. ＜メタファー＞（e.g. エクボ→窪み）
　　　　b. ＜アイロニー＞（e.g. かわいい→醜い，嬉しい→憤慨している）
　　　　c. ＜緩叙法＞　　（e.g.［小］→［大］）

　まず，(15) の「かわいいエクボ」は，比喩的でありかつアイロニーのこもった表現である．この場合の「エクボ」は，比喩的には＜窪み＞を含意し，「かわいい」はアイロニーとして＜醜い＞を含意する．しかも，この場合，車にできた大きな窪みを，小さな愛らしい存在としての「エクボ」で表現しており，この点で抑制された叙述としての緩叙法も関わっている．さらに，(15) の台詞の「作ってくれた」，「嬉しいね」は，被害者としての怒りの気持ちを逆説的に伝えるアイロニーの表現として機能している．[7]

5. 同時多発的メタファー

　一般に，メタファー表現には，ある見立てに基づく写像が関わっている．例えば，「男は狼だ」というメタファー表現には，男を狼に見立てる単一の写像が関わっている．しかし，言語表現によっては，単一のメタファー写像ではなく，複数のメタファー写像が同時に関わっている．この点は，次の詩の一節から明らかになる．

(16) Do not go gentle into that good night,
　　　Old age should burn and rave at close of day;
　　　Rage, rage against the dying of the light.
(Dylan Thomas, Collected Poems: p.159)

ここで興味深いのは，この詩の一行目の表現である．

(17) Do not go gentle into that good night.

この一行には，一見したところ，特に文学的な修辞性を印象づけるメタファーは見当たらないように見える．しかし，Lakoff (1994) は，この一行

には＜死＞の比喩に関する次のような見立てが複合的に関わっている点を
指摘している（ibid.: 223）.

   (18) a.［旅立つ先は死の世界］
        b.［死は安らかに眠る世界］
        c.［死は夜の世界］

(17) の go は，死は此岸としてのこの世から，彼岸としてのあの世への旅
を意味している．すなわち，go は，(18a) のメタファーに基づいた表現で
ある．この詩には，さらに (18b-c) のメタファーが複合的に関わっている．
(17) の gentle は，(18b) のメタファーにより，死は安らかな状態に入るこ
とを意味している．また，night は (18c) のメタファーにより，死は静かな
る夜の世界であることを意味する.
　しかし，(17) の一行は，Lakoff (1994) のメタファーの解釈にとどまら
ない．(17) の一行をさらに厳密に吟味していくならば，night を修飾する
that，good にも次のような比喩的な解釈が可能である.

   (19) a.［あの世は死の世界］
        b.［死は良き世界］

すなわち，that は，この世としての此岸に対するあの世 (that world) と
しての死の世界を，また good は，苦しみに満ちた悪しき (bad) 生の世
界に対する良き (good) 世界と解釈することが可能である．このように複
数のメタファー写像が同時に関わる比喩を，ここでは「同時多発的メタ
ファー」と呼ぶことにする.
　さらに，複数のメタファーが関わる表現としては，(20) に見られるよう
な混合メタファー (mixed metaphor) が考えられる．((20) の文頭の (#) は，
問題の文に複数のメタファーの混合が認められることを示す.)

   (20) a. (#) We can now follow the path of the core of the argument.
        b. (#) The content of the argument proceeds as follows.
        c. (#) The direction of his argument has no content.
        d. (#) I am disturbed by the vacuous path of your argument.

(20) は，＜議論 (argument)＞に関する比喩表現であるが，この種の例には，＜旅のイメージ＞と＜容器のイメージ＞に基づく次の二つのメタファーが混在している．

 (21) a. ＜旅のイメージ＞：[Argument-as-Journey]
    b. ＜容器のイメージ＞：[Argument-as-Container]

(20) の path, proceed, direction は，(21a) の議論は旅である ([Argument-as-Journey]) というメタファーが関わっていることを示している．また，core, content, vacuous は，(21b) の議論は容器である ([Argument-as-Container]) というメタファーが関わっていることを示している．この点で，(20) の例は混合メタファーの一種と見なされる．この種の混合メタファーの写像関係は，図 6 に示される（山梨 2009: 87）.

＜比喩の混合写像＞

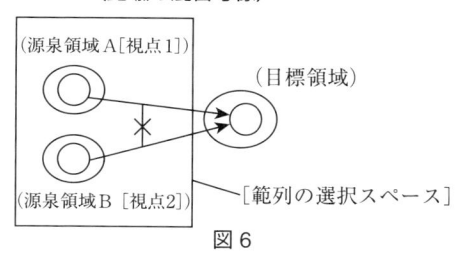

図 6

　比喩生成の認知プロセスからみた場合，(20) の例では，＜旅の視点＞と＜容器の視点＞が混在している．したがって，(20) の表現には，解釈に際し視点の一貫性が欠如していることになり，この点で比喩表現としての適切性を欠くことになる．

　この種の混合メタファーに対し，本節の前半で考察した (17) の同時多発的メタファーは適切な修辞表現として理解される．日常言語において，複数のメタファーが同時に関わる場合，どのような認知的な制約のもとにその表現が適切な修辞表現と見なされ，どのような場合に混合メタファーとして適切性が下がるのか．この問題は，今後の研究課題として残される．

6. 言葉遊びの複合的修辞プロセス

　言葉は，単に日常生活の通常の伝達のために使われるのではなく，日常生活を楽しむための遊びとしても使われる．言葉遊びは，日常生活を楽しむための重要な手段である．この種の言葉の使用には，メタファーやメトニミーに関わる認知プロセスだけでなく，スキーマ化，事例化，等に関わる認知プロセスが複合的に関わっている．

　一例として，(22)のような表現を考えてみよう．

　　(22)　a. マッハ・ムカつく．
　　　　　b. チョー・ムカつく．

(22)の例は，ある時期に若者の一部で使われた感情表現の一種である．(22)の例の「超-」，「マッハ-」の接頭辞的な表現は，「とても」（ないしは「非常に」）という程度表現の拡張例と見なすことができる．この場合，「超-」は空間的に，「マッハ-」は音速的にある基準を越えているという意味であり，(23)の例に対するメタファー的な誇張表現の一種として理解される．

　　(23)　a. 非常にムカつく．
　　　　　b. とてもムカつく．

(22)のタイプの表現は，一部の若者のグループによって一時的に使われただけであり，標準的な日本語の表現として定着している表現ではないが，この種の言葉遊び的な言語の使用に，新しい意味の創造の可能性が認められる．言葉の認知のメカニズムの観点から見た場合，(23)のタイプの通常の表現から(22)のタイプの表現への言葉の創造的な拡張には，次のタイプの基本的な認知プロセスが関わっている（山梨 2009: 185）．

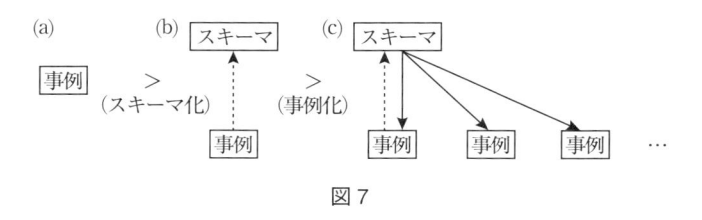

図7

図7は，ある事例がスキーマ化の認知プロセスを介して，その事例の基本的な特徴を抽出したスキーマを形成し（i.e. 図7の(a)から(b)），次にこの抽出されたスキーマを，事例化のプロセスを介して新たな特殊事例に具体化（i.e. 図7の(b)から(c)）することを示している．

　上の(23)のタイプの通常の表現から(22)のタイプの表現への言葉の創造的な拡張のプロセスは，この種のスキーマ化と事例化のプロセスによって可能となる．その一例は，図8に示される．

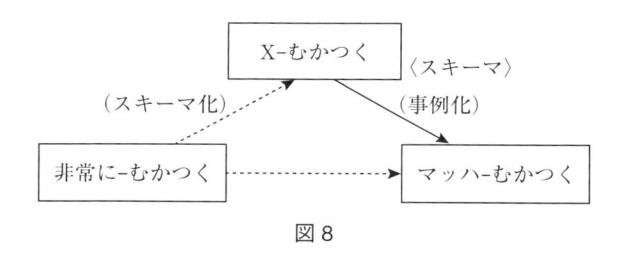

図8

　図8は，左下の具体事例（「非常にむかつく」）の一部（「非常に」の部分）を変項（variable）としてのXのスキーマに変換し，このXを新たな表現（「マッハ」）として事例化することにより，創造的な誇張表現（「マッハむかつく」）を形成するプロセスを示している．（(22)の「チョーむかつく」という誇張表現も，基本的に同じ認知プロセスによって形成される．）

　以上に見たスキーマ化と事例化の認知プロセスは，言葉遊びの創造性において重要な役割を担っている．この点は，さらに(24)の例から明らかになる．(24ii)の例は，(24i)の慣用的な表現（「同じ穴のムジナ」）の音韻・形態的な側面，語彙的な側面を，スキーマ化と事例化によって拡張することにより形成された表現である．(iiの例の(#)，(##)，(###)は，問題の言語表現が通常の表現ではなく，言葉遊びとしての拡張表現であることを

示している．また，＃の数は，この種の言葉遊びとしての拡張の程度を示すものとする．）

(24)　i. 同じ穴のムジナ
　　　ii. a. (#) 同じ海のメジナ
　　　　　b. (##) 同じ山のメジロ
　　　　　c. (###) 同じ串のメザシ
(25)　i. 全体的スキーマ：＜同じ A の B ＞
　　　ii. 部分的スキーマ：
　　　　　a. ＜ C- ジナ ＞
　　　　　b. ＜メジ -D ＞
　　　　　c. ＜メ -E F ＞

(24ii) の例は，いずれも (25i) のスキーマ（＜同じ A の B ＞）の A と B の語彙を新たな語彙にずらして作られているが，無条件にずらしている訳ではない．これらの拡張例のうち，(24ii-a) は，(25ii-a) の部分的スキーマ（＜ C- ジナ ＞）のマ行の C の音節だけをムからメにずらしている点で，慣用表現としての原形（「同じ穴のムジナ」）との類縁性（ないしは類似性）を部分的に保っている．また，(24ii-b) は，(24ii-a) の拡張表現の部分スキーマ（＜メジ -D ＞）の D の部分の音節だけをロにずらしている．これに対し，(24ii-c) は，(24ii-a) の拡張表現の部分スキーマ（＜メ -E F ＞）の E F の二音節をザシにずらしている．この点で，(24ii-c) は，(24ii-b) よりも (24ii-a) からさらにずれた拡張表現となっている．

　以上は，音韻・形態的，語彙的な側面から見た拡張の側面であるが，意味的な側面から見た場合，穴にいるムジナという＜場所 - 存在＞の関係が，海にいるメジナ，山にいるメジロ，串に刺されているメザシ，というようにずれている．また，(24i) の慣用表現としての原形（「同じ穴のムジナ」）は，［悪い意味での同類］という意味を伴うが，(24ii) の拡張例の方は，語呂合わせ的な側面が前景化され，必ずしもこの悪いニュアンスの意味を伴うとは限らない．(24ii) の拡張例は，少なくとも，以上のような音韻・形態的，語彙的，意味的なずらしにより，シュールでナンセンスな言葉遊びとしての修辞機能を担う表現になっている．

(24i) の慣用表現としての原形と (24ii) の表現の拡張の相対的なずれは，次のように規定することが可能である．

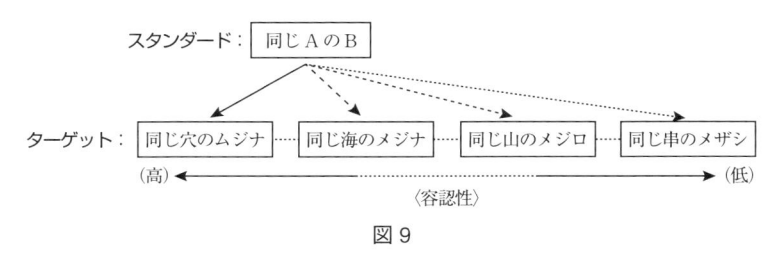

図9

この場合，図9のスタンダードは，「同じ穴のムジナ」とその拡張事例を統括する基本的なスキーマに対応する．このスキーマの具体事例のうち，慣用的に容認されている「同じ穴のムジナ」という表現は，プロトタイプの事例として左端に位置づけられ，このプロトタイプの事例から右の方向に向かっていくに従って，相対的に容認性が下がる拡張事例が位置づけられている．

　この種の言葉遊びにおける言語表現の創造的な拡張は，ある時点で拡張が絶対的にストップする訳ではない．想像力を逞しくしていくならば，この種の言葉遊びの表現は，(26) に見られるように，さらにシュールでナンセンスな表現にずらしていくことが可能である．

　(26) (####) 同じ櫛の抜け毛

(26) のタイプの表現は，(24) に見られる拡張表現と独立して形成される訳ではない．(26) のタイプの表現は，図9に示される拡張表現の一部に動機づけられて形成される．(26) の場合には，特に図9の右端の「同じ串のメザシ」という拡張表現の「串」に動機づけられている．(26) の例は，この「串」の部分が，同音異義語の「櫛」を誘発し，この「櫛」に関する知識のフレームが（時として「櫛」という場所に存在する）「抜け毛」を誘発することにより形成された拡張表現である．この形成過程を，スキーマ化と事例化の認知プロセスの観点から見るならば，(26) の拡張表現は，「同じ串のメザシ」という拡張表現の「串」と「メザシ」を，それぞれ変項 X と変項 Y にスキーマ化し，これらのスキーマとしての変項を，それぞれ

「櫛」と「抜け毛」として事例化することにより得られる.

　言葉遊びに関わる創造的な言語表現には，メタファー，メトニミーをはじめとする多様な認知プロセスが関わっているが，これまでの言語学と関連分野における言葉遊びの研究では，スキーマ化と事例化の認知プロセスとの関連で，言葉遊びの創造性のメカニズムの一面を明らかにした研究は見受けられない．本節の以上の考察は，この種の認知プロセスと言葉の創造性の関係を明らかにしていく際に重要な知見を提供する.

7. 結 び

　古典的なレトリックの研究では，メタファー，メトニミー，アイロニー，等に関わる言語現象は個別に分類され，それぞれの言葉の綾の特性が定義されている．しかし，これらの修辞用語のもとに分類される個々の言語現象が，すべて相互に独立して機能している訳ではない．日常言語の実際の言語事例の中には，この種の修辞機能を反映する認知プロセスが複合的に関与する言語現象が広範に見られる．本稿では，イメージ形成，イメージスキーマ，焦点化，焦点シフト，ブレンディング，等の認知プロセスを記述・説明の基盤とする認知言語学の観点から，メタファー，メトニミー，アイロニー，等の修辞機能が複合的に関わる言語現象を考察した.

　これまでの伝統的な文法研究や構造言語学，生成文法に代表される理論言語学の研究では，基本的に言葉の修辞的な側面を捨象した文法現象の研究が中心となり，人間の概念体系と思考体系を特徴づける言葉の綾（修辞的な言葉の綾）に関わる言語現象の研究は等閑視され，周辺的な研究として位置づけられている．認知言語学の革新的な点は，いわゆる文法のコアに関わる言語現象だけでなく，人間の概念体系と思考体系を特徴づける修辞的な言語現象の分析を可能とする研究プログラムを提示し，日常言語の創造性に関する研究の場を可能にした点にあると言える.

　しかし，日常言語の修辞的な側面に関するこれまでの認知言語学の研究は，伝統的なレトリックの研究と同様に，メタファー，メトニミー，アイロニー，等の個々の言葉の綾のメカニズムの研究が中心となっており，これらの修辞機能が複合的に関わる言語現象の分析はなされていない．日常言語の修辞性を体系的に明らかにしていくためには，個々の修辞的な言語

表現に関わる認知プロセスを規定していくだけでなく，これらの認知プロセスの複合的な相互作用を明らかにしていく必要がある．本稿で明らかにしたメタファー，メトニミー，アイロニー，等の修辞機能が複合的に関わる言語現象の研究は，この種の人間の複合的な認知プロセスの相互作用を解明する基礎的な研究として，言語学と認知科学の関連分野において重要な役割を担う．

注

1. 文学の研究で言葉の修辞性に注目する場合には，特に詩的機能(poetic function)に関わる修辞的な機能が問題にされる．文学言語におけるこの種の機能の位置づけに関しては，Jakobson (1960) を参照．
2. 文字通りの意味と（修辞性に根ざしていた意味が慣用化され，文字通りの意味のように解釈される）意味とは厳密には異なる．例えば，日常言語の慣用化された表現として，「最近，パナソニックの製品の質が｛上がった／下がった｝.」という文を考えてみよう．この文は，慣用化されているため，一見したところ，その背後に文学的な修辞性は認められない．したがって，この文は，文字通りの意味を伝える表現のように見える．

   しかし，この文の述語の部分（i.e.「上がった／下がった」）は，基本的には慣用化された方位メタファー（i.e.＜上は良い方向＞／＜下は悪い方向＞）として使われている (cf. Lakoff and Johnson 1980: 14-21)．したがって，この文は，質の良し悪しを伝える修辞的な意味を内包している．この点は，上の文と「最近，パナソニックの製品の質が｛良くなった／悪くなった｝.」という文字通りの意味を伝える文と比べてみれば明らかになる．
3. 本稿では，特に人間の認知システムを特徴づける日常言語の概念体系の解明を試みている．以下で分析の対象とする修辞機能が複合的に関わる言語現象の考察は，日常言語の概念体系の解明に向けての基礎的な研究としても重要な役割を担う．
4. ただし，この種の比喩的な叙述の非対称性の制約は，次のタイプの例には見られない．
   (i) a. 彼は耳がいい.　　　　 b. 彼は耳が悪い.
   (ii) a. あの職人は腕がいい.　 b. あの職人は腕が悪い.
5. 文学言語における曖昧性の役割に関しては，Empson (1947) を参照．
6. メタファーとアイロニーの二種類の認知プロセスが複合的に関わる言語現象に関しては，さらに Yamanashi (1998: 272) を参照．

7. パラドキシカルなアイロニーの修辞機能は，撞着語法（ないしは矛盾語法）の言語表現にも認められる．

(i) a. 貧しく豊かな国

b. 迷惑でありがたい親の言葉

c. 固くてもろい女の友情（有光 2011: 249-250）

(ii) a. カキオコも，たまごかけごはんも，ホルモンうどんも，いわば B 級グルメですが，間違いなく A 級の B 級グルメです．美味いもん！！

[http://satoshin.jp/kokoro/kokoro_bunrui/ko_data/a10_081229.html]

(伊藤 2012: 32)

b. とにかくそれは，見事な男であった．あっぱれな奴であった．好いところが一つもみじんも無かった．（太宰治「親友交歓」: p. 8）(ibid.: 48)

(iii) a. これは学問的には何の貢献もしない独創的な論文だ．

b. まったく，あの男は役立たずの便利な人よね．

c. 僕は君を愛しい程憎んでいる．

これらの表現は，単に矛盾した意味をもつ表現が共起する撞着語法として解釈できるだけではない．書き手（ないしは話者）の伝達意図を考慮した場合，これらの表現の背後には，その叙述対象に対し，ある種の冷めた距離を置く批判的な態度に裏打ちされたアイロニーの修辞機能が認められる．

　この種の撞着語法の評価性に関わる修辞機能の問題に関しては，有光（2011: 6.6 節），伊藤（2012: 5.4 節）を参照．

引用例出典

太宰 治：「親友交歓」『ヴィヨンの妻』新潮文庫（改版），2009.

川端康成：『古都』新潮文庫（改版），1987.

James Joyce: "The Dead." in Douglas Angus (ed.) *The Best Short Stories of the Modern Age*. Greenwich, CT: Fawcett, 1962.

John Steinbeck: "Flight." in Robert P. Warren and Albert Erskine (eds.) *Short Story Masterpieces*. New York: Dell, 1954.

Dylan Thomas: *Collected Poems*. London: Everyman's Library, 1977.

参考文献

有光奈美 2011.『日・英語の対比表現と否定のメカニズム―認知言語学と語用論の接点』東京：開拓社.

Empson, William 1947. *Seven Types of Ambiguity*. New York: New Directions.

伊藤 薫 2012.『オクシモロンの修辞的機能に関する認知言語学的考察』京都大学大

学院，人間・環境学研究科，修士論文.

Jakobson, Roman 1960. "Closing Statement: Linguistics and Poetics." in Thomas A. Sebeok (ed.) *Style in Language,* 350-377. Cambridge, MA: MIT Press.

Lakoff, George 1994. "What is Metaphor?" in John A. Barnden and Keith J. Holyoak (eds.) *Advances in Connectionist and Neural Computation Theory,* 203-258. Norwood, NJ: Ablex.

Lakoff, George and Mark Johnson 1980. *Metaphors We Live By.* Chicago: University of Chicago Press.

Yamanashi, Masa-aki 1998. "Some Issues in the Treatment of Irony and Related Tropes." in Robyn Carston et al. (eds.) *Relevance Theory: Applications and Implications,* 271-281. Amsterdam: John Benjamins.

山梨正明 2009.「認知語用論からみた文法・論理・レトリック」『語用論研究』11: 61-97.

Yamanashi, Masa-aki 2010. "Metaphorical Modes of Perception and Scanning." in Armin Burkhardt and Brigitte Nerlich (eds.) *Tropical Truth(s): The Epistemology of Metaphor and Other Tropes,* 157-175. Berlin/New York: Walter de Gruyter.

山梨正明 2010.「レトリックと虚・実の世界―言葉の創造性と主観性」『人・環フォーラム』（京都大学大学院，人間・環境学研究科）27: 38-43.

日本語の主題と主語
—叙述の類型の観点から—*

益　岡　隆　志

1. はじめに

　日本国内で展開されてきた伝統的な日本語文法研究には日本語の特徴を反映した興味深い研究テーマが多数存在する．そのなかの１つが本稿で取り上げる主題・主語の問題である．文論 (sentence grammar) の基本的な目標は，文がどのように構成されるか，そしてそのような構成が文の意味とどのように結びつくかを明らかにすることである．その文論の研究における重要課題の１つが，文構成における主題 (topic) と主語 (subject) の位置づけの問題である．

　日本語の文では，主題という文法概念と主語という文法概念が複雑な交渉を持つ．不変化詞「ハ」と「ガ」の使い分けの問題は，この主題と主語のあいだの複雑な関係を体現するものである．その結果として，日本語文法の長い研究史のなかでこれらの文法概念を巡る議論が絶えることなく続いている．

　他方，言語学の研究においては主語・目的語などの文法関係 (grammatical relations) の研究が以前から話題を呼んでおり，文法関係全般を対象とする研究，そのなかの主語を対象とする研究，目的語を対象とする研究など，その例は枚挙にいとまがない．[1] それに比べ，主題の研究に大きな関心が寄せられるようになったのは，情報構造 (information structure) の研究が話題となる比較的最近のことである．このような言語学の研究状況に照らして，主題と主語の関係が早くから繰り返し議論の対象になってきたことは，日本語文法研究の１つの特徴と言ってよいであろう．

　日本語の主題・主語を論じるにあたって必要になるのは，主題という文法概念と主語という文法概念を基本的にどう捉えるかという点である．この点について，本稿では多くの先行研究が採用している次のような見方に

立つことにする．すなわち，主題とは，文において対象 X について説明が与えられるときの説明の対象 X のことである．そこでは，「～について」という "aboutness" の概念が重要となる．[2]

それに対して主語は，目的語などとともに文法関係を構成する．そして，文法関係のなかで最も優位性 (superiority) の高いものが主語とみなされる．例えば，Speas (1990:11) では文法関係のなかで "the most prominent" なるものが，Farrell (2005:14) では文法関係のなかで "the most syntactically privileged" なるものが，主語と規定されている．

長い研究史を有する日本語の主題と主語の問題に対して，本稿では，「叙述の類型の観点から」という副題を掲げたとおり，叙述の類型の観点のもとでどのような展望が開かれるかを追究してみたいと思う．叙述の類型の観点というのは，文が表す叙述に，所与の対象が有する属性 (property) を叙述するものと特定の時空間に出現する出来事 (event) を叙述するものという 2 つの異なるタイプが認められる，という見方のことである．[3]

本稿の構成は次のとおりである．まず第 2 節で，主題と主語の源泉がそれぞれ属性叙述の構成と事象叙述の構成に求められることを述べる．それを受けて第 3 節では，日本語のような主題卓越型言語は文構成の基盤を属性叙述文の構成に置く言語であり，英語のような主語卓越型言語は文構成の基盤を事象叙述文の構成に置く言語であるという見方を提出する．そのような主題と主語を巡る言語類型を設定したうえで，第 4 節では主題と主語は一言語内で相互排他的な関係にあるわけではなく，言語によってどちらが顕在化するかで異なりを見せるということを指摘する．

2. 叙述の類型から見た主題と主語

前節で示した本稿の構成に従って，主題・主語と叙述の類型の関係を考えるところから出発したい．[4] 言語研究においては，動詞述語文を中心とする事象叙述文が議論の対象になることが多く，属性叙述文が話題として取り上げられることは少ない．そこで，本節での議論も動詞述語の表現に代表される事象叙述から始めることにしよう．

事象叙述とは，特定の時空間に出現する出来事を叙述するものである．事象叙述文を支えるのは出来事のタイプを表す述語であり，その中心は動

詞である．したがって，事象叙述文を代表するのは次の (1) のような動詞
述語文である．

　　(1) 子供がにっこり笑った．

　事象叙述文は主要部 (head) と従属部 (dependent) で構成される．主要
部は構文の枠組みを定めるところの述語である．従属部のうち，主要部
である述語を補う働きをするのが「項」であり，(1) では「子供が」が述
語「笑う（笑った）」の項として機能している．従属部には，項に加え，
事象をより詳しく表現するための「付加語」が現れることがある．(1) で
は，「にっこり」が付加語として機能している．事象叙述文は，このよう
に，述語を主要部とし項・付加語を従属部とする内心構造 (endocentric
structure) を持つ．
　従属部のうち項は必須の構成要素であることから，事象叙述文の中核部
分は述語と項で構成される述語項構造であるということになる．どのよう
な項が必要であるかは個々の述語について定まっている．例えば「笑う」
は 1 つの項を，「育てる」は 2 つの項を，「渡す」は 3 つの項をそれぞれ要
求する．

　　(2) 子供が笑った．
　　(3) 子供が花を育てた．
　　(4) 親が子供に鍵を渡した．

　特定の時空間に出現するという事象の性格から，事象叙述を特徴づける
ものとして時空間性が挙げられる．文法的には，とりわけ時間性の関与が
重要な意味を持つ．時間性の文法的現れを代表するのは「テンス」のカテ
ゴリーであり，さらに動的事象については動きの展開に関わる「アスペク
ト」のカテゴリーも関係する．
　さらに，項については述語との関係を表示する「格」のカテゴリーが問
題となる．(4) の例で言えば，当該の項は主格（「〜ガ」），与格（「〜ニ」），
対格（「〜ヲ」）で表されている．また，述語が取る項のあいだには優位性
に違いがあることから，その優位性の違いに基づいて主語・目的語などの

文法関係を認めることができる．そして，項のうちで最も優位な地位にあるもの―すなわち，事象成立において最も重要な役割を果たす"中心項"―が主語と認定される．本稿では，主語は事象叙述のあり方に由来する概念であると考える．言い換えれば，主語は事象叙述に内在する要請として求められるということである．[5]

　主語という文法関係をもとに「ヴォイス」という文法カテゴリーが定められる．例えば受動文は，対応する能動文の主語が主語以外の文法関係を持つ文として特徴づけられるが，そこでは，(5)に見られるように，中心項としての主語の交替が関与する．

　　(5) 子供が親から鍵を渡された．

　次は，属性叙述である．属性叙述は言語研究においては特立されることは少ない．属性叙述とは，次の (6) のように，所与の対象が有する属性を叙述するものである．

　　(6) 日本は山国だ．

　この例では，対象である「日本」に対して「山国だ」という属性が付与されている．角度を変えて言えば，対象の「日本」が「山国」というカテゴリーに帰属させられる．このような属性を「カテゴリー属性」(property of category) と呼ぶ．属性叙述を代表するのはこのような「カテゴリー属性」が関係するタイプである．[6] そこで，属性叙述文を代表するのは「カテゴリー属性」を表す (6) のような名詞述語文であるということになる．ちなみに，属性叙述文を代表するのが名詞述語文であり，事象叙述文を代表するのが動詞述語文であるという本稿の見方は，名詞文と動詞文の対立が文類型の基本をなすとする三上 (1953) の見方と一致する．

　属性叙述の重要な特徴として挙げるべきは，属性の存在はそれを有する対象の存在を要求し，同様に対象の存在はそれが有する属性の存在を要求するという，対象と属性のあいだの相互依存の関係 (mutual-dependency relation) である．そのような相互依存関係を反映し，属性叙述文は対象を表す部分と属性を表す部分の 2 つの部分で構成される．三上 (1970) の言

い方に従えば，二部構造 ("bipartite structure") ということであり，川端 (1976, 2004) の言い方に従えば，判断の構造に対応する，二項が統一された構造ということである．

属性叙述文では，対象を表す部分と属性を表す部分はどちらか一方が主要部になるということはない．それら2つの部分は，言わば文の "2つの中心" を構成するわけである．事象叙述文が述語を主要部とする内心構造 (endocentric structure) を持つのに対して，属性叙述文のほうは対象表示部分と属性表示部分が相互依存の関係で結びつく外心構造 (exocentric structure) を持つ．

属性叙述文は，対象を表す部分と属性を表す部分の相互依存的な結合関係に基づき，(7) に示すような構文様式を取る．[7]

(7) ［主題（対象表示部分）＋解説（属性表示部分）］

(6) の例で言えば，「日本は」という対象表示部分が主題を構成し，「山国だ」という属性表示部分が解説を構成する．

属性叙述は属性が付与される対象の存在を前提とする．属性叙述では，ある所与の対象が設定され，その設定された対象に対して属性が付与されるという様式を取る．その様式を反映し，対象表示部分は主題の形を取ることになる．日本語の特徴としてよく話題になる (8) のような「二重主語文」(double-subject sentence) と呼ばれる文も，「主題＋解説」(topic-comment) の構文様式を取るものと考えられる．

(8) 象は鼻が長い．

この文の場合，「象は」という主題が対象表示部分を，「鼻が長い」の部分が属性表示部分を構成している．

本稿では，主題は属性叙述のあり方に由来する概念であると考える．言い換えれば，主題は属性叙述に内在する要請として求められるということである．属性叙述文における主題は言わば "内的に動機づけられた主題" である．

属性叙述文における主題の問題に関連して，事象叙述文と主題の関係に

も一言触れておきたい．事象叙述文は属性叙述文とは異なり，それ自身の内的要請として主題を求めるということはない．しかしながら，外的要請により主題提示が行われることは十分あり得る．外的要請とは，文の外からの要請—すなわち，文が置かれた文脈からの要請—のことである．与えられた文脈の状況から特定の項が主題の働きを求められる場合，その項は主題として提示されることになる．例えば，(1) における「子供」が当該の文脈において説明の対象として取り立てられる場合，次の (9) のように，主題として提示される．

(9)（その）子供はにっこり笑った．

項がこのように主題として提示される場合は，項の「主題化」(topicalization) として取り扱うことが可能である．事象叙述文における主題は，文の外にある文脈の要請によることから，"外的に動機づけられた主題" とでも言うべきものである．

以上の説明をもとに，主題・主語と叙述の類型の関係をまとめると次のようになる．主題の源泉は叙述の類型のなかの属性叙述に求められる．主題は，与えられた対象に属性を付与するという属性叙述文の性格に由来する．そこでは，与えられた対象についてどのような属性が成り立つかを説明するという主題・解説の関係が見出される．[8]

それに対して，主語は事象叙述における文法機能をもとに規定される．すなわち，事象叙述が複数の項を取るとき，それらの項は同列の関係にあるのではなく，それらのあいだには優位性の違いが認められる．例えば，「親が子供に鍵を渡した」という事象叙述における「親が」・「子供に」・「鍵を」という 3 つの項のあいだには明らかな優位差がある．項のあいだのこのような優位差をもとに，述語が取る項のなかで最も優位な地位を占める項—すなわち，事象成立の要となる項（中心項）—が主語と規定される．主語は目的語とともに文法関係を構成する．

ちなみに，述語が取る項のあいだに優位差が認められるという点については，三上 (1953, 1970)，原田 (1973)，Shibatani(1978)・柴谷 (1985)，尾上 (2004)，角田 (2009) など以前から多くの議論がある．そのなかで，主語を認めるかどうかという点を巡って，主語の存在を否定する三上 (1953,

1970) の見方とそれを肯定する原田 (1973) などの見方が対立している. この点は第 4 節で取り上げることにする.

3. 主題・主語を巡る言語類型

前節の論述をもとにそこから歩を進め, 次に, 主題・主語の言語類型への関わりについて私見を述べたいと思う. 主題・主語に関する言語類型として, Li and Thompson (1976) の「主題卓越型言語」(topic-prominent language) vs.「主語卓越型言語」(subject-prominent language) という類型が知られている. 本稿では, この言語類型の違いを益岡 (2004, 2008, 2016, 2018) をもとに以下のように捉えたい.

まず, 日本語は主題卓越型言語である. それは, 日本語の文構成の基盤が属性叙述文の「主題＋解説」という二部構造 (bipartite structure) にあることに因ると考えられる. 言い換えれば, 属性叙述文の基本的構成が事象叙述文に拡張して適用され, 事象叙述文においてもしばしば (10) のように特定の項が主題化されるということである.

(10) 私は今朝 6 時に目を覚ました.

属性叙述文でよく使用される (8) のような「二重主語文」と呼ばれる構文様式も事象叙述文に拡張して適用され, (11) のような文の成立が可能となる.

(8) 象は鼻が長い.
(11) 花子は娘が女児を出産した.（益岡 (1987)）

ただし, 事象叙述文においては, (1) や (12) のように主題を持たない場合もあるので, 有題文と無題文の区別が生じることになる.

(1) 子供がにっこり笑った.
(12) 子供が 6 時に目を覚ました.

無題文になるのは外的事象（客観的に観察される事象）であり，内的事象（主体の経験を表す事象）は先の (10) のように有題文となる.[9]

主題卓越型言語では，主題の存在が顕在化する．日本語の場合，主題は「ハ」などの主題標識 (topic marker) を取って現れるとともに，基本語順において文頭の位置を占めることで，その存在が明示される．外形において明示されるこのような主題を主題のプロトタイプと見るならば，日本語は「プロトタイプ主題」を持つということになる．主題が顕在化する日本語では，実際の表現のなかで主題を同定することは難しくない.

主題卓越型言語である日本語に対して，英語は主語卓越型言語である．英語のような主語卓越型言語では，文の構成は事象叙述文の構成を基盤とすると考えられる．言い換えれば，事象叙述文の基本的構成が属性叙述文に拡張して適用され，属性叙述文における対象も事象叙述文の述語項構造の構成をもとに主語として表されるということである.

主語卓越型言語では，文中で主語を保持しようとする．そのため，主語卓越型言語では有主語文が多数派で，無主語文は少数派となる．英語はとりわけ有主語文への傾斜が強いように思われる．"expletive *it*" などの形式的な要素が主語の位置に現れることで有主語文の形が取られるといった事例は，その象徴と言えよう.

主語卓越型言語では，主語の存在が顕在化する．英語の場合，主語は基本語順において文頭の位置を占めるという語順上の特性や述語との一致—ただし，定節の場合に限られる—という形態上の特性によりその存在が明示される．語順に関しては，疑問文などにおける主語と助動詞との転換も主語の明示に一役買う.

属性叙述文における対象が事象叙述文の場合と同様に主語として明示される一方で，日本語でよく用いられる (8) や (11) のような「二重主語文」と呼ばれる文は，事象叙述文の構文様式を基盤とする英語には見られない．これは，英語には二重主語文の成立を可能にする基盤がないためであると考えられる．外形において明示される主語を主語のプロトタイプと見るなら，英語は「プロトタイプ主語」を持つということになる．主語が顕在化する英語では，実際の表現のなかで主語を同定するのは容易である.

4．主題・主語の顕在性と潜在性

　前節では，日本語は主題卓越型言語，英語は主語卓越型言語であるとして，両言語を対照的な言語として位置づけたのであるが，このことは日本語のような言語には主語の概念が無用であり，英語のような言語には主題の概念が無用であるということを意味するものではない．本節では，日本語のような主題卓越型言語にも主語の概念が関与し，英語のような主語卓越型言語にも主題の概念が関与するという点を指摘する．

　日本語の主語の存在の有無を問題にし，その存在を否定したのが三上（1953，1970）である．三上は言語類型論的な立場に立ち，日本語をタイプの異なる英語と対照しながら日本語には主語を認めないという主語否定論を展開した．それに対して，原田（1973），Shibatani（1978）・柴谷（1985），Kuroda（1988），尾上（2004），角田（2009），Kishimoto（2010）などは日本語に主語を認める論を提示している．このうち，原田（1973）と Shibatani（1978）・柴谷（1985）は，三上の主語否定論に対する直接的な反論である．

　主語を認めるかどうかについて三上と原田たちとは論としては対立するものの，議論の中身を吟味してみると決定的な対立ではないことが判明する．というのは，述語が取る項のあいだに優位性の違いを認める点で両者は共通するからである．議論のポイントは（ⅰ）項の優位性の議論に格の問題をどう絡めるかという点，及び，（ⅱ）文構造における主語の位置をどう見るかという点である．

　このうち（ⅰ）については，三上が主語に関係する格を主格に限定したのに対して，原田（1973），Shibatani（1978）・柴谷（1985），角田（2009），Kishimoto（2010）などは主格への限定という見方は取らず，与格主語（dative subject）などを認めている．

　三上は，尊敬語化（honorification）などに見られる言語事実を根拠に，項のあいだに優位差があるという重要な事実を指摘した．三上が注目した尊敬語化の振る舞いの例は次のとおりである．

　（13）先生は多くの著書をお持ちだ．
　（14）先生には多くの著書がおありだ．

(13) では，述語部分の「お持ちだ」という尊敬語は主格「先生が」—(13)の「先生は」には格としては主格（「先生が」）が想定されている—をターゲットとする．それに対して (14) では，述語部分の「おありだ」という尊敬語は位格 (locative) の「先生に」をターゲットとする．主格と主語の関係を重視する三上は，主格が優位に働く (13) のような場合だけでなく，位格が優位に働く (14) のような場合があるという事実を主語否定の根拠に用いたのであった．

　これに対して原田 (1973) や Shibatani (1978)・柴谷 (1985) は，(13) や (14) のような尊敬語化の振る舞いを逆に主語を認める根拠に用い，(13) の「先生が」のような「主格主語」だけでなく，(14) の「先生に」のような「与格主語」—Shibatani (1978)・柴谷 (1985) 以降，一般に「位格」ではなく「与格」(dative) という格の名称が用いられている—も認めるという考えを打ち出した．

　また上記の (ii) について，三上 (1953, 1970) は項のあいだの優位性の違いを反映する階層的な構造を提案している．[10] 特に三上 (1970) では，生成文法の樹形図を用いて，階層的な文構造を提示している点が注目される．具体的には，「太郎が次郎に本を貸した」のような主格優位の文の場合には，「本を」と「貸す」が下位の "VP" を構成し，「次郎に」とその下位の "VP" がそれより上位の "VP" を構成し，さらに「太郎が」とその上位の "VP" が最上位の "VP" を構成するといった階層的な構造が提示されている．また，「私に娘がある」のような位格優位の文の場合には，「娘が」と「ある」が下位の "VP" を構成し，「私に」とその下位の "VP" がそれより上位の "VP" を構成するといった階層的な構造が提示されている．

　そのうえで三上は，項の優位性は動詞句 (VP) の内部にとどまるものであるということ，及び，動詞句内部の優位性だけでは主語の資格は満たされず，動詞句の外にあって動詞句と張り合うものが主語と認定できる—言い換えれば，「名詞句＋動詞句」という外心的な二部構造を形成するものが主語と認められる—ということを主張した．これが日本語には主語は認められないとする三上の主語否定論の主旨である．[11]

　この点について，松下 (1928) は三上とは異なる立場を取っている．すなわち，松下 (1928) は述語と主語のあいだに「統率」と「従属」—より具体的には，「補充」—の関係があると述べているが，松下の言う「補充」の関

係とは，現代言語学の言い方に従えば，述語に対する項の関係である．このような松下の見方は，動詞句の内部で優位な位置にある項を主語と見るKuroda(1988) などの「動詞句内主語」(VP-internal subject) の見方と基本的に同じものである．

　このように，「主語」を認めるかどうかについて松下と三上は意見を異にしているが，述語が取る項のあいだに優位差を認める点では両者は共通しており，その点で Kuroda (1988) などの「動詞句内主語仮説」の先駆けと言ってよい．主語を認めるかどうかという点を別にして言語事実の把握の実質について言えば，松下・三上・Kuroda を同一の研究の流れのなかに位置づけることができる．[12]

　以上の点を踏まえ，本稿では日本語にも主語を認める．ただし，日本語では主題が顕在的であるのに対して，主語は潜在的であると考える．前節で述べたように，主題は「ハ」などの主題標識を取って現れるとともに，基本語順において文頭の位置を占めることで，その存在が明示される．したがって，文の外形から直接的にアクセス可能である．一方，主語は尊敬語化などにおける振る舞いをもとに認定できるとは言え，文の外形から直接アクセス可能なものではない．ちなみに，属性叙述文における対象は主題として現れるが，同時に，尊敬語化などの現象における振る舞いから主語としても認定される．

　英語の主語が顕在的なプロトタイプ主語であるとするなら，日本語の主語は潜在的な非プロトタイプ主語であると言えよう．実際，日本語においては当該の名詞句が主語であるかどうかの判定は容易ではなく，そのことが主語の存否を巡る論争の大きな原因となっている．

　このような日本語とは反対の性格を持つのが英語である．英語においては主語が形態的一致や語順―主語は基本語順で文頭の位置を占め，疑問文などにおいて助動詞と転換する―により顕在化する．

　それに対して，主題は潜在的であると考えられる．英語にも有題文・無題文であることを表す有標的な文は存在する．例えば，(15)のような "left-dislocation sentence" と呼ばれる文では，文頭に置かれた名詞句は主題の働きをすると考えられている．[13]

　　(15) John, he is a genius.

また，例えば (16) のような "presentational sentence" などと呼ばれる有標的な語順—主語が後位置に現れる語順—を取る文は無題文であると考えられている.[14]

(16) Round the bend came the train.

しかしながら英語においては，主題は多くの場合，文の外形から直接アクセス可能なものではない．日本語の主題が顕在的なプロトタイプ主題であるのに対して，英語の主題は潜在的な非プロトタイプ主題であると言えよう．実際，英語では当該の名詞句が主題であるかどうかは多くの場合—例えば，"John is smoking." という文における "John" がそうであるように—文脈を考慮しないかぎり判定は難しい．そして，このことが英語のような言語における主題研究を困難なものにしたのであった．主題研究が古くから盛んな日本語に対して，英語の主題研究は情報構造の研究が登場するまで本格的な議論の対象になることはなかったと言えよう．

以上述べてきた点をまとめると，次のようになる．主題卓越型言語というのは，主題が顕在的なプロトタイプ主題である一方で主語が潜在的な非プロトタイプ主語にとどまる言語ということである．それに対して主語卓越型言語というのは，主語が顕在的なプロトタイプ主語である一方で主題が潜在的な非プロトタイプ主題にとどまる言語ということである．重要な点は，主題と主語は一言語内で相互排他的な関係にあるのではなく，言語によってどちらが顕在化するかで異なりを見せるという点である．さらに言えば，主題と主語が両方とも顕在化する言語もあり得る．主題・主語の顕在性・潜在性の問題はそれぞれの言語について精査する必要がある．

最後に，1 点付記しておきたいことがある．それは，主題と主語は異なる概念として区別されるだけでなく，その根底に以下に述べるような相通じる面が認められるという点である．

主語は事象叙述の構成に由来するということであった．主語は事象成立において最も重要な役割を果たす "中心項" として捉えられるのであった．とりわけ，他動詞文をモデルケースとして考えるなら，主語は事象成立の原動力である動作主 (agent) として働くと見ることができる．その点において，主語は "叙述される事態の要" として特徴づけることができよう．

他方，主題は属性叙述の構成に由来するということであった．属性叙述では，ある所与の対象が設定され，その対象に対して属性が付与されるという様式を取ると見たのであった．主題は，したがって，被設定要素として当該の事態の成立に決定的に関わることになる．その点において，主題もまた“叙述される事態の要”として特徴づけられる．

このように，主題と主語は“叙述される事態における要”という特徴を共有すると見ることができる．言語によって主題と主語のどちらが顕在化するかにより類型が分かれるとする本稿の見方は，両者のあいだに深いつながりがあってこそ意義あるものと言えよう．何よりも，主題と主語を巡ってこれまで様々な見解が提示されているという事実そのものが両者のあいだの深い関係性を示唆している．[15]

5. おわりに

以上，日本語の主題・主語の問題を巡って叙述の類型の観点から考察してみた．本稿での考察の要点は以下の3点に集約される．

（ⅰ）主題と主語の源泉は，それぞれ属性叙述の構成と事象叙述の構成のあり方に求められる．

（ⅱ）日本語のような主題卓越型言語と英語のような主語卓越型言語は，それぞれ属性叙述の文構成と事象叙述の文構成をその基盤としている．

（ⅲ）主題と主語は一言語内で相互排他的な関係にあるのではなく，両者のどちらが顕在化するかにより主題卓越型言語と主語卓越型言語に分かれる．

日本語の主題と主語の問題を論じようとするとき，日本語の実相に根ざした分析観点を取るとともに，他言語と比較対照するなかでその位置を考える必要がある．本稿では，日本語研究の長い歴史のなかで培われてきた叙述の類型の観点から日本語の主題と主語の問題にアプローチしつつ，そこに見られる日本語の主題・主語のあり方を英語との比較対照のなかで相対化するよう努めた．日本語を対象とした本稿の考察が諸言語の主題・主語の研究に資するところがあれば幸いである．

注

＊ 本稿は Masuoka (2017) の 3.1 の内容を改訂したうえで，日本語に文章化した
ものである．

1. 文法関係全般の研究については Farrell (2005)，主語の研究については Falk
(2006)，目的語の研究については Postal (2010) を参照されたい．

2. この点については Reinhart (1982)，Gundel and Fretheim (2004) などを参照さ
れたい．

3. 日本語の叙述の類型に関する伝統的な研究には佐久間 (1941)，三上 (1953)，寺
村 (1973)，川端 (1976, 2004) などがある．叙述の類型に関する近年の言語学的
研究については，Kageyama (2006)・影山 (2009) などを参照されたい．

4. 本節の論述は益岡 (1987, 2004, 2008, 2013, 2016, 2018) に基づいている．

5. ちなみに，語順を巡って話題になる SOV 型・SVO 型などの言語類型は，事象
叙述文（他動詞文）がモデルになっている．

6. 属性のタイプには「カテゴリー属性」の他に，「性質属性」(property of quality)，
「履歴属性」(property of past record) などが挙げられる．この点の詳細につい
ては益岡 (2004, 2008, 2013, 2016, 2018) を参照されたい．

7. 属性叙述文の構造の詳細については，益岡 (2016) を参照されたい．

8. 従属節では主題の出現が制限されるが，本稿ではこの問題には立ち入らない．

9. 外的事象も，文脈によっては (9) のように有題になる．

10. この種の構造の存在については，早くに松下 (1928) の指摘がある．

11. 三上の主語否定論には述語の定性／非定性 (finiteness/non-finiteness) の問題も
関係するが，本稿ではこの点には立ち入らない．

12. 動詞句内主語仮説に対して，Kishimoto (2010) などは主語を英語などと同じく
動詞句の外に位置づける見方を取っている．このような Kishimoto (2010) など
の見方は，三上のような立場から見れば，日本語の文にも英語などの文と同じ
く主語・述語の二部構造を認めている点で，見解が異なるということになる．

　　付言ながら，三上は外心構造としての二部構造を考えていたものと思われる
が，Kishimoto (2010) などは主語・述語の構造が外心構造をなすとは考えてい
ないはずである．Kishimoto (2010) などが考える主語は IP の specifier の位置
にある主語ということであるから，I の projection として内心構造をなすもの
と理解される．日本語の主語の構造上の位置をどう考えるかについては，主題
の構造上の位置をどう考えるかという問題 (cf. 岸本 (2007)) と併せ，さらなる
検討が必要である．

13. この点については，Kuno (1972)，Lambrecht (1994)，Gundel and Fretheim
(2004) などを参照されたい．(15) の例は Kuno (1972: 298) からの引用である．
ちなみに，英語と同じく主語卓越型言語であると考えられるフランス語は，口

語 (spoken French) においては left-dislocation sentence が繁用されるようである (cf. De Cat (2007))

14. この点については，Kuno (1972)，Levin and Rappaport Hovav (1995)，Hasegawa (2010) などを参照されたい．(16) の例は Kuno (1972: 299) からの引用である．

15. 主題と主語のあいだの関係性についても様々な見方が提示されている．この点については柴谷 (1989)・Shibatani (1991)，尾上 (2004) などを参照されたい．

参考文献

De Cat, Cécile (2007) *French Dislocation: Interpretation, Syntax, Acquisition*, Oxford University Press, Oxford.

Falk, Yehuda N. (2006) *Subjects and Universal grammar: An Explanatory Theory*, Cambridge University Press, Cambridge.

Farrell, Patrick (2005) *Grammatical Relations*, Oxford University Press, Oxford.

Gundel, Jeanette K. and Thorstein Fretheim (2004) "Topic and focus," *The Handbook of Pragmatics*, ed. by Laurence R. Horn and Gregory Ward, 175-196, Blackwell, Oxford.

原田信一 (1973)「構文の意味―日本語の主語をめぐって―」,『月刊言語』2 巻 2 号, 2-10.

Hasegawa, Nobuko (2010) "Thetic judgment as presentational," *Journal of Japanese Linguistics* 26, 3-24.

Kageyama, Taro (2006) "Property description as a voice phenomenon," *Voice and Grammatical Relations*, ed. by Tasaku Tsunoda and Taro Kageyama, 85-114, John Benjamins, Amsterdam.

影山太郎 (2009)「言語の構造制約と叙述機能」,『言語研究』136 号, 1-34.

川端善明 (1976)「用言」, 大野晋・柴田武編『岩波講座日本語第 6 巻：文法 I』169-217, 岩波書店, 東京.

川端善明 (2004)「文法と意味」, 尾上圭介編『朝倉講座日本語第 6 巻：文法 II』58-80, 朝倉書店, 東京.

岸本秀樹 (2007)「題目優位言語としての日本語―題目と Wh 疑問詞の階層性―」, 長谷川信子編『日本語の主文現象：統語構造とモダリティ』25-71, ひつじ書房, 東京.

Kishimoto, Hideki (2010) "Subjects and constituent structure in Japanese,". *Linguistics* 48 (3), 629-670.

Kuno, Susumu (1972) "Functional sentence perspective: A case study from Japanese and English," *Linguistic Inquiry* 3 (3), 269-320.

Kuroda, S.-Y.(1988) "Whether we agree or not: A comparative syntax of English and

Japanese," *Papers from the Second International Workshop on Japanese Syntax*, ed. by William J. Poser, 103-143, CSLI Publications, Stanford.

Levin, Beth and Malka Rappaport Hovab (1995) *Unaccusativity: At the Syntax-lexical Semantics Interface,* MIT Press, Cambridge, Mass.

Li, Charles N. and Sandra A. Thompson (1976) "Subject and topic: A new typology of language," *Subject and Topic*, ed. by Charles N. Li, 457-489, Academic Press, New York.

益岡隆志 (1987)『命題の文法』くろしお出版，東京.

益岡隆志 (2004)「日本語の主題―叙述の類型の観点から―」，益岡隆志編『主題の対照』3-17，くろしお出版，東京.

益岡隆志 (2008)「叙述類型論に向けて」，益岡隆志編『叙述類型論』3-18，くろしお出版，東京.

益岡隆志 (2013)『日本語構文意味論』くろしお出版，東京.

益岡隆志 (2016)「叙述の類型と名詞文の構造」，福田嘉一郎・建石始編『名詞類の文法』215-232，くろしお出版，東京.

Masuoka, Takashi (2017) "Topic and subject" *Handbook of Japanese Syntax*, ed. by Masayoshi Shibatani, Shigeru Miyagawa, and Hisashi Noda, 97-122, Mouton de Gruyter, Berlin.

益岡隆志 (2018)「日本語文論からの課題提起―叙述類型論の事例―」，『文化情報学』18 号，98-104，同志社大学文化情報学会.

松下大三郎 (1928)『改選標準日本文法』紀元社，東京.

三上章 (1953)『現代語法序説』刀江書院，東京.

三上章 (1970)『文法小論集』くろしお出版，東京.

尾上圭介 (2004)「主語と述語をめぐる文法」，尾上圭介編『朝倉講座日本語第 6 巻：文法Ⅱ』1-57，朝倉書店，東京.

Postal, Paul M. (2010) *Edge-based Clausal Syntax: A Study of (Mostly) English Object Structure*, MIT Press, Cambridge, Mass.

Reinhart, Tanya (1982) "Pragmatics and linguistics: An analysis of sentence topic," Reproduced by the Indiana University Linguistics Club.

佐久間鼎 (1941)『日本語の特質』育英書院，東京.

Shibatani, Masayoshi (1978) "Mikami Akira and the notion of "subject" in Japanese grammar," *Problems in Japanese Syntax and Semantics*, ed. by John Hinds and Irwin Howard, 52-67, Kaitakusha, Tokyo.

柴谷方良 (1985)「主語プロトタイプ論」，『日本語学』4 巻 10 号，4-16.

柴谷方良 (1989)「言語類型論」，太田朗編『英語学大系第 6 巻：英語学の関連分野』1-179，大修館書店，東京.

Shibatani, Masayoshi (1991) "Grammaticization of topic into subject," *Approaches to Grammaticalization*, ed. by Elisabeth Traugott and Bernd Heine, 93-133, John Benjamins, Amsterdam.

Speas, Margaret J. (1990) *Phrase Structure in Natural Language*, Kluwer, Dordrecht.

寺村秀夫 (1973)「感情表現のシンタクス―「高次の文」による分析の一例―」,『月刊言語』2 巻 2 号, 98-106.

角田太作 (2009)『世界の言語と日本語』くろしお出版, 東京.

英文法指導を再考する
—二次元での文法整理を通して—

田 地 野　　彰

1. はじめに

　平成30年3月に告示された我が国の高等学校学習指導要領では，「話すこと」と「書くこと」を含めた総合的な言語技能の育成が重要視され，さらに発信力強化に特化した新設科目が設置されることになった．一方で，こうした発信のための産出技能に関して問題を抱えている学習者は少なくない．例えば，平成27年（2015年）度の文部科学省による約8万人の高校3年生を対象にした調査結果によれば，高校生は概して「話すこと」と「書くこと」について大きな問題を抱えており，とくに「書くこと」の課題に関しては約2割もの生徒が「無回答」を含むゼロ点であったと報告されている（文部科学省 2016）．こうした結果の理由のひとつには，学習者が英語で「文を組み立てることができない」という点があげられる．ある民間教育機関の調査では，調査対象のうち68.5％の中学生および79.2％の高校生が「文法が難しい」と感じていると報告されている（ベネッセ教育総合研究所 2014）．英文を正しく組み立て，正しく理解するためには文法知識の習得が不可欠であるが，この調査結果からは，多くの中学生や高校生が文法学習に問題を抱えている現状が窺える．

　本稿では，この問題の解決・改善策について教育言語学の観点から論じる．具体的には，教育英文法を，意味のまとまりの順序である「意味順」を用いて二次元で整理し，文法事項間の関係性を示しながら，体系的な文法指導法を提案する．

2. 今なぜ英文法指導の再考か—現状と課題

　「教育文法」（pedagogical grammar）は，「つかみどころのない概念(slippery

concept)」(Little 1994: 99) であると言われるように，その定義は一様でない (Dirven 1990) が，本稿では，「教育を主目的として整理された英文法に関する記述内容の総体」として幅広く捉える．具体的には，中学校や高等学校で使用される文部科学省検定済教科書や学習参考書等の内容を含むものとする．では，このように定義づけられた教育文法（以下，文法）を，私たち教師はどのように指導すればよいのであろうか．

　学習指導要領で規定されているように，日本の外国語教育の主たる目的はコミュニケーション能力の育成にある．そのコミュニケーション能力は，一般に (1) 文法能力，(2) 社会言語能力，(3) 方略的能力，そして (4) 談話能力から構成されていると言われている (Canale & Swain 1980)．つまり，コミュニケーション能力の育成には，文法能力の向上にむけた指導が求められる．

　英語の文法指導は，文法の参考書や問題集を使って行われることが一般的であり，これまで優れた内容の文法参考書が数多く出版されている（例，石黒 2013; Larsen-Freeman & Celce-Murcia 2016; Swan & Walter 1997; 綿貫他 2000）．理論言語学などの知見に基づいて開発された文法書は，個々の文法事項の説明という点においては優れたものであると言えよう．しかしながら，文法事項の提示方法に関しては改善の余地があると思われる．なぜならこれら文法参考書では，各文法事項が独立した章立てのもと並列化されているために，文法事項間の関係性や文法全体における各文法事項の位置づけの理解を学習者自身に委ねてしまっているからである．このような状況では，英語学習に悩む学習者が少なくないのも不思議ではない．シンクレアが，彼女自身の指導経験から「文法はどこから学べば良いかわからない」という悩みを抱える学習者が少なくないと述べているのも納得できよう (Sinclair 2010: 2)．

　じつは英語教師自身も文法指導に関して学習者と同様の悩みを抱えているようである．例えば，教員養成に携わっている田中・田中は「英語の文法指導で悩んでいる教師は少なくありません．例えば，文法指導を行うとき，何をどのような順序で教えればよいのか…（中略）…など実に様々な悩みがあります．」（田中・田中 2014: iii）と述べている．これらは，文法の全体像や「見取り図」が学習者だけでなく教師にも提供されていない証左だと言えよう．

　上述の英文法指導の現状について，入出力システムとして表現した変換過程モデル (Transformation process models, Tajino 2002) を用いて整理すると，図 1 のように説明できるだろう．

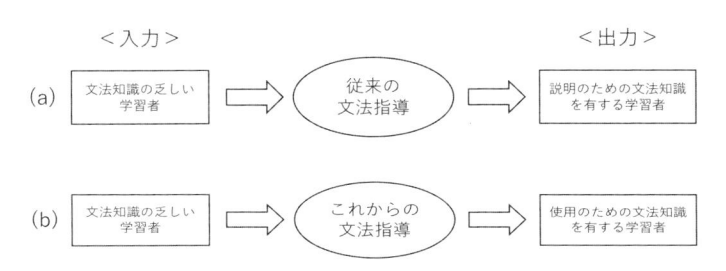

図1　入出力システムとしての文法指導

　従来は，図 1(a) のように，「説明」のための文法指導が強調されてきた．その結果，学習者は「文法について説明する知識」(knowing about) は身に付くものの，コミュニケーションを図るための「文法を使用する知識」(knowing how to) は乏しかったと言えよう (Johnson 2008).[1] これまでの文法指導は，いわばヒントが見え隠れする文法問題は解けるものの，前述の高校生対象の調査結果（文部科学省 2016）が示すように，文法知識を活用して英文を組み立てることのできない学習者を生み出してきたと言えよう．

　これからの文法指導は，産出技能の育成も重視しながら，文法の「使用」に力点を置いた取り組みがなされなければならない（図 1(b)）．今まさに，文法の「使用」にむけた見取り図を，英語の学習者と教師に提示する必要があるだろう．

3．学習者の「誤り（エラー）」を出発点とした英文法指導

　これからの「使用」にむけた文法指導について論じる際にまず認識すべきことは，ほぼ例外なく外国語の学習者は「誤り」をするという事実である（Corder 1981 を参照のこと）．第二言語習得研究成果に基づくこの事実を前提とし，コミュニケーションの観点から「誤りの質」を問うことにより，文法指導への示唆を得ることができる．

3.1 文法事項の重みづけ

これまでの応用言語学の知見から，(1) 外国語学習者は誰もが文法的誤りをする，(2) 誤りにも「質」に違いがある，(3) コミュニケーションの観点から誤りの重みづけを行うことは可能であることが分かっている（田地野 2012）．例えば，語順と冠詞では，コミュニケーションへの影響の度合いは異なるであろう．これを，応用言語学では，大局的誤り (global error) と局所的誤り (local error) に区別している (Burt & Kiparsky 1974)．コミュニケーションに支障をきたす可能性が高い大局的誤りをいかに回避するかが課題となる．この大局的誤りの代表格が，「語順」である．ピンカーが言うように，英語は「固定語順」言語 (a "fixed-word-order" language) であり (Pinker 1994: 235)，語句の順序が変われば意味も変わるという特性がある．このことからも，英語指導においては語句の順序，つまり文構造が重要となる．

3.2 文構造の指導

従来の英語の文構造指導においては，一般に五つまたは七つの文構造パターンが用いられてきた．しかしながら，そこで用いられる「補語」や「目的語」などの文法用語が，学習者には難しく感じられ，英語学習へのモチベーションの低下につながっているのも事実である（ベネッセ教育総合研究所 2014）．こうした学習者にとって難解な文法用語を過度に使用せず，文構造を指導する方法が求められているのではないだろうか．そこで，本稿では，文構造指導への新しいアプローチとして，意味を重視した指導法（「意味順」指導法）を提案する．

4. 「意味順」とは

「意味順」とは「意味のまとまりの順序」を指す．具体的には，「だれが」「する（です）」「だれ・なに」「どこ」「いつ」（オプションとして，「どのように」「なぜ」を含む）の一つの文構造パターンを意味している（田地野 2011a, 2011b）．これは，英語の基本的な意味役割（動作主・動作・受け手・対象物など）(Pinker 1994 他) の順序に対応しているだけでなく，意思伝達に欠かせない 5W1H (who, what, where, when, why, how) の

情報要素を含んだものである（より詳細な理論的背景については，田地野 (1999, 2012, 2017 他) を参照のこと）．

4.1　意味順と文構造

　多くの文法参考書で紹介されている五つまたは七つの文構造パターン（それぞれ五文型・七文型と呼ぶ）と意味順との対応関係を表 1 に示す．この表 1 から分かるように，意味順は五文型・七文型モデルとの互換性も有している．なお，意味順はこれら五文型・七文型と対立するものではなく，意味の観点から文構造の理解を促し，英文の使用を促進する効果が期待できる．具体的には，目的語や補語，SVOC といった文法用語を介することなく，情報伝達に必要な意味の要素（「だれが」など）を自然に当てはめていくことで英語の文を産出することができる．この意味順を活用すれば，各意味の要素となる文法事項と語彙の学習・習得状況に合わせて，自由な英文の産出が可能となる．

　さらに，五文型・七文型では主要素として扱われていない「どこ」「いつ」の順序を意味順が扱っている点は，とりわけ日本語を母語とする英語学習者にとっては有益であろう．なぜなら，この順序は英語では一般的な順序 ("normal order") とされる (Leech & Svartvik 1994: 230) が，これは日本語とは通常異なるからである．

表 1　意味順と五文型・七文型

意味順	だれが	する（です）	だれ・なに	どこ	いつ
1.SV	Harry	smiled			(just now).
2.SVC	Harry	became	a teacher	(in Japan).	
3.SVO	Harry	cleaned	his room		(yesterday).
4.SVOO	Harry	bought	me a watch		(last week).
5.SVOC	Harry	made	her angry	(at the party).	
6.SVA	Harry	lives		in Nara.	
7.SVOA	Harry	put	his bag	on the table.	

4.2　二次元での文法整理

　意味順は，文法事項の全体像，そして文法事項間の関係性を学習者に示すこともできる．例えば Culler (1976) は，ソシュール (Ferdinand de Saussure) を参照しながら，言語システムをフードシステム（コース料

理）に例えている．そこでは，「前菜→主菜→デザート」を結合軸（ヨコ軸）とし，それぞれには選択軸（タテ軸）がある．例えば，前菜はサラダかスープか，メインは肉か魚か，デザートはコーヒーか紅茶かといった選択が求められる．この考えを文法指導に応用すれば，結合軸として文構造（つまり「意味順」），選択軸として文法事項，と捉えることで文法を二次元で整理することができる．

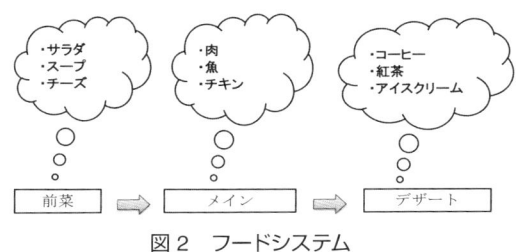

図2　フードシステム

　田地野 (2011a, 2011b) は，意味順をヨコ軸，文法事項をタテ軸として関連づけた「意味順マップ」を提案している（図3）．ヨコ軸は意味順（文構造）を表し，タテ軸には時制や関係詞などの文法事項を含めて，意味順を通して文法間のつながりを示している．

　この意味順マップは，これまでの文法書で並列化されていた文法事項間の有意味な関係性を示す「文法学習の見取り図」としての機能を有している．意味順マップを用いることで，学習者は文法の全体像を容易につかみ，文法事項間の関連性についての理解を深めることができるだろう．

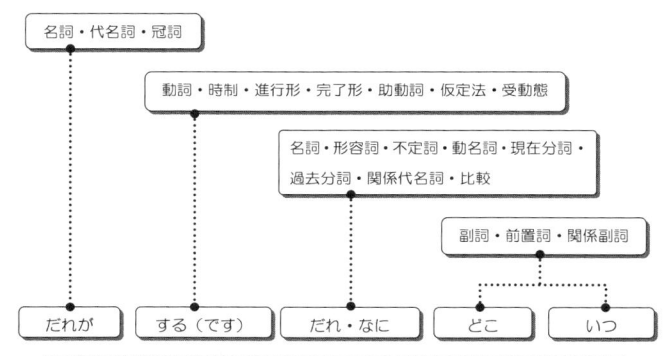

注：複数の意味順要素に関係する文法項目については代表的要素に関連づけてあります．

図3　意味順マップ（田地野，2011a 参考）

5.　意味順による体系的な文法指導

　意味順は，これまで小学校から大学・社会人まで幅広く利用され，全国各地での実践研究をはじめ，様々なレベルでの効果検証も行われている（意味順に関する最新の研究成果は，Tajino(2018) を参照のこと）．[2] ここでは，意味順による英文法の二次元整理を活かしたいくつかの指導例を紹介する．

5.1　ヨコ軸の指導例

　意味順が五文型・七文型と対応していることについては表1で示した．ここでは，文脈によって「だれが」の設定が変わることを示す（表2）．

表2　文脈に応じた意味順の活用例

	だれが	する（です）	だれ・なに	どこ	いつ
(a)	You	should try	a punting tour	in Cambridge	in summer.

	だれが	する（です）	だれ・なに	どこ	いつ
(b)	Cambridge	is	a good place for a punting tour		in summer.

	だれが	する（です）	だれ・なに	どこ	いつ
(c)	Summer	is	the best season for a punting tour	in Cambridge.	

　例えば，表2の (a) は「私はケンブリッジで何をしたら良いか」の返答として機能し得るであろう．(b) は「どこでパンティングツアーに参加したら良いか」という質問への返答となるであろう．(c) は，「どの季節にケンブリッジのパンティングツアーに参加したら良いか」の返答になり得るであろう．このように，ヨコ軸の「だれが」の設定によって，文脈にふさわしい英文を産出することができる．
　意味順は，これまで五文型・七文型モデルで扱われてこなかった疑問詞や接続詞の扱いに関しても，「だれが」の前に「α」（アルファ）を設定することで柔軟に対応している．さらに，意味順を複数段使用することで，

複文の指導や関係詞の指導にも対応することができる．以下の表3に，(a) Yes/No 疑問文，(b) 疑問詞を使った疑問文，(c) if を使った複文，(d) that 節を含む複文，(e) 関係代名詞を使った複文の例を示しておく．

表3　意味順を用いた指導例

	α	だれが	する（です）	だれ・なに	どこ	いつ
(a)	Do	they	play	soccer	in the park	every day?

	α	だれが	する（です）	だれ・なに	どこ	いつ
(b)	What do	you	have	(← What)	in your pocket?	

	α	だれが	する（です）	だれ・なに	どこ	いつ
(c)	If	I	won	the lottery,		
		I	would travel		around the world.	

	α	だれが	する（です）	だれ・なに	どこ	いつ
(d)		I	think	that__		
		he	needs	his own room		now.

	α	だれが	する（です）	だれ・なに	どこ	いつ
(e)		I	know	the lady__		
		who	is standing		over there.	

5.2　タテ軸の指導例

　次に，意味順のタテ軸を用いた指導例を紹介する．例えば，時制や相の指導については，意味順の「する（です）」要素を扱うものとして位置づけることができる（図4参照）．図4のように，意味順のタテ軸に文法事項を可視化（見える化）することで，学習者はその位置づけと学習の意義を視覚的に理解できるであろう．

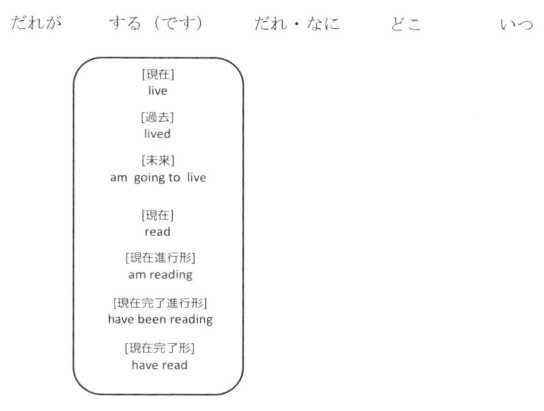

図4　タテ軸の指導例（時制・相を例に）

　さらに，図5に示されるように，時制や相を扱う際，意味順の「いつ」要素と関連づけて指導を行うことも有効であろう.

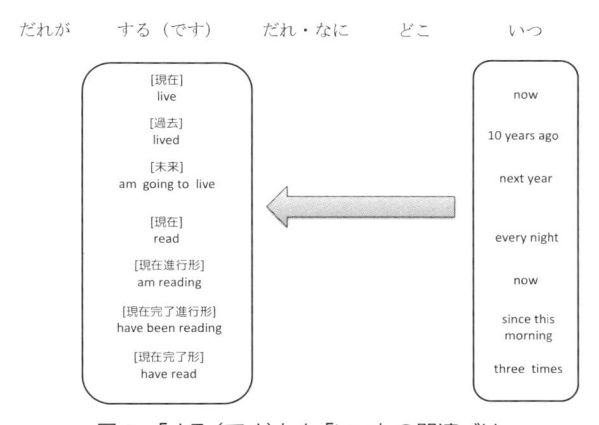

図5　「する（です）」と「いつ」の関連づけ

5.3　二次元での体系的な文法指導

　これまでヨコ軸とタテ軸，それぞれを用いて文法指導の例を示してきたが，さらにヨコ軸とタテ軸を連動させた体系的な英文法指導も可能である.[3]　例えば，若林 (2016: 125) を参考にして，"Billy have two brother."

という例を考えてみたい．この英文は，文法テストにおいては，いわゆる「三単現のs」と「名詞の複数形のs」が欠如しており，問題のある文と判断されよう．しかしながら，文構造の観点からは大局的な誤りがないために，十分に理解可能である．こうした生徒の英文に対して，若林 (2016) は，10点満点で8点をつけるぐらいの気持ちのゆとりが教師にとって大切であると，40年以上も前に示唆している．とくに「話す力」が重視される今日，この言葉は傾聴に値する．

では，この文を "Billy has two brothers." という文に導くにはどのような指導が可能であろうか．まず，ヨコ軸（意味順）だけで "Billy have two brother." をつくることは可能である．複数形のsについては，「だれ・なに」要素内の問題として扱い，三人称単数のsについては，5.2で述べた指導例を応用して「だれが」と「いつ」とを関連づけながら，「する（です）」要素のタテ軸の問題として指導することが可能である（図6参照）．

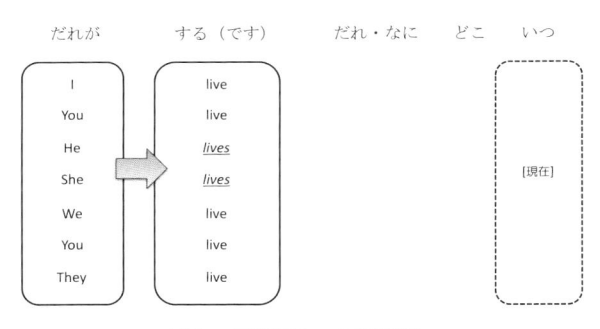

図6　三単現のsの指導例

表4に示したように，教師は，学習者の習熟度に合わせて，ヨコ軸の指導からタテ軸の指導へと文法を有機的に関連づける見通しを持たなくてはならない．

表4　二次元での文法指導（田地野 2018）

だれが	する（です）	だれ・なに	どこ	いつ
Billy	have	two brother.		
（三人称単数）	↓	↓		（現在）
Billy	*has*	*two brothers.*		

　上述したように，これまで文法事項は並列化され，そしてそれぞれが個別に学習され，知識の統合は学習者個人に委ねられてきた．一方で，意味順を用いることで，五文型・七文型を一つの文構造パターンにまとめることができ，文法全体の見取り図を提示することが可能となった．

6.　おわりに

　本稿は，コミュニケーションの観点からこれまでの英文法指導を見直し，学習や指導のための見取り図ともいうべき文法の全体像を提示することを目的とした．まず，一つの有効な手段として，意味のまとまりの順序である「意味順」を活用し，意味順をヨコ軸，各文法事項をタテ軸として捉え，二次元により文法事項間の関係性を示した．つぎに，学習者にとって難解と感じられる文法用語を過度に使用することなく，学習者の心理面に配慮しつつ，英文の理解および産出を目的とした「意味順」指導法の提案を行った．さらに，ヨコ軸とタテ軸を用いた具体的な指導例を紹介しながら，体系的な文法指導のあり方について議論した．

　現実世界においては，英語運用能力やモチベーションなど学習者要因も異なり，教師をとりまく教育環境も多様である．「ゆるやかなシステム」である意味順指導法は，こうした多様な環境にも柔軟に対応しうるものである．各教師の創意工夫に委ねながら，意味順指導法が学習者のコミュニケーション能力の向上に寄与することを期待したい．

謝　辞
本稿をまとめるにあたって，渡寛法氏と加藤由崇氏から貴重なコメントを頂戴した．ここに謝意を表したい．

注

1. もちろん「説明」のための文法指導が意味をもたないわけではない．あくまで，学習指導要領に規定されているような産出技能を含むコミュニケーション能力育成の観点から見れば，「使用」につながる文法指導のあり方を再考する必要があるという主張である．

2. 埼玉県の中学校教師である奥住桂氏は，意味順を用いた学習法の研究によって，2017 年 6 月に第 14 回大野政巳英語教育賞の最優秀賞を受賞している．詳細は，論文「「意味順」英語指導法～コミュニケーションにつながる学習英文法指導～」（平成 28 年度埼玉県英語教育研究会紀要）を参照のこと．

3. 意味順を用いた教育英文法の三次元アプローチも試みている．詳しくは Tajino（2018: 14）を参照のこと．

参考文献

ベネッセ教育総合研究所 (2014)『中高生の英語学習に関する実態調査 2014』<https://berd.benesse.jp/up_images/research/Teenagers_English_learning_Survey-2014_ALL.pdf>

Burt, Marina K and Kiparsky Carol (1974) "Global and Local Mistakes," *New Frontiers in Second Language Learning*, ed. by John H. Schumann and Nancy Stenson, 71-80, Newbury House, Rowly, MA.

Canale, Michael and Merrill Swain (1980) "Theoretical Bases of Communicative Approaches to Second Language Teaching and Testing," *Applied Linguistics* 1(1), 3-47.

Corder, S. Pit (1981) *Error Analysis and Interlanguage*, Oxford University Press, Oxford.

Culler, Jonathan (1976) *Saussure*, Fontana Press, London.

Dirven, René (1990) "Pedagogical Grammar," *Language Teaching* 23(1), 1-18.

石黒昭博（監）(2013)『総合英語 Forest』(7th Edition) 桐原書店，東京．

Johnson, Keith (2008) *An Introduction to Foreign Language Learning and Teaching (2nd ed.)*, Pearson Longman, Harlow.

Larsen-Freeman, Diane and Celce-Murcia Marianne (2016) *The Grammar Book: Form, Meaning and Use for English Language Teachers (3rd ed.)*, Heinle Cengage Learning, Boston.

Leech, Geoffrey and Svartvik Jan (1994) *A Communicative Grammar of English*, Longman, London.

Little, David (1994) "Words and Their Properties: Arguments for a Lexical Approach to Pedagogical Grammar," *Perspectives on Pedagogical Grammar*, ed. by Terence Odlin, 99-122, Cambridge University Press, Cambridge.

文部科学省 (2016)『平成 27 年度 英語教育改善のための英語力調査事業（高等学校）報告書』<http://www.mext.go.jp/component/a_menu/education/detail/__icsFiles/afieldfile/2016/12/16/1375533_1.pdf>

Pinker, Steven (1994) *The Language Instinct: How the Mind Creates Language*, William

Morrow & Company, New York.

Sinclair, Christine (2010) *Grammar: A Friendly Approach (2nd ed.)*, McGraw-Hill Education, Maidenhead, Berkshire.

Swan, Michael and Walter Catherine (1997) *How English Works: A Grammar Practice Book*, Oxford University Press, Oxford.

Tajino, Akira (2002) "Transformation Process Models: A Systemic Approach to Problematic Team Teaching Situations," *Prospect* 17(3), 29-44.

Tajino, Akira, ed. (2018) *A New Approach to English Pedagogical Grammar: The Order of Meanings*, Routledge, Oxford.

田地野彰 (1999)『「創る英語」を楽しむ』丸善，東京．

田地野彰 (2011a)『〈意味順〉英作文のすすめ』岩波書店，東京．

田地野彰 (2011b)『「意味順」英語学習法』ディスカヴァー・トゥエンティーワン，東京．

田地野彰 (2012)「学習者にとって「よりよい文法」とは何か？―「意味順」の提案」，大津由紀雄（編）『学習英文法を見直したい』，157-175，研究社，東京．

田地野彰 (2017)「これからの英文法指導を考える―産出技能の育成を視野に入れて―」，仁科恭徳・中西のりこ・照井雅子（編）『応用言語学の最前線―言語教育の現在と未来―』，157-175，金星堂，東京．

田地野彰 (2018)「「意味順」が変えるこれからの語順指導」，『英語教育』5月号，12-13．

田中武夫・田中知聡 (2014)『英語教師のための文法指導デザイン』大修館書店，東京．

若林俊輔 (2016)『英語は「教わったように教えるな」』研究社，東京．

綿貫陽・宮川幸久・須貝猛敏・高松尚弘 (2000)『ロイヤル英文法』（改訂新版）旺文社，東京．

II 特別寄稿

日本語の数量詞遊離文
—判断の揺れはなぜ起きるのか—

赤　楚　治　之

1. はじめに

　生成文法による数量詞遊離の研究が始まった 1970 年代は，記述的な研究を通して，興味深い現象が数多く発掘された．1980 年には，多岐にわたるデータの中から，2 人の学者が，次のような一般化に辿り着いた．

　　(1) * 主語$_i$・・・目的語・・・数量詞$_i$・・・動詞

主語とそれに結びつく数量詞の間に目的語が入ってはいけないという一般化である．具体的には次のような文がそのコアデータにあたる．

　　(2) イギリス人が　打ち出の小槌を　3 人　買った.

本稿では，この一般化を「黒田・Haig の一般化」と呼ぶことにしよう．[1]
　しかしながら，この一般化に関しては，高見・久野 (2014) が「確かに完全な文とは言えないまでも，容認可能の範囲であり，非文法的であると見なすことはできない」という疑義を表明している．さらに，同一の個人によっても時に異なる判断をすることがあると指摘する．
　生成文法では内省による文法性の判断が重要なデータとなっていることは周知の事実である．しかし，その文法性・容認性が研究者によって揺れることがあり，異なる判断となる場合もある．生成文法学者にはこの問題を論じる研究者 Schütze (1996) もいるし，より正確な判断が得られるよう判断の精度を高める手法を探る学者もいる (Hoji (2015))．生成文法が経験科学である以上，その基盤となるデータをおろそかにすることはできない．地域差や個人差なら理解できるが，(2) の文が同一の個人によって

その時々で違う判断がなされるというのは看過できない指摘である．そこで，本稿では，数量詞遊離のコアデータにおいてなぜこのような事態が生じるのかについて考えてみたい．

2．Miyagawa (1989) の相互 C コマンド制約

黒田・Haig の一般化の妥当性を考える手掛かりとして，Miyagawa (1989) が提案した統語的アプローチとそれに対する反例を取り上げる．Miyagawa は，二次述語との類似をもとに，数量詞遊離構文においては，名詞句とその数量詞は一定の統語的関係に置かれる必要があると主張した．この「相互 C 統御制約」(the Mutual C-Command Requirement) と名付けられた制約は，次のように定式化されている．

(3) 数量詞（またはその痕跡）とそれが修飾する名詞句（またはその痕跡）は互いに C 統御していなければならない．(Miyagawa (1989: 30))

この統語論的制約が公にされた後，片桐 (1992) に始まり，90 年代には様々な反例が報告されるようになった．本稿では，反例全般を眺めることから浮き上がってくる点に着目することによって，日本語数量詞遊離のコアデータの判断にはなぜ揺れが生じるのかを考察することになる．[2]

3．問題の所在

次の (4) が Miyagawa の相互 C 統御制約に対する代表的な反例である．

(4) a. 取り立て詞の付加：学生がレポートを 3 人だけ提出した．
　　b. 進行相：水着姿の女性が楽しそうに 5 人泳いでいた．
　　c. 時間的限定性条件：昨日は閉館間際まで，学生が図書館分室で 30 人勉強したらしい．

それぞれの反例については，これまでも解説されているので（赤楚 (2005) などを参照），ここでは，石川 (2016) の反例を付け加えよう．

石川が取り上げたのは次のような「のだ」文における数量詞遊離である．

(5)　a. 水着姿の女性がアイスクリームを 5 人食べたのだ.
　　　b. 大学生がジャズダンスを 5 人踊ったのだ.

石川 (2016) では，(5) の例文と，「のだ」を含まない文との容認度の違いを調査している．10 名の言語学研究者の回答が次の表である.

(6)　　　　　　　　　　　✔—?—*　　　　　　　　　✔—?—*
　　(5a)　　　　　　　　7—2—1　　(5b)　　　　　　9—0—1
　　(5a) の「のだ」なし　0—3—7　　(5b) の「のだ」なし　2—3—5

ここから「のだ」の付加によって文法性が上がるのが見て取れる.
　さらに，この調査結果を裏付ける間接的な証拠として，高見・久野 (2014) が用いている例文が挙げられる.

(7)　A: 何年生の生徒が酒を何人飲んだのですか.
　　　B: 2 年生の生徒が酒を 3 人飲んだのです.
　　　（cf. * 学生が酒を 3 人飲んだ.）
(8)　A: どこの国の人が打ち出の小槌を何人買ったのですか.
　　　B: イギリス人が打ち出の小槌を 3 人買ったのです.
　　　（cf. * イギリス人が打ち出の小槌を 3 人買った.）

高見・久野 (2014) の機能的説明の妥当性はさておき，ここで見落としてならないのは，文法的とされるこれらの文には「のだ」（あるいは「のです」）が付加されている点である.
　このように，「のだ」文における数量詞遊離は，黒田・Haig の一般化があてはまらない例として見なすことができる.
　同時に，ここで指摘しておきたい点は，三原 (2012) が挙げた先の (4c) である．その前のバージョンである三原 (1998) では文末の「らしい」を随意的要素としていたが，2012 年の論文では (4c) のように「らしい」を明示的に表現している．本稿ではこの「らしい」の働きに注目する.
　そこで，(4) と (5) の反例をまとめると，次の (9) のようになる.

(9) a. 取り立て詞の付加
b. 進行相
c. 時間的限定性条件＋らしい
d.「のだ」文

　本稿では，これらの反例に対し，マクロ的な視点からの総括的な説明を試みる．その準備段階として次節では，ガ格主語の振る舞いを確認しよう．

4. ガ格主語の機能と位置

　久野 (1973) は，日本語の主格を担うガ格には，総記 (Exhaustive Listing) と中立叙述 (Neutral Description) の2つの機能があるとした．前者は，焦点化され，それのみという意味が強調されるもので，後者はそのような焦点化がなく，事態（命題）を客観的に述べるときに用いられるものである．次の (10a) が総記，(10b) が中立叙述の例である．

(10) a. 太郎が学生です．
b. あっ，雨が降ってる．空が青いね．

久野は中立叙述の読みは，述部が動作，存在，一時的な状態を表すときに限られると述べている．また，一人称や二人称には中立叙述は許されないとする人称制限もある．それを踏まえた上で，長谷川 (2008) は次のような対比に着目する．

(11) a. *? おや，太郎が本を読んだ．
b. *? おや，花子が太郎に電話する．
(12) a. おや，太郎が本を読んでいる．
b. あれっ，花子が太郎に電話してる．

長谷川が指摘するのは，主文における中立叙述解釈の可能性である．久野に従えば，動作を表す述語を用いている (11) のそれぞれの例文は，総記の解釈を許すはずであるが，(11) の文は極めて「座りの悪い」文となっている．ところが，(12) のように「ている」形を用いると，自然な，落ち着い

た文となる．これについて長谷川は「ている」形を用いることで，「眼前の状況」を述べる提示文としての機能を帯び，客観的な描写を伝える文となり，中立叙述解釈が生じるためであると説明する．言い換えると，主文においてガ格主語が中立叙述解釈を持つには，「話者が気づいた眼前の動的・変化自体を『新情報』として『描写』するという『提示文』の機能」（長谷川 (2008: 70)）を有している必要があるということになる．

　生成文法は，久しく，統語論の自律性テーゼに沿って，談話的要因を切り離し，研究対象を命題としての「文」に限定していたため，総記のガ格には焦点化が伴うという認識は生成文法研究者の間で共有されてはいたが，それはあくまでも生成文法の守備範囲外にあり，ガ格の解釈の違いを構造的に表すことはなかった．しかしながら，90 年代後半に談話的な要因を統語構造に組み入れるカートグラフィー研究がヨーロッパで始まると，日本語でも談話と統語論の関係が見直されるようになった．このアプローチでは，焦点（フォーカス）解釈があるガ格主語は，談話領域の Focus 句 (FocP) の指定部に移動すると仮定できる．つまり，総記解釈のガ格主語は FocP にあると考えられる．他方，中立叙述解釈のガ格主語はこれまで考えられてきたように TP の指定部，つまり命題領域にあると仮定できることになる．以下，この仮定に沿って議論を進めていくことにする．

5.　反例の吟味

　ガ格主語の 2 つの解釈とその構造的位置が確認できたので，上の 2 節で見た反例に戻りたい．反例は，(9) で示したように，a) 取り立て詞の付加，b) 進行相，c) 時間的限定性条件＋らしい，d)「のだ」に分類されるものであったが，ここでは，まず (9d) の「のだ」から見ていきたいと思う．この「のだ」文に関しては，長谷川 (2008: 71) が脚注 14 の中で次のように記述している．

　　ガ格の「ND 解釈」を持つ文には少なくとも 2 つの種類がある．1 つは従属文に見られる客観的な「命題の言語的表出」としての文，もう 1 つは，主文のみに許される「眼前事象の描写」としての提示文である．・・・ここで疑問となるのは，主文に提示文としてではない従属文同様の「命題の表

出」だけを許すガ格主語文が可能か，ということである．例えば，(i) のような例を過去や未来の事象を表す命題として主文として使えるか，ということである．

 (i) a.（3日前）太郎が花子を叱った．
   b.（一両日中に）首相が渡米する．

判断は微妙だが，筆者には，書き言葉（日記や新聞，小説）でなら可能であろうが，<u>これらの文が主文として終助詞や「のだ」などの文末表現を伴うことなく使える会話状況は想定しにくい</u>．（下線部は筆者による）

つまり，「のだ」が付くことで，命題の表出として解釈され，ガ格主語はND 解釈を持つことになる．

 次に，(9b) の進行相を表すマーカー「ている」であるが，これは定延(2006) などにおいて，このマーカーは「『観察してみると現在これこれである（これこれのデキゴト情報がある）』ということを表すエヴィデンシャルである」（定延 (2006: 172)）ことが指摘されている．続く (9c) の「らしい」も証拠性の表現である．

 最後に，(9a) の取り立て詞の付加された文である．取り立て詞が Foc によって認可されることが，Akaso and Haraguchi (2011) のガ・ノ交替の研究で明らかにされている．この場合，Foc 主要部は顕在的には現れないが，音声的に具現化されていなくても機能していると考えられる．

 以上のことから，反例には共通した1つの特徴が浮かび上がってくる．それは，(9) のどの例においても，右端部 (right periphery: RP) が用いられているという点である．

6.　新しい認可条件

 これまでのことから，次のような記述的一般化が浮き彫りになってきた．

 (13) 右端部を用いた文では，黒田・Haig の一般化に違反していても文法的
   な文になる．

先に確認したように，右端部を使わない場合は総記のガ格主語は CP 内（談話領域）で認可されるので (14a) のような構造になり，使う場合は

(14b) となる．（RP Element ＝右端部要素）

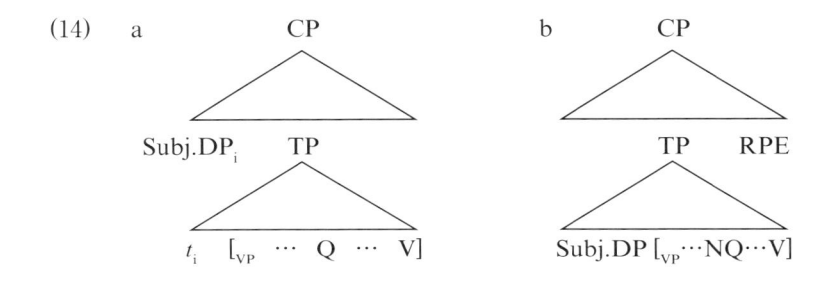

(14)　a　CP　　　　　　　　　　b　CP

Subj.DP$_i$　TP　　　　　　　　　　TP　RPE

t_i [$_{VP}$ … Q … V]　　　　　Subj.DP [$_{VP}$…NQ…V]

　ここで注目しなければならない点は，両方の場合において，ガ格主語と遊離数量詞は相互Ｃ統御の関係にはないことである．つまり，相互Ｃ統御の関係でこれらを捉えることはできないということがわかる．
　では，この事態をどのように取り扱えばよいのであろうか？
　相互Ｃ統御制約あるいはbinary branchingを用いたmergeに基づく関係の根底にあるのは，strict localityである．その場合，このホスト名詞句とその数量詞をmerge（或は基底）の段階で結びつけることによって，両者の意味的関連性を担保できるという利点がある．ホスト名詞句はその数量に関する情報を，数量詞はその中に含まれる分類詞の先行詞を，それぞれ相互に狭い領域（DP）の内部において見つけ出すことが可能となる．
　しかしながら，お互いの関連性は，必ずしも構造的な局所性によって担保される必要はない．そもそも分類詞はそのホスト名詞の「数え方」と意味的に一致しなければならない．つまり，分類詞は意味部門においてホスト名詞と「連結」すると考えられる．この仮定に立つならば，ホスト名詞と数量詞の間には次のような意味解釈規則が存在するということになる．

(15) 遊離数量詞の意味解釈規則：ホスト名詞とその数え方を表す分類詞を含む数量詞を結び付けて解釈しなければならない．

当然のことながら，この規則だけで数量詞の分布を説明できるわけではない．そこに加わるのが統語論的な条件である．これまでの考察から本稿では次のような統語的制約を提案する．[3]

(16) 遊離数量詞の統語的制約：ホスト名詞句とその遊離数量詞は TP
　　（＝命題領域）において共存しなければならない．

つまり，遊離数量詞の分布は統語論的な制約と意味解釈規則の両方によっ
て説明されるということになる．

7.　Supporting evidence

　本論考の新しい認可条件は，統語的条件の反例を個別的に説明するので
はなく，総括的に説明できるという点に優位性がある．この節では，我々
の分析を裏付ける supporting evidence を提示する．
　新しい認可条件が有効であることを示す 1 つの証拠は，従属節の中に見
られるガ格主語の解釈を利用したものである．久野 (1973: 33) は，総記と
中立叙述の区分は，従属節において「中和される (neutralized)」ことを指
摘している．

　(17) 君は<u>太郎が</u>日本語ができることを知っていますか．
　　　<u>太郎が</u>好きな子は花子です．

(17) の「太郎が」には，述部が恒常的状態を表しているにもかかわらず，
総記（すなわち「太郎だけが日本語ができる／太郎だけが好きな子」）の
解釈で理解することは極めて困難である．これは，従属節の中では，命題
の表出となり，総記解釈ではなく，中立解釈が自然なものと捉えられるた
めであると考えられる．この点に留意しながら，次の例文を見よう．

　(18) 君は生徒がたばこを 3 人吸ったことを知っていますか．

筆者の調査ではこれを問題なしと答えた話者がほとんどであった．これは
(16) の条件に合致している．つまり，従属節中のガ格主語は遊離数量詞と
同じ命題領域にとどまっているため，文法的な文と判断される．久野が述
べたように，従属節の中では総記は中立化されるというのは中立叙述的と
なると読むならば，本稿で提案した新しい認可条件で説明できることにな
る．

8.　文法性判断の揺れの原因

　本稿で提案した認可条件では，数量詞遊離のコアデータに見られる判断
の揺れが説明できる．それはガ格の2つの区分に関係する．元来，ガ格の
2つの機能はクリアーに区別できるものではなく様々な要因に左右される
ものである．例えば，4節で紹介した長谷川 (2008) にもあるように，右端
部を利用していない（つまり，主文の）場合でも，中立叙述の解釈が「書
き言葉（日記や新聞，小説）でなら可能」となりうる．言い換えるなら
ば，右端部が具現化されていない，コアデータ (2) の場合でも，そのガ格
主語を中立叙述として解釈することは不可能ではない．そうなると，本稿
での新しい認可条件に適合することとなり，文法的となるからである．こ
のように，ガ格主語の2つの機能区分がクリアカットではないために，数
量詞遊離の判断には揺れが生じるのだと考えられる．

9.　おわりに

　本稿では，黒田・Haig の一般化の説明を試みた Miyagawa (1989) に対
して出された反例から，コアデータの揺れが起きる要因を探った．まず，
Miyagawa の反例は，右端部が関与することで，提示文となっていること
を見た．提示文ではガ格主語が中立叙述としての解釈となることと，総記
解釈のガ格主語とは異なり命題領域に留まることから，ガ格主語と数量詞
が同じ命題領域になければならないという，broad locality に基づいた新し
い認可条件制約を提案した．その上で，コアデータの揺れはガ格主語の解
釈の揺れに起因することを論じた．

注

1. この一般化は，黒田と Haig が共同で見つけ出したものではなく，それぞれが
   独立して同時期（1980 年）に発表したものである．
2. 本稿では，(1) のタイプだけを取り上げることにする．目的語の掻き混ぜによ
   る数量詞遊離ついては，別稿 (Akaso (in preparation)) を参照されたい．
3. 本稿では TP を命題領域と見なすが，Akaso (in preparation) では vP である．

参考文献

Akaso, Naoyuki (in preparation) "Phasal Spell-out and Phase-mate Condition: Another Angle on Japanese Q-float".

Akaso, Naoyuki and Tomoko Haraguchi (2011) "On the Categorial Status of Japanese Relative Clauses," *English Linguistics* 28, 91-106.

赤楚治之 (2005)「日本語における概数数量詞の Q-float について」,『日本語文法』5 巻 2 号, 57-73.

Haig, John H. (1980) "Some Observations on Quantifier Floating in Japanese," *Linguistics* 18, 1065-1083.

長谷川信子 (2008)「提示文としての中立叙述文」,『言語研究の現在』62-80, 開拓社, 東京.

Hoji, Hajime. (2015) *Language Faculty Science*. Cambridge University Press, Cambridge.

石川浩一 (2016)「日本語における数量詞連結：統語論的アプローチの例外『のだ』文を考える」第 8 回北海道理論言語学研究会口頭発表.

片桐真澄 (1992)「書評論文 (Miyagawa (1989))」,『言語研究』101 号, 146-58.

久野暲 (1973)『日本文法研究』大修館書店, 東京.

黒田成幸 (1980)「文構造の比較」, 國廣哲弥 (編)『日英語比較講座 2・文法』23-61, 大修館書店, 東京.

三原健一 (1998)「数量詞連結構文と『結果』の含意」(下)『言語』27 巻 8 号, 104-113. 大修館書店, 東京.

三原健一 (2012)「数量詞遊離構文とアスペクト制約」, 澤田治美 (編)『構文と意味』221-239, ひつじ書房, 東京.

Miyagawa, Shigeru (1989) *Structure and Case Marking in Japanese (Syntax and Semantics 22)*. Academic Press, San Diego.

定延利之 (2006)「心内情報の帰属と管理：現代日本語共通語『ている』のエビデンシャルな性質について」,『言語に現れる「世間」と「世界」』167-192, くろしお出版, 東京.

Schütze, C. T. (1996) *The Empirical Base of Linguistics*. The University of Chicago Press, Chicago.

高見健一・久野暲 (2014)『日本語構文の意味と機能を探る』くろしお出版, 東京.

The Other Way (A)round の語法に関する一考察
—*Vice Versa* との関連で—*

山　内　信　幸

1. はじめに

本稿は，Yamauchi (2006) で扱った *vice versa* に関する考察を手がかりに，類似表現と見なされる英語の一表現である *the other way (a)round* の語法を検討するものである.

『新英和大辞典第六版』(2002) によれば，*the other way (a)round* には，「逆に，あべこべに」という語義が与えられている. また，*vice versa* に関しても，「逆に，あべこべに，逆もまた同じ」という類似の語義が与えられている. さらに，*O.E.D. 2nd Edition* (1989) では，*the other way (a)round* の同義表現として，*conversely* と *vice versa* が挙げられている.

例えば，以下の例文は，同義の文として，解釈されうるものである.

(1)　a. There are people who have a woman's body and man's mind or *the* other way around.

　　b. There are people who have a woman's body and man's mind or *vice versa*. (小西・南出 2001)

(1a) と (1b) のイタリックスの当該表現については，どちらも "there are people who have a man's body and woman's mind" と解釈できるものであり，交換可能な表現と見なすことができる.

本稿では，*the other way (a)round* と *vice versa* が本当に等値表現として交換可能なものと見なすことができるのか，あるいは，*the other way (a)round* に特有の意味・用法が存在するのかを考察する.

2. *vice versa* の特性をめぐって

管見のところ，*the other way (a)round* に関する研究は見当たらず，ここでは，いくつかの *vice versa* に関する先行研究を取り上げてみよう．

まず，*O.E.D. 2nd Edition* (1989) による *vice versa* の定義として，以下が与えられている．

> (2) with a reversal or transposition of the main items in the statement just made; contrariwise, conversely

この定義にしたがうと，例えば，次の (3a) の *vice versa* は (3b) の意味を表すと考えられる．

> (3) a. In the 1990s, many banks looked like post offices, and *vice versa*.
>   (*BusinessWeek*, Nov. 16, 2005)
> b. Many post offices looked like banks.

ここでは，*O.E.D. 2nd Edition* (1989) にある "the main items" とは単一の名詞句を指し，*vice versa* の "the main items" の交替という観点から，その意味・振る舞いを捉えることができる．

しかしながら，交替する項目については，このような単純な同定化では捉えきれない多くの表現形式も数多く観察される．以下の例では，"the main items" が単純に交替しているとは見なされず，(4b) では，"democratic" と "democracy" ならびに "capitalism" と "capitalistic" という派生語レベルに発展した項目が交替している．さらに，(5b) では，"bus-drivers" と "buses" ならびに "airplanes" と "airplanes pilots" というように，単なる語彙項目を超えたレベルでの交替が見られる．

> (4) a. It is possible to have a democratic society without capitalism, and *vice versa*. (*Rochester Democratic and Chronicle*, Nov. 20, 2005)
> b. It is possible to have a capitalistic society without democracy.

> (5) a. Bus-drivers rarely travel in airplanes, and *vice versa*.

b. Airplanes pilots rarely travel in buses.

　vice versa に関する先行研究もきわめて限定的ではあるが，初期の分析として，統語的な観点から，Fraser (1970) と McCawley (1970) の研究を挙げることができる．Fraser (1970: 277) では，交替されるものは "two, only two, noun phrases" とされるが，先で見たように，交替の対象となる項目は必ずしも単純ではないように思われる．また，McCawley (1970: 278) では，*vice versa* は "interchanging two elements of another clause" として捉えられると主張したが，ここでいう「2つの要素」とは何を指すのか，もし同定されるとして，文内のどの要素が交替し，さらにどのように交替するのかについては明らかにされてはいない．

　一方で，Kay (1989: 181) は，語用論的なアプローチに基づいて，*vice versa* を "contextual operators" の1つとして捉え，以下のように定義した．

(6) lexical items or grammatical constructions whose semantic value consists, at least in part, of instructions to find in, or impute to, the context a certain kind of information structure and to locate the information presented by the sentence within that information structure

Kay (1989: 187) は，交替する項目は "a pair of participants in the scene that is evoked by the interpretation of a sentence" とし，*vice versa* を含む文の曖昧性は，発話の文脈によってのみ決定されると主張した．

　しかしながら，(7a) の *vice versa* を見てみると，先行文脈内に参与者が3者 (the Jones, next-door neighbors と we) 存在することになり，交替する項目を一義的に同定することができない．そのため，(7b) あるいは (7c) のように，複数の読みを許容することになり，最終的には，文脈によって決定されるという曖昧性が残ることになってしまっている．

(7)　a. The Joneses don't like their next-door neighbors but we do, and *vice versa*.
　　b. Our next-door neighbors like us.
　　c. The Jones' next-door neighbors like us.

　Kay (1989) は，最終的な解釈として，(7c) ではなく，(7b) という解釈が優先されるということを語用論的な解釈プロセスによって解決できると主張している．しかしながら，(7a) における "we do" は，文脈的に見た場合に，それほど曖昧なものではなく，その前方照応的な表現として，"we like their next-door neighbors" ではなく，"we like our next-door neighbors" という読みが自動的に得られることができ，*vice versa* の意味の同定には文脈依存の必要はないと反論することができる．

　また，黒川 (2005) は，関連性理論の枠組みで，「処理能力 (processing effort)」と「認知効果 (cognitive effect)」の 2 つの観点から，「呼び出し可能性 (accessibility)」の程度に応じて，*vice versa* の特異な振る舞いを捉えようとしている．

　まず，*vice versa* が表す「逆」とは，先行発話内における，関連性理論でいうところの "relevant" な 2 つの要素が必要であると主張する．黒川 (2005) では，この 2 つの要素の存在は "binarity" と規定され，既存の対立する概念とされるものは概念内在的なものであり，"concept-internal binarity" と呼んでいる．

　次に，動詞・従属接続詞などの語彙の意味構造関係によって関係づけられるものは，"lexical structure-based (LS-based) binarity" と名付けている．

　さらに，ある特定のコンテキストから想起される百科事典的知識（想定）によってのみ成立するものは，"encyclopedic assumption-based (EA-based) binarity" と位置づけている．

　最後に，推意が自然の流れ（推論）によって導出されて初めて関係づけられる項目は，"implicature-based (Impl-based) binarity" と定めている．

　黒川 (2005) は，これらの 4 つのタイプの "binarity" が呼び出し可能性の高低という尺度上に分布していて，「逆」となる 2 つの項目間の関係性の同定処理にかかる負担は，CI binarity → LS-based binarity → EA-based binarity → Impl-based binaity の順に大きくなり，語用論への依存度も高まると指摘している．

　一方で，黒川 (2005) は，「逆」となる 2 つの要素がどのように同定されるかのプロセスの理解には，上記のような呼び出し可能性という静的な尺度だけでは不十分で，優先される（可能な）解釈は認知効果とのバランス

が必要であり，「逆」となる２つの要素がどのように同定されるのかの理解には，認知効果の観点の導入が必要となることを主張した.

黒川 (2005) 自身も認めているように，*vice versa* の解釈の最終的な同定には，動的な文脈に依存するため，複数の項の交替が観察される場合の優先的な読みの可能性は最終決定できないままとなってしまっている.

Yamauchi (2006:12) では，統語論的・意味論的・語用論的観点から，機能論的な統一的解決策として，以下のような "A Condition of Arguments in Contrast（対照項条件）" が提示されている.

(8) A Condition of Arguments in Contrast（対照項条件）
When there is more than one argument in the antecedent and the two (or more) arguments, in principle, are in a functionally equivalent anaphoric relationship, *vice versa* can be used as an anaphoric expression.

まず，統語論的特性として，*vice versa* は，一般に，先行詞として機能する and によって連結された結合文の後に生起するとされ，従来は，Fraser (1970) が指摘したように，先行詞内の２つの名詞（句）が交替するとされている. しかしながら，(9) の例からも明らかなように，交替するのは，動詞句の場合もありえる.

(9)　a. When the door is open, I close it, and *vice versa*.
　　b. When the door is closed, I open it.

また，(10) の例では，交替しているのは，形容詞や副詞句の部分であり，唯一的に名詞句に限定されるものではない.

(10)　a. When the room is tidy, I tend to put it in disorder, and *vice versa*.
　　b. When the room is untidy, I tend to put it in order.

さらに，文法関係に関しても，主語・目的語・補語といった意味役割や自動詞・他動詞などの動詞の特性などからは捉えきれないような自由な文法的振る舞いを見せることが観察されている. その一例として，通常の他

動詞の例ではなく，自動詞の例として，次の (11) の例を挙げておこう．

(11) a. Not every liberal is a misogynist, or *vice versa*. (*The Rant.us*, Nov. 27, 2005)
    b. Not every misogynist is a liberal.

ここでは，いわゆる "be 動詞" が連結詞として用いられていることに注意されたい．

さらに，次の例については，Fraser (1970) が指摘するように，理論上は，(12a) の *vice versa* は，(12b) ～ (12d) のように，3 通りの解釈を許容することになるが，筆者のインフォーマントによると，(12b) の解釈のみが最も容認可能性が高いと判断された．これは，対照関係を構成していると最優先的に見なされる John と Mary の 2 つの項が対象となって生じた解釈であり，黒川 (2005) で提起された *vice versa* の解釈が最終的には動的な文脈に依存するとする主張よりも，Yamauchi (2006) で提案した "A Condition of Arguments in Contrast" によって，統一的に取り扱うことができるとする主張に優位性を認めることができる．

(12) a. I expect John to hit Mary, and *vice versa*.
    b. I expect Mary to hit John.
    c. John expects me to hit Mary.
    d. Mary expects John to hit me.

この条件によって，例えば，(13) の例に見られるように，対象となる項の定性 (definiteness) の高低によって，交替しうるのは，固有名詞としての同程度の高い定性を有する John と Harry である (13b) のみの解釈が成立し，定性の度合いがかなり下がる some people という項が交替対象と見なされる可能性は限りなく低い．

(13) a. John likes some people better than Harry, and *vice versa*.
    b. Harry likes some people better than John.
    c. Harry likes John better than some people.
    d. Some people like Mary better than John.

　さらに，語用論的な取り扱いについても，(14)や(15)の例のように，語彙的派生レベルの百科辞書的レベルの知識で十分に解決できることを示すことができる．

(14)　a. Many Frenchmen are Anglophobes, and *vice versa*.
　　　 b. Many Englishmen are Francophobes.

(15)　a. Few Tigers fans live in the Kanto district, but not *vice versa*.
　　　 b. Few Giants fans live in the Kansai district.

　(14)では，「フランス人＝イングランド嫌い」という図式から容易に推論できる「イングランド人＝フランス嫌い」が語彙化されていると考えることができる．一方で，(15)では，日本のプロ野球の実情を知っている人であれば，「阪神タイガースファンは，読売ジャイアンツの本拠地である関東地域ではなく，地元の京阪神に住む人が多い」ことは自明であり，自球団がライバルチームと目されることを知っている読売ジャイアンツファンは，同じような対比の構図で，「必ずしも関西地域に住む人が少ないというわけではない」ことが推論できる．

3.　*the other way (a)round* の特性をめぐって

　ここまで，少し長くなったが，*the other way (a)round* の類似表現とされる *vice versa* の特性について，先行研究のレビューを兼ねて，詳細に見てきた．ここからは，*the other way (a)round* に焦点を当てて，その特性について検討する．なお，以下のそれぞれの例文の容認可能性については，2名の信頼できるアメリカ人インフォーマントの協力を得て，判断してもらった．

　まず，当該の2つの表現が統語論的ならびに意味論的に同値と見なされる根拠となる例をいくつか挙げてみよう．

(16)　a. Students practise translating from French to English and *the other way around*.
　　　 b. Students practise translating from French to English and *vice versa*.

c. Students practise translating from English to French.

the other way (a)round と *vice versa* のいずれの表現も，該当部分は，(16c)
の意味を表すと考えられる．ここでは，先行詞内の French と English と
いう項が交替していて，*the other way (a)round* を含む (16a) は，*vice versa* を
含む (16b) と同じ統語論的・意味論的振る舞いをしていると見なすことが
できる．

(17) a. It is possible to have a democratic society without capitalism, and
       vice versa.
    b. It is possible to have a democratic society without capitalism, and
       the other way round.
    c. It is possible to have a capitalistic society without democracy.

(17a) と (17b) における当該の2つの表現は，同様に，(17c) を表している
と見なすことができる．これらの例における *the other way (a)round* は，*vice
versa* の成立条件として提案した "A Condition of Arguments in Contrast"
が適用されて，単純な項の交替だけでなく，派生語レベルで語彙化された
項の交替も観察でき，両者の表現は同義表現と認めることを支持するもの
であると考えられる．
　しかしながら，両者の表現をもう少し詳細に観察してみると，いくつか
の興味深い差異が浮かび上がってくる．以下の (18) については，われわれ
のインフォーマントたちが興味深いコメントを寄せている．

(18) a. Ian needs Meg more than *the other way around*.
    b. Ian needs Meg more than *vice versa*.
    c. Meg needs Ian.

1人のインフォーマントは，(18a) と (18b) はともに文法的に容認可能では
あるけれども，意味的には少し異なるものという判断を下している．つま
り，*the other way (a)round* の指示する内容は，(18c) が示すように，Meg か
ら見た視点による事態の描写を示しているため，先行詞内の Ian から見た
視点の事態の描写とは，事態を誘引する「方向性」が異なるという点で，

本質的な捉え方が異なるものであることに起因していると考えられる．一方，*vice versa* においては，通常，交替された項は入れ替え可能で，項の順序は逆転しながらも，表される結果は究極的には変わらず，同じままであることを前提とする表現であるとされる．Ian が Meg を必要としている事態の結果と Meg が Ian を必要としている事態の結果は，究極的には同じものであることはありえないので，もう一方のインフォーマントは，(18a) と (18b) を比べた場合に，(18a) の方が表現としてより自然であるというコメントを表明したと考えられる．

　インフォーマントたちによるこれらの微妙な語感に基づく判断について，「はじめに」で挙げた以下の (19) の例文 (= (1)) をもう一度検証してみよう．これらの2つの表現は，いずれも，(19c) のような意味を表すと考えられる．ただ，*the other way (a)round* では，先行詞の内容を前提に「<u>身体的性が女性である人の方から見て</u>，身体は女性でありながら，心は男性の人々」という「方向性」の推移が逆方向に作用し，「<u>身体的性が男性である人の方から見て</u>，身体は男性でありながら，心は女性の人々」という意味を表している．一方，*vice versa* では，対照項として機能する woman と man が単に交替しただけで，事態の「方向性」の推移は含意されず，*the other way (a)round* とは異なるニュアンスを表すものと見なすことができる．

(19)　a. There are people who have a woman's body and man's mind or *the other way around*.

　　　b. There are people who have a woman's body and man's mind or *vice versa*. (小西・南出 2001) (=(1))

　　　c. There are people who have a man's body and woman's mind.

　ここまでの議論をまとめると，*vice versa* は，"A Condition of Arguments in Contrast" に基づいて，最終的な結果は変わらないままで，2つ以上の項が交替することを認める表現であり，そこに表現されている事態の「方向性」の推移を必ずしも前提とはしない．一方で，*the other way (a)round* は，結果として，必ず事態の「方向性」の推移が含意される表現であることが要求される．以下の (20a) では，動詞に「方向性」が含意されない連結詞の be 動詞が用いられているため，*vice versa* は，最終的な結果に変更

なく，項の交替のみが確認できる表現として，容認可能とされる．一方，
the other way (a)round は，事態の「方向性」を前提とするため，(20b) に
は，「方向性」の推移が確認できないため，容認不可とされる．

(20)　a. Professor Matsuoka is the President of our university and *vice versa*.
　　　b. *Professor Matsuoka is the President of our university and *the other way (a)round.*
　　　c. The President of our university is Professor Matsuoka.

　最後に，*vice versa* が，最終の結果に影響を与えない単純な項の交替を表
すのに対し，*the other way (a)round* は，項の交替という狭義の現象に限定
されるだけではなく，文全体を対象として，その論理の「方向性」の推移
が確認される場合にも使用できる例を示しておこう．
　(21) は，ホールインワンに関する欧米と日本の慣習上の違いについて，
欧米の場合は，祝福されるのはホールインワンを実現したプレーヤー本人
であるのに対し，日本では，ホールインワンが実現できたのは周りの関係
者のおかげということで，プレーヤー本人が祝福の対象とはならないこと
が述べられている．(22) は，上記の内容を日本人側から述べた英文で，日
本では，お祝いをするのはホールインワンをした本人であり，欧米では，
その「方向性」の推移とは逆方向となり，お祝いをするのは，ホールイン
ワンをした本人ではなく，周りの関係者であるということを表す *the other
way (a)round* が用いられているため，容認可能となる．一方，*vice versa* を
用いた表現は，たとえ当該の項の交替が確認できたとしても，最終の結果
はあきらかな相違を呈するので，容認不可となると考えられる．

(21) In Britain or in the United States, usually the one who scores an ace is
　　congratulated by his or her partners and friends. In Japan, however, you
　　are considered stingy and ignorant of etiquette if you don't distribute
　　mementos commemorating the event among your friends. (Shizuka,
　　Kikuchi and Calman 2004)

(22) In Japan, it is the one who has achieved the hole in one that is supposed
　　to throw a party or distribute gifts among friends, but in Britain or in

the United States, it is *the other way around* / *vice versa*.

4. おわりに

　本稿では，従来の辞書の記述では，同義表現と見なされうる *the other way (a)round* と *vice versa* を取り上げ，Yamauchi (2006) での議論を基に，*the other way (a)round* との異同を検討した．

　一見すると，単純に同値表現と見なされる両表現ではあるけれども，*vice versa* は，"A Condition of Arguments in Contrast" に基づいて，2つ以上の項が交替しながらも，事態の「方向性」の推移を必ずしも前提とはせず，最終的な結果は変わらないままであることを示す表現であり，一方，*the other way (a)round* は，項の交替という狭義の観点だけで捉えるだけではなく，結果として，必ず事態の「方向性」の推移が含意されている表現であると結論づけることができる．

注

　＊　本稿では，データの収集元の表記を尊重し，当該表現については，*the other way around* と *the other way round* を意味的に同値として取り扱うものとする．

参考文献

Fraser, B. (1970) "Vice Versa," *Linguistic Inquiry,* 1, 277-278.

井上永幸・赤野一郎編. (2007)『ウィズダム英和辞典　第2版』三省堂，東京.

Kay, P. (1989) "Contextual Operators: *Respective, Respectively,* and *Vice Versa*,"In Hall, K., Meacham, H. & Shapiro, R. (Ed.), *Proceedings of the Fifteenth Annual Meeting of the Berkeley Linguistic Society, February 18-20, 1989*, 181-192.

小西友七・南出康世. (編集主幹). (2001)『ジーニアス英和大辞典』大修館書店，東京.

黒川尚彦. (2005)「Vice Versa の語用論—「逆」とはなにか—」, *Papers from the Twenty-Second Conference of The English Linguistic Society of Japan*, 61-70.

McCawley, J. D. (1970) "On the Applicability of *Vice Versa*," *Linguistic Inquiry*, 1, 278-280.

静哲人・菊池敦子 & Calman, R. (2004) *Ready to Start* ② *: Intermediate*. 松柏社，東京.

Simpson, J.A. & Weiner, E.S.C. (Prepared). (1989) *The Oxford English Dictionary, Second Edition.* Oxford University Press, Oxford.

竹林滋.（編集主幹）. (2002)『新英和大辞典第六版』研究社，東京.

山内信幸. (1994)「*Vice Versa* をめぐって」. 中井悟・龍城正明・山内信幸編. 『ことばの樹海―石黒昭博先生還暦記念論文集』531-545, 英宝社，東京.

Yamauchi, N. (2006) "Some Properties of *Vice Versa*: A Corpus-based Approach," *Journal of Culture and Information Science.* 1 (1), 9-15.

動機づけを高め維持する英語教育のしくみ

高 坂 京 子

1. はじめに

動機づけ (motivation) は教育効果を上げるための最も重要な要素の一つである．動機づけの向上と維持は個人に帰する問題であり，動機は個々の人の心に培われる．しかし，教育を行う側の立場からは，いかに多くの学生に対し，システムとして動機づけを行うことができるかという点が大きな課題となる．

筆者は立命館大学経営学部で 25 年以上英語教育に携わり，何度かの抜本的英語教育改革を経験してきたが，自身が中心的な立場から立案し 2013 年度から実施している英語カリキュラムにおいては，どのように学生の動機づけを高め，それを維持するか，の 2 点に重点をおき，さまざまな工夫を取り入れた.[1] そして，それは学生の英語力の伸長においても満足度においても，成果を収めてきている．本稿はこの英語教育の取り組みを動機づけの向上と維持という視点から考察するものである．

最初に本稿が準拠する動機づけの定義と分類を示し，次に新英語カリキュラムの概要を説明する．それから，外部試験結果の推移に基づいてこれまでの成果を述べ，最後に学生へのアンケート調査の結果を紹介しながら，動機づけとの関連でカリキュラムやそれに関わる諸要因を分析する．

2. 動機づけを高め維持するシステムづくりについて

第二言語教育における動機づけについては，Gardner (1985) などの一連の社会心理学的分析が先駆的研究として挙げられる．そこでは動機づけが「統合的 (integrative)」と「道具的 (instrumental)」に分類され，目標言語や文化に親しもうとする統合的志向の学習者のほうが，よりよい仕事が得

たいから言語を学ぶといった道具的志向の学習者よりも言語習得が順調に
進むと考えられた．

　1990 年代に入ると心理学における動機づけ理論が注目されるようにな
り，なかでも Deci, E.L. と Ryan, R.M. が提唱する「自己決定理論 (Self-
determination Theory: SDT)」は大きな影響を与えた．この理論において
は，動機づけは「内発的 (intrinsic)」と「外発的 (extrinsic)」に分類される
が，両者は連続体を成すと考えられている．内発的動機づけとは，活動そ
のものがその目的となる場合，例えば「楽しいから勉強する」等の場合が
当てはまる．それに対し，外発的動機づけは外部からの働きかけによって
もたらされ，(i) 外的 (external)，(ii) 取り入れ的 (introjected)，(iii) 同一化
的 (identified)，に細分化される．(i) は「単位を落としたくないから勉強
する」等のように外部からの強制で活動する状態，(ii) は「友人に負けたく
ないから勉強する」等のように，活動の価値が自分の中に取り入れられつ
つある状態，(iii) は「将来よい仕事に就きたいから勉強する」等のように，
活動が自分にとって価値があると考えている状態を指す．[2] 自己決定の度合
いは，(i) ～ (iii) の順で高くなり，その先に「内発的動機づけ」が位置づけ
られる（表 1）．

表 1　動機づけと自己決定の度合い

無動機	外発的動機づけ			内発的動機づけ
	外的	取り入れ的	同一化的	
［非自律的］低 ◀━━━━		自己決定度	━━━━▶ 高［自律的］	

　また，自己決定理論では，学習者の内発的動機づけが高まる前提条件
として，(i) 自律性 (autonomy)，(ii) 有能性 (competence)，(iii) 関係性
(relatedness)，への欲求が満たされることを想定している．つまり学習者
が，自律的に英語学習に取り組みたい（自律性の欲求），英語ができるよ
うになりたい（有能性の欲求），教員や友人と協力的に学習したい（関係
性の欲求）と感じることが，内発的動機づけを培うと考えるのである．[3]

　したがって，英語カリキュラムの構築においては，まずは動機づけを
与えること，そしてそれがたとえ最初は「外的」な動機づけであっても，

次第に「取り入れ的」,「同一化的」なものに変化し,最終的には,「自律性」,「有能性」,「関係性」の欲求を満たした内発的動機づけを有する学習者に育てていけることが望ましいと言える.そして,そのプロセスをできるだけ多くの学生が辿れるよう,個々人の教員レベルの創意工夫はもちろんのこと,それをシステムとして構築することが重要なのである.

3. 実践例—立命館大学経営学部の英語カリキュラム—

　立命館大学経営学部では 2013 年度より新英語カリキュラムを実施している.このカリキュラムの構築において最も配慮したのは,いかに動機づけを高め,それを維持するシステムにするかであった.そのために工夫した点を中心に,以下にカリキュラムの概要を述べる.

　経営学部には国際経営学科と経営学科があり,国際経営学科は全員が英語 30 単位を履修する.それに対し,経営学科では「英語コース」が英語 12 単位,「2 言語コース」は英語 6 単位の履修となる.新英語カリキュラムは英語の総単位数が多い国際経営学科をベースにデザインされ,それに準拠する形で経営学科のカリキュラムが作られている.

　このカリキュラムの特徴を筆者なりにまとめると,(1) 読む・聞く・話す・書くの 4 技能のバランスのよい習得,(2) EGP (English for General Purposes) と ESP (English for Specific Purases) を織りまぜた教育,(3) 学生の動機づけへの外部試験の有効活用,(4) 明確な到達目標とそれによって異なる履修パターン,の 4 点に集約できるであろう.

　(1) は英語力向上の基礎であり,この段階で英語の基礎を固めることは,後に学習者の「有能性」の欲求を満たし,自律的な動機づけの形成につなげていくには必須である.そのため,国際経営学科では 1 回生時に 4 技能の各々を伸ばすことに特化したクラスを置いている.「英語 R (Reading)」と「英語 L (Listening)」という受信力養成クラス,「英語 S (Speaking)」と「英語 W (Writing)」という発信力養成クラス(ネイティブ・スピーカー担当)である.経営学科では単位数の制約上,1 回生は「英語 R (Reading)」と「英語 SW (Speaking + Writing)」のみを受講する.また,国際経営学科および経営学科英語コースでは 1 回生時に「英語 CALL」を設け,オンライン学習でスキルを強化しつつ,世界遺産を扱った教材等を通して世界

への興味・関心を培い，英語学習への多角的な動機づけを行っている．

(2)の「EGP と ESP を織りまぜた教育」に関しては，1回生では EGP に焦点を当て，世界に向けて視野を広げ国際人としての教養を培うプログラム内容となっている．その基盤の上で2回生から ESP を導入し，「実用」・「教養」・「専門」のバランスがとれた英語教育を行っている．とくに2回生時に履修する「Business English」や「英語経営学入門」等は学部専門分野と深く関連し，動機づけの観点からも大変よい刺激となっている．

次に (3)の「学生の動機づけへの外部試験の有効活用」に関してであるが，本カリキュラムでは，TOEFL®テスト，TOEIC® L&R テスト等の外部試験を効果的に利用して学生への動機づけを行う点が大きな特徴となっている．その方法として，(i) 特定の科目の成績評価に外部試験のスコアを反映させる（表2），(ii) スコアの「ミニマム基準」（TOEFL ITP® 480 点，TOEIC® L&R 550 点）を達成したかどうかで履修パターンを差別化する（表3），という2つを採用している．外部試験をこのように動機づけとし

表2　外部試験スコアを成績評価に反映させる科目

学科・コース	科目	成績評価へのスコア反映方法
国際経営	留学英語演習	平常点 50 点，スコア 50 点（ボーナス点あり）
経営・英語コース	資格英語演習 A	平常点 50 点，スコア 50 点
経営・2言語コース	英語 R	レベル別スコア域の上限以上 5 点加点，下限未満 5 点減点，不受験 10 点減点．
両学科・全コース	Business English A2	レベル別スコア域の上限以上 5 点（10 点の場合あり）加点，下限未満 5 点減点，不受験 10 点減点．

表3　外部試験スコアによるミニマム基準の達成が必要な科目

学科	回生	基準達成 [2 単位科目]	基準未達成 [1 単位科目]
国際経営	2 回生〜	選択英語科目群（4 科目）	Step-up English 1 〜 4 資格英語演習 B 1〜4（全 8 科目）
	3 回生	プロジェクト英語（1 科目）	英語実習 A・B（2 科目）
経営	2 回生〜	選択英語科目群 [任意履修]	

てカリキュラムに組み込むことで学生の集中学習を促すことができ，また，留学や就職を念頭においた学生側のニーズにも応えることになる．

　最後の(4)「明確な到達目標とそれによって異なる履修パターン」は，このカリキュラムで最大の効果を発揮している特徴である．先の表3で示した通り，国際経営学科ではミニマム基準達成を必要とする科目を2回生と3回生のそれぞれに設けている．そして，たとえ1回生で一度基準を達成して2回生以降に選択英語科目群の履修が認められても，2回生時にもう一度基準を達成しなければ3回生時に「プロジェクト英語」が履修できないカリキュラム構造になっている．すなわち，学生は2つのハードル（＝ミニマム基準達成）を超えることが求められるのである（図1）．このように2段階のハードルを設けることで，動機づけが持続できる履修パターンを「システムとして」提供している．学生にとっては，基準を達成すれば専門性の高い2単位科目が履修でき，未達成の場合にはリメディアル的な1単位科目を2倍数履修するのだから，その差は大きい．また，基準達成を経て3回生で履修する「プロジェクト英語」を総仕上げの魅力的な科目として位置づけ，公開ポスター発表やプレゼンテーション大会を実施して，優秀賞等も設けている．ゴールにこうした科目を配置する環境作りも動機づけを高めるためには重要であろう．

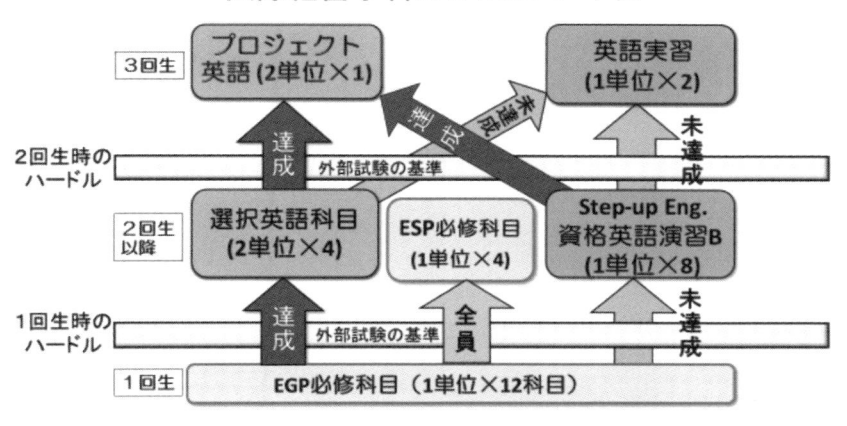

図1　国際経営学科の履修パターン概観

4. 外部試験の結果に見るこれまでの成果

　ここで 2013 年度から実施している英語カリキュラムの成果と課題を，外部試験の結果から見てみよう．

　カリキュラム改革の中心である国際経営学科の 1 ～ 2 回生の団体受験結果（TOEIC® は TOEFL® に換算）の推移は次の図 2 の通りである．スコア値の詳細の提示は控えるが，TOEFL® スコア 10 点ごとに横線が入っているので伸びている様子が観察できる．2012 年入学生は旧カリキュラム，2013 年以降が新カリキュラムである．両年度ともに入学時の TOEIC® Bridge の平均点はほぼ同じであったが，2013 年度生が 6 月時点ですでに

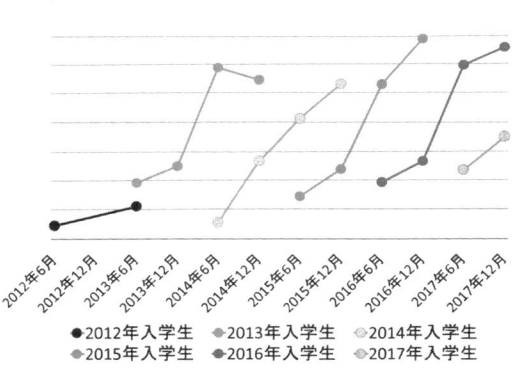

2012 年度生を追い越している（図2）．また，どの年度も団体受験ごとに顕著な伸びを示している様子が観察できる．2017 年度生はまだ 1 回生の 12 月までしか結果が出ていないが，この時点ですでに 1 回生としてはこれまでの最高点を示しており，今後のさらなる伸長が期待できる．

図 2　TOEFL®ITP 平均点（2012 ～ 2017 年）

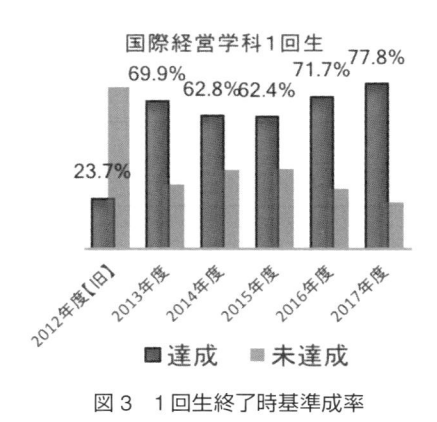

図 3　1 回生終了時基準成率

　次に国際経営学科のミニマム基準達成率を見ると（図 3），旧カリキュラムでは基準達成が卒業に必要な条件であったにも関わらず，達成率は，2012 年度生は 1 回生終了時 23.7 %，2 回生終了時 63.9 % であった．ところが新カリキュラムが

導入されるやいなや，2013年度生では達成率が1回生終了時に69.9％と急に約3倍に膨れあがり，2回生終了時も81.1％と大きく飛躍した．その後も達成率は伸び続け，2017年度には1回生終了時77.8％，2回生終了時は85.5％までになっている．学生のスコアがあまりに伸びたので，2018年度からカリキュラムに組み込むスコア基準を上方修正するという想定外の嬉しい対応を行い，動機づけの枠組みを調整している．

　なお，経営学科においても，国際経営学科ほど顕著ではないものの，団体受験のスコアは年々順調に伸びている．例えば，2012年度の旧カリキュラム時のTOEIC®の平均点を基準として推移を見ると，英語コースは2013年度1回生の平均点が27点上昇し，2017年度に至っては101.3点もの大幅な上昇を記録した．2言語コースでは英語の授業数が半減したために，2012年度を基準にすると，2013年度は平均点が24.6点下降したが，その後のさまざまな取り組みが功を奏し，2017年度には21.0点上昇（2013年度からは45.6点上昇）している．両コースともに学生数が多いのに，これだけの平均点上昇が見られ，カリキュラム改編の成果が出ていると言えよう．

5.　アンケート調査からの示唆

　学生側からの実際の声を聞くために，下記の要領でアンケート調査を実施した．[4] ここではその内容と結果を動機づけの観点から考察する．

　アンケート調査では，(1) カリキュラムによる動機づけ，(2) 外部試験と英語力向上，(3) 外部試験と動機づけ，(4) 自主的英語学習へのつながり，(5) 英語を使う仕事への就労希望，(6) 英語の必要性への認識，の6点について質問し，回答は ①そう思う，②ある程度そう思う，③どちらでもない，④あまりそう思わない，⑤そう思わない，から選択してもらった．

　回答者の内訳は表4に，集計結果は図4，図

表4　アンケート調査の回答者（人数）

	1回生	2回生	3回生	計
国際経営	156	55	122	333
経営・英語	26	23	0	49
経営・2言語	35	23	0	58
合　計	217	101	122	440

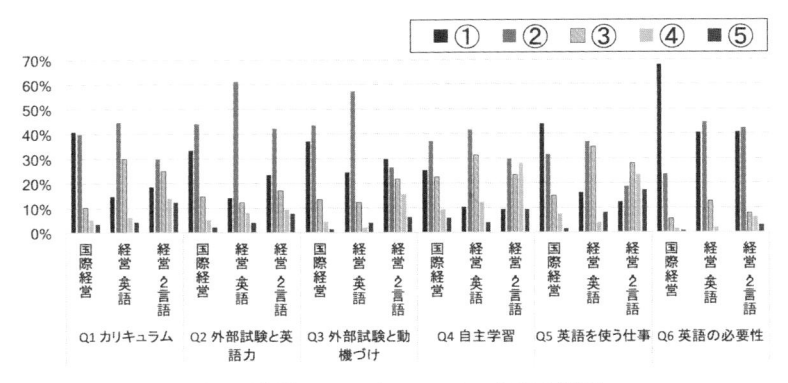

図4　学科コースごとのアンケート調査結果

5に示している．グラフはすべてアンケート回答①〜⑤の回答率を表し，凡例も共通している．

　図4では，「国際経営学科」，「経営学科・英語コース」，「経営学科・2言語コース」というカリキュラムが異なる3つの集団ごとに，設問1〜6 (Q1〜6) への回答の選択肢①〜⑤の比率をグラフ化しているので，集団ごとの回答の特徴が掴めるであろう．全体を通し，最も肯定的な回答である①が多いのは国際経営学科である．2番目に肯定的な②も含めると，経営学科・英語コースが次に続く．

　図5では，設問ごとに上記の3つの集団の回生別の回答比率を集計し，集団の特徴のみならず，回生ごとの回答の傾向を見ようとしている．まず，カリキュラムの評価と最も深く関わる設問1「カリキュラムと動機づけ」については，カリキュラム改革の中心であった国際経営学科で肯定的回答の比率が非常に高く，どの回生においても①と②のそれぞれが約40％，両方を合わせると80％以上の回答者が，カリキュラムが動機づけに役立っていると答えている．それに対し，英語授業時間数が少ない経営学科では，肯定的回答（①＋②）が英語コースは1回生52％，2回生68％，さらに授業が少ない2言語コースでは1回生48％，2回生49％であり，国際経営学科との顕著な違いが見られた．それでも，経営学科全体では約53％が，このカリキュラムが動機づけに役立っていると認めている．

　設問2「外部試験と英語力向上」と設問3「外部受験と動機づけ」は，いずれも外部試験との関わりを問うている．設問2では，全体としては肯

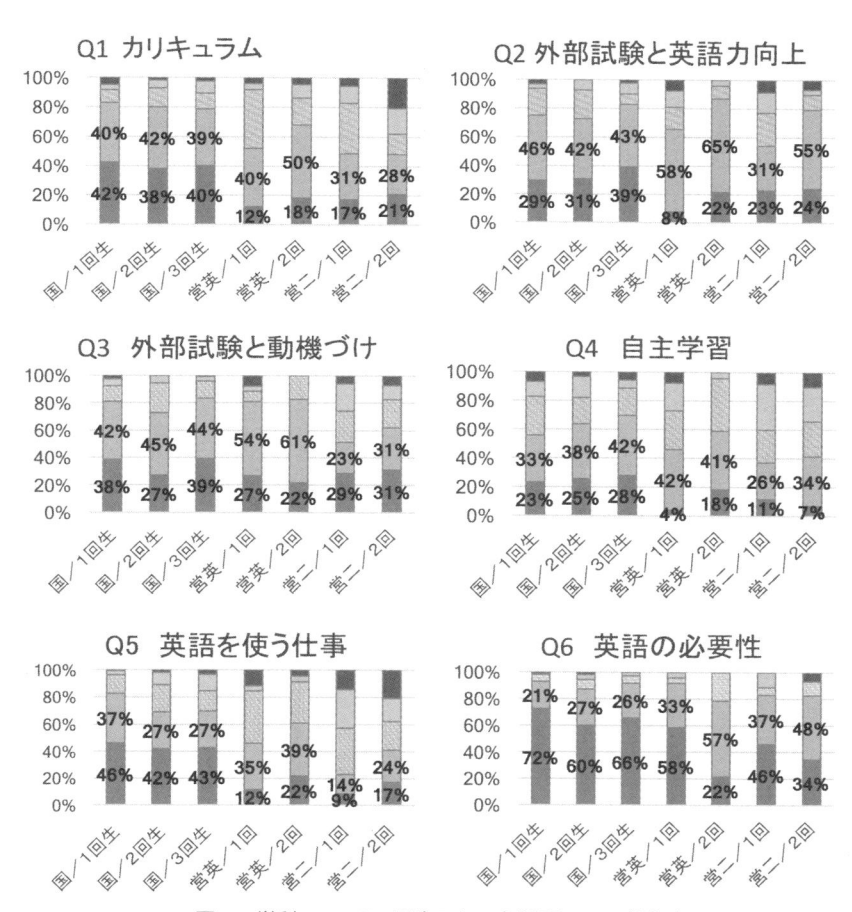

図5　学科・コース・回生ごとの各設問への回答比率

定的回答が73.4％を占めるが，どの集団も回生が上がるにつれて肯定的回答の比率が増すことから，英語力の向上が実感されてきている様子が窺われる．国際経営学科ではとくに①の回答の比率が高い．設問3「外部受験と動機づけ」も全体平均で肯定的回答が73.4％であったが，ここではカリキュラムに外部試験を積極的に組み込んでいる国際経営学科と経営学科・英語コースにおいては，80％以上が肯定的回答をしており，カリキュラム構造上それができない経営学科・2言語コース（1回生52％，2回生62％）とは明らかな違いが見られた．カリキュラムや外部試験による動機づけ

は「外発的」ではあるが，英語学習への意欲の喚起に役立っている様子がはっきりと見てとれる．

　それでは，設問4「自主学習」についてはどうであろうか．これは「内発的動機づけ」に関与する設問として想定しているが，全体の肯定的回答の平均は53.3％であった．内訳は，国際経営学科63.0％，経営学科・英語コース52.3％，経営学科・2言語コース39.3％であり，集団間の違いが大きい．しかし，いずれの集団も回生が上がるにつれて英語を自主的に学習できるようになったという回答の比率が上がっており，とくに国際経営学科3回生は70％の学生が肯定的回答をしている．これは内発的動機づけが英語教育の過程で次第に培われているからであると推測できる．

　設問5「英語を使う仕事への就労希望」と設問6「英語の必要性への認識」は，いずれも外発的動機づけとなりうる要因である．英語を使う仕事への就労希望に関しては，3つの集団間で肯定的回答の比率の差が顕著で，国際経営73.8％，経営・英語コース53.6％，経営・2言語コース32.2％であった．回生で言えば，国際経営学科1回生が82.7％と最も高く，2回生と3回生は約70％である．それに対し，経営・英語コース，経営・2言語コースはいずれも1回生から2回生で比率が上がっている．他方，英語の必要性に関しては，肯定的回答が全体で86.8％と非常に高いが，なかでも国際経営学科と経営・英語コース1回生は高く，①の回答の選択率も群を抜いている．

　全体的に見ると，カリキュラム改革の中心である国際経営学科においてすべての設問に対する肯定的回答の比率が最も高く，提供している英語プログラムの教育効果が最も顕著に表れていることが見てとれる．とくに設問1はカリキュラムのフィードバックでもあるが，80％以上の学生が肯定的回答をしている．アンケート調査の記述部門でも，カリキュラムについては次のようなコメントが多く寄せられ，外部試験を効果的に活用したカリキュラムが学生たちに動機づけを与え，学習意欲を喚起している様子が伝わってくる．

> ▶「TOEIC，TOEFL のミニマム値によってクラスが分類されることで大変モチベーションの向上につながったので良いシステムだと思う.」
> （国際経営学科3回生）

▶「TOEIC，TOEFL の指標は役に立ったと思う．常にスコアをあげようと思うモチベーションにもなるし，他人に負けたくない，と思えた点も良かった．」（国際経営学科3回生）

▶「1回生の TOEFL の結果で3回生まではっきり分けられていることに驚いた．見返したいと思い，やる気がみなぎっている．」（国際経営学科1回生）

▶「TOEIC は全員が強制で受けられるのはいいと思う．友人とスコアを競ったりできて，英語をしようと思える．」（経営学科・英語コース1回生）

上記のコメントでは，友人に負けたくない，見返したい等，外発的動機づけの「取り入れ的」段階を示すような記述が多いが，たとえ外発的動機であっても，動機づけを促すシステムを構築し，学習者の意欲を継続的に喚起することにより，自律性，有能性，関係性を有する自己決定度の高い学習者，すなわち内発的動機を有する学習者に成長するように導けるのではないかと考える．したがって，まずは創意工夫により，効果的で強力な外発的動機づけが提供できるシステムを構築することが重要である．

6. おわりに

本稿では，筆者が構築に深く関わってきた立命館大学経営学部の英語カリキュラムを動機づけの観点から考察した．まず動機づけの定義を確認し，新カリキュラムの特徴を概観した上で，外部試験の結果に見られる成果を論じた．そして，最後にアンケート調査の結果に基づいてカリキュラムと動機づけ等の関わりを分析することにより，新英語カリキュラムのしくみが学生の動機づけの向上と維持に大きく貢献している点を明らかにした．

英語学習への動機づけを高めるには，興味をひく科目，選択の自由度，教員の創意工夫，明確な目標設定，目に見えるフィードバック等が必要であると考える．そして，その動機づけを維持するには，そのためのシステム，すなわちカリキュラムが必要となる．カリキュラム構成に工夫を凝らし，外部試験等を効果的に取り入れることにより，学生に目に見えるフィードバックやそれに伴う教学上の利点を提供することができる．それがまたさらなる動機づけの向上に結びつく．現在のところ，われわれの考

案したシステムはこの正の連鎖にうまく乗っかり，良好な結果を出してきていると言える．また，それを維持するため，毎年，現状に合わせた微調整も行っている．

ただ，1学年に何百名もの学生を抱える大きな学部なので，多種多様な学生がおり，教員も多く，指導が徹底できない部分も多々ある．そうした点を補うためにも，より柔軟できめ細やかな教育システムを作り，誰が指導しても，動機づけの向上と維持が可能な体制づくりを目指したい．そして，外発的動機づけが内発的なものへと変化していくことを期待したい．

注

1. 立命館大学経営学部では，2015年度からの大阪いばらきキャンパスへの学部移転に先がけて，2013年度より新英語カリキュラムを施行した．筆者は2011年より外国語教育改革検討委員会の委員長としてこのカリキュラムの実質的な立案に携わり，発足時にも経営学部英語主任および言語教育センター英語部会長として施行に深く関わった．なお，このカリキュラムの詳細と完成に至るまでの経緯については，高坂 (2014) に詳しい．
2. 外山 (2015) 参照．
3. 廣森・田中 (2006) 参照．
4. アンケート調査は立命館大学経営学部の林正人教授と共同で行い，その結果の一部は高坂・林 (2016) で発表したが，その後筆者が単独で追加調査を実施した．本稿における集計と考察はすべて筆者によるものである．

参考文献

Deci, Edward L. and Richard Flaste (1995) *Why We Do What We Do*, G. P. Putnam's Sons, New York.（櫻井茂男監訳『人を伸ばす力―内発と自律のすすめ―』新曜社，東京，1999）

Deci, Edward L. and Richard M. Ryan eds. (2002) *Handbook of Self-determination Research*, University of Rochester Press, Rochester, NY.

Gardner, R. C. (1985) *Social Psychology and Second Language Learning: The Role of Attitudes and Motivation*, Edward Arnold, London.

廣森友人・田中博晃 (2006)「英語学習における動機づけを高める授業実践：自己決定理論の視点から」，*LET* (Language Education and Technology), 43, 111-126.

高坂京子 (2014)「グローバル人材を育てる英語教育の取り組み—立命館大学経営学部の新英語カリキュラムをめぐって—」,『立命館高等教育研究』第 15 号,113-128.

高坂京子 (2018)「これからの大学英語教育—立命館大学経営学部の取り組みを一例として—」同志社ことばの会 2017 年度年次大会口頭発表.

高坂京子・林正人 (2016)「モチベーションを高め維持する英語教育の試み」JACET 55th International Convention 口頭発表.

外山美樹 (2015)「自律的な理由で勉強することが適応的である」『小中学生の学びに関する調査報告書』研究レポート 2, ベネッセ教育総合研究所,1-9.

吉田国子 (2009)「語学学習における 動機づけに関する一考察」,『武蔵工業大学環境情報学部紀要』第 10 号,108-113.

Ⅲ　一般論文

主体化・主観化から見たテミル条件文の展開

菊　田　千　春

1. はじめに

　「見ル」から生まれた複合動詞テミルは試行を表わすが，それを含む
テミル条件文は独自の構文を形成する．菊田 (2011, 2013) ではその通時
的展開を語用論的強化や構文ネットワークによって分析したが，本稿は
Langacker の主体化と Traugott の主観化という概念から分析する．それを
通し，主体化と主観化の関係や通時変化における話者の関与の意義を明ら
かにしていきたい．本稿の構成は以下のとおりである．まず第2節ではテ
ミル条件文の記述的特性を概覧し，第3節で subjectification の概念を整理
する．第4節ではテミル条件文の通時的展開を主体化・主観化の視点から
分析する．第5節は結語である．

2. テミル条件文の記述的特徴

　テ形動詞に本動詞「見ル」が後接するテミルは，視覚経験ではなく行為
の試行を表わす．その成立の詳細は不明だが，中古半ばまでには存在し，
935年頃成立の『土左日記』冒頭の以下の一文が試行テミルの初期の文献
例とされる．[1]

　　(1) をとこもすなる日記といふものを，をむなも<u>してみむ</u>とてするなり

　テミル条件文とは複合動詞テミルを前件に持つ条件文を指す．「やって
みたらうまくいった」など，現代でも身近な構文で，前件と後件は「(発
見の) 契機＋発見」という意味構造を持つとされる (嶋田 2009).

　統語的複合動詞テミルは生産性が高く，意味合成も透明である．そして試行の意味から，前接動詞は意志的行為に限られる．この強い制約は意志的行為解釈を強要し，不可能な場合は非文となる．ところが不思議なことにこの制約がテミル条件文では消失する．以下の文を見てみよう．

(2)　a. ＃博は病気になってみた．（意志的行為解釈のみ可）
　　 b. ＊夜が明けてみた．
(3)　a. 博は病気になってみて始めて健康の大切さを知った．
　　 b. 夜が明けてみると，美しい雪景色が広がっていた．

(2) が示すようにテミルは意志的解釈を強要するが，条件文の前件になると (3) のように自然な文となり，意志的行為解釈も強要されなくなる．
　こうした非意志的テミル条件文は 18 世紀後半から観察されるが，同じ頃，「そうしてみれば」のような論理的接続詞用法も生まれる．いずれも条件文のテミルにのみ見られる独自の展開である．第 4 節ではこの構文の変遷を辿り，その過程を subjectification という点から分析する．

3. 主体化，主観化，間主観化

　大まかに「話者の関与の顕在化」を意味する subjectification は，言語変化の重要概念とされる一方，拡大適用されがちで，定義が曖昧であることも 知られる (Narrog 2014)．Subjectification は Langacker (1990, 1998) と Traugott (1989, 2010) による定義が最もよく知られているが，前者は主体化，後者は主観化と区別して訳される．Intersubjectification は Langacker に対応概念がなく，間主観化と訳されるが，intersubjectivity（間主観性）ならば Verhagen (2005) や Nuyts (2014) も独自に用いている．このように研究者によって異なる意味で使われる上，同じ研究者でも概念規定は必ずしも一貫していない (Narrog 2014)．それでも，subjectification と呼べる現象があり，多くの言語変化の傾向を捉えることは事実である．そこでここでは代表的な主体化と主観化の概念に絞って考える．本稿では両者の区別をしない時には subjectification という語を使うことにする．
　Langacker (1990, 1998) の主体化は通時的にも応用されるが，本来は共

時的現象を対象とする．事態を捉え言語化する際，事態は比喩的にオン・ステージ，概念化者はオフ・ステージにあり，主体と客体は分離している．主体化とは主体がステージに上がるような概念化，いわば主体が客体の領域に入ることを指す．代表例は，参照点が非明示の *across*，近未来の *be going to* など，本来は主語の動的行為を含意する表現がそれのない事象に拡張した例で，概念化主体が動きのない対象の行為を認知的に代行する．このように主体化とは概念化の主体と客体の関係の問題である．

　一方，Traugott の主観化は通時変化の方向を捉える．方向性の法則は Traugott (1982) など複数の研究で異なるモデルが提案されてきたが，主観化・間主観化という概念は Traugott (1989) 以降に見られる (Narrog 2014)．Traugott (2010) での定義はかなり単純化され，主観化は言語表現が話者自身の視点や態度を表現するようになること，間主観化は聞き手やその自意識に対する配慮を表現するようになること，そして前者が後者に先行するとされている (Traugott 2010)．[2] 特徴的なのは話者と聞き手の役割の重視である．意味変化とは語用論的推論が慣習化を経て言語的意味として記号化されることで，発話の場での意味伝達のやりとりに支えられると考える．

　このように主体化と主観化は似て非なるもの (Nuyts 2014) だが，両者は無関係ではなく，*be going to* などはいずれもの事例とされる．しかし，どこがどう subjectification かとなると見解は異なる．Traugott は言語使用の中で主観的解釈が表現の意味として定着していくプロセスに注目し，Langacker は概念化様式の違いを見る．この点に注意してテミル条件文の展開を考えてみよう．

4. 主観化・主体化から見たテミル条件文の通時変化

　テミル条件文の歴史はおおよそ4段階に分けて考えることができる（菊田 2011, 2013）．[3] 本節では，この順に沿って分析していく．

Stage I	知覚発見構文	中古	（10世紀〜）
Stage II	認知的発見への拡大	近世初期	（17世紀半ば〜）
Stage III	非意志的テミルへの拡大	近世半ば	（18世紀末〜）
Stage IV	接続詞機能の獲得	近世半ば	（18世紀末〜）

4.1 Stage I：知覚的発見構文

試行の複合動詞テミルは中古に観察されると述べたが，奇妙なことに，テミル条件文は中世末頃まで，ほとんどが(4)のように後件で視覚情報を表わし，本動詞「見ル」との曖昧性を持ち続けていた．（菊田 2011）.

(4) a. <u>たづね來てみるに</u>，殿も臥い給ひたるほど　　　（夜の寝覚 [1058]）
　　 b. さるほどに，父母は，人々もやとひあつめて，船にのらんとて<u>來てみるに</u>，舟なし　　　　　　　　　　（宇治拾遺物語　[1222?]）

試行のテミルが成立以降も視覚情報に限定されたという事実は構成性の原理に反し，これが構文的意味だったことを示唆する．つまり，テミル条件文は知覚的な発見構文として始まったと言える．その後，中世期に入るとわずかながら変化が現れ，視覚以外の知覚情報(5a)や視覚を補う見解(5b)も見られるものの，概ね視覚中心の知覚情報を表わしていた．

(5) a. <u>とりのけて見るに</u>水なり．<u>なめてみれば</u>美酒なり
　　　　　　　　　　　　　　　（曽我物語 [鎌倉末期〜室町前期？]）
　　 b. 件の嶋へ<u>わたてみるに</u>，都にてかすかにつたへ聞しき事のかずにもあらず．田もなし，畠もなし　　　（平家物語　[1309 以前]）

4.2 Stage II：認知的発見構文への拡大

テミル条件文に大きな変化が見られるのは近世以降である．観察される文献例の大多数は知覚情報だが，17 世紀半ばを過ぎると，新たに予測や見解を表わす例が見られるようになり，その後急激に増加する．以下にその例を示す．

(6) a. あの女に<u>よき物を着せて見ば</u>，人の命を取べし（好色五人女 [1686]）
　　 b. <u>何と思案して見ても</u>，此の道具受取っては　　　（鑓の権三 [1703?]）
　　 c. <u>戻って見れば</u>むつかしい　　　　　　　　　（曽根崎心中 [1703]）

(6) の例はすべて前件は試行，後件は話者の見解を述べている．(6a) は，結果の予測，(6b) は「この道具を受け取っては（いけない）」という見解，(6c) も予測である．このように，近世に入ると後件が視覚と独立した見解

や予測を表現できるようになったことがわかる．この変化は，表面的には「見ル」の意味が弱化した結果にすぎないとも見えるが，Langacker と Traugott，いずれの意味でも subjectification と言える．

まず Langacker の主体化であるが，トラジェクターの行為の弱化に伴う概念化者の心的行為の顕在化という定義に鑑みると，当該変化は異質に思えるかもしれない．しかし主体化は，概念化の主体と客体の一体化でもある．「見ル」は個人の知覚経験だが，光景は知覚主体の外に存在し，客観的に確認可能である．それに対し，Stage II で後件が表わす見解は，概念化の対象という意味では客体であるが，主体とは分離不可能なものである．この意味で Stage II への変化は主体化の一種と呼ぶことができるだろう．

一方，これはまさに「話者の態度や視点を表現するように意味が変化する」という Traugott (2010) の主観化に相当する．ただしここで重要なのは語用論的推論がどのように意味化したかである．テミル条件文は光景を述べるが，人間は見ると同時に，何らかの判断をする本能的能力を持ち，そのことをすべての人間は知っている．この共通認識により，たとえ光景提示のテミル条件構文であっても，潜在的に話者の判断が含まれる可能性が推論される．そして次第に「視覚と見解」ではなく，見解のみを表現できる構文となったのではないだろうか．このことは，英語の *look* や *appear* のような視覚情報を表わす語彙項目が，対象の抽象的属性に関する話者の判断を表わすようになった事例とも無関係ではないだろう．

ところで，ここで注意すべきは後件の知覚・認識主体は誰か，つまり主語と話者の関係である．「見ルの結果，光景を知覚」という場合，知覚主体は当然「見ル」（前件）の主語である．一方，subjectification とは本来，話者の問題である．文学作品では一人称の語り手の視点は話者（書き手）と一致するが，語り手でもない三人称の主語と話者の関係はわかりにくい．上の例で (6a-b) は語り手の心情吐露だが，(6c) は曖昧である．しかしそのような心情や見解を述べるテミル条件文では，三人称主語の視点も話者と一致すると思われる．根拠として次のような例を見てみよう．

(7) a. 私は寂しかった／＊寂しがった
    b. 浩は一人になってみると，寂しかった／?? 寂しがった

日本語では心情を表わす平叙文は一人称主語に限られ，それ以外は心情を客観化する助動詞ガルなどを必要とする一方，一人称主語にガルは使えない．一人称主語を持つ (7a) はその事を示す．注目すべきは，三人称主語のテミル条件文 (7b) が (7a) と並行的なことである．もちろんこれは Stage II の段階の問題を現代語の作例で代用したものにすぎないが，心情を表わすテミル条件文の三人称主語が，話者とは独立した存在ではあっても，同じ視点を持ちうることを強く示唆している．

4.3　Stage III：非意志的テミルへの拡大

そして 18 世紀末頃になると，ようやく (8) のような試行の解釈を持たない非意志的テミルが観察されるようになる．

> (8)　a. どうもならぬが，<u>フット思付てみれハ</u>，セツキヤウほど，今ゝしひものハないが　　　　　　　　　　　　　　　　　（仕形噺 1772）
> 　　 b. <u>といわれてみれば</u>，弥次郎もなるほどとおもつたところがつまらず　　　　　　　　　　　　　　　　（東海道中膝栗毛　 1801）

つまり，後件が見解を表現するようになった後，前件のテミルは意志性制約を失ったということだが，なぜ前者が後者につながるのだろうか．

　この変化を Langacker の主体化で十分に説明するのは難しい．試行の意味の消失により，後付的に主体化が進んだとは言えても，肝心の試行の意味の消失は何がもたらしたかの説明がない．主体化によってテミルの語彙的意味が消えたというなら，循環論に堕してしまうだろう．

　一方，この変化は Traugott の主観化によって説明できる（菊田 2011, 2013）．鍵は，Stage II の (6b) のような思考動詞の例である．思考は意志的行為であるが，意志性制約の消失につながる語用論的推意を生む可能性がある．というのも，一般的に見解が思考の結果なのは自明であり，「考えてみれば」のような前件は情報価値が低い場合がある．そこで敢えて言及すれば，(6b) に見るように見解の妥当性の強調や，「確かに」「やはり」とも言い換え可能な hedge 機能を生む．こうなると，テミル本来の語彙的意味は形骸化し，意志性の制約も弱化したと考えられる．

　このシナリオの傍証と思われるのが，Stage III の (8a) の例である．前

件「フツト思付てみれハ」は思考動詞のようだが，これは意志的行為では
なく，試行の解釈もない．一方，(6b) と (8a) の類似性・連続性は明らか
で，思考動詞が橋渡しとなって非意志的な用法が誕生したことを強く示唆
する．そしてこれは明らかに，字義通りではない話者の主観的解釈が言語
的意味に影響を与えた Traugott 的主観化の事例と言える.

　ところで (8) の例はいずれも前件の主語が人間で，その経験と見解を表
わしている．一方，非意志的テミルには無生物主語を持つ例もある.

(9)　a. こふなつてみれば，ふびんだよ　　　　　　　（通言総籬 [1787]）
　　　b. 雨など降てみやんせ. 引き窓に障子がないさかい（浮世風呂 [1808]）

(9b) は命令文だが，「雨など降ってみたら大変だ」という意味なので，条
件文と同等と言える (Kikuta 2018)．試行の意味でない以上，主語が有生
物である必要はないが，subjectification という点では無生物主語への拡張
は非常に重要である．4.2 節では Stage II の見解を表わすテミル条件文で，
認識主体は話者であるが，文学作品では三人称の前件主語と視点を共有す
ることを指摘した．つまりこれまでの例では，後件の認識主体は前件主語
と同一視点の話者だった．ところが前件主語が無生物の場合，視点共有が
できず，話者のみが認識主体となる．これは Traugott と Langacker のい
ずれの観点からも subjectification と呼ぶことができるだろう.

　まず，これは典型的な Langacker 的な主体化と言える．知覚能力のな
い主語に代わり，概念化者が前件と後件を契機・発見として関係付けてい
るからである．一方，Traugott の主観化としても自然に説明ができる．と
いうのも，視点は一致させつつも前件主語と話者が別という三人称主語の
例は，文学作品にはあっても，現実には例外的であろう．日常的な発話で
は，テミル条件文は圧倒的に話者が自らの経験と見解を述べており，そこ
に主語と話者の区別は元々なかったと思われる．このような中で，テミル
条件文は「話者の経験（前件）に基づく認識（後件）」の構文と解釈され
るようになった．そうなると，前件主語が何であれ，表現される状況を話
者が経験し，後件の見解につなげればよいことになる．たとえば，「雨な
ど降ってみると大変だ」という文の前件は「雨」が主語の自然現象だが，
それを客観に述べているのではなく，それを話者が経験することで予測さ

れる見解を述べている．つまり，主観性が強化された結果，前件が無生物主語を許すようになったと考えられるのである．

4.4 Stage IV：論理的接続詞機能の獲得

Stage III とほぼ同時期に，テミル条件文の前件が機能的に独立し，先行文と後件を結び付ける論理的接続詞としての用法も観察される．

> (10) なん万何億か数もしれぬ米を，三四はいづゝ喰といふ事だ．して見れバ，人間といふ物ハ，とほうもない大キな物と見へる（大御世話 [1777]）

この用法は条件句の動詞スルに具体的な行為の意味がないことから，非意志的テミルの成立を前提とする．無生物主語の場合と同様，前件と後件をつなぐのは話者による論理関係の認定のみであるため，典型的な Langacker の主体化であり，かつ最も進んだ段階と言える．

一方，接続詞用法は文を超えた談話を構築するので，Traugott の観点では，主観化あるいは間主観化と言えるだろう．重要なのは，この用法の背後に，思考動詞の事例を介した話者間の意味伝達が想定できることである．すなわち，思考動詞のテミルが見解導入の機能を持ち，それが一般化すると，条件句自体が「見解の論拠の標識」と再解釈されて論理的接続詞用法が成立したと推測される．この思考動詞とのつながりは，Stage III と Stage IV の文献初例が同時期であることとも符合する．

4.5 主体化と主観化

このように，テミル条件文の展開は主観化と主体化の両方から捉えることができる．両者が同一ではないことを踏まえると，このことは，結局，言語変化の根底に「話者の関与強化」があることを示していると考えられる（Narrog 2014）．Traugott の主観化は，解釈のずれが話者の関与によってどう意味変化につながるかを辿ろうとし，Langacker の主体化は，話者の関与の強化を反映して概念化がどう変わるのかを捉える．4.3 や 4.4 で示した意志性制約消失とそれ以降の展開からは，構文変化には，個々の語彙項目を含む具体的事例や意味伝達の場で生じる解釈が大きな影響を与えることが読み取れる．つまり，少なくともテミル条件文に関する限り，主観

化と主体化は表裏一体の関係にあるが，変化の動機付けやメカニズムを説明するのが Traugott の主観化で，それに伴う概念化の変化を捉えるのが Langacker の主体化と言えそうである．

5. おわりに

テミル条件文の意味変化はいくつもの段階に分けることができるが，いずれも Langacker と Traugott 両方の意味で，subjectification と捉えられる．ただし，通時的変化の過程を捉えるには後者の方が適している．いずれにせよ，1000 年にも及ぶテミル条件文の歴史の中で，初めの 700 年ほどはほとんど無変化で，その後，堰を切ったように変化が起こるが，この転換点は最初の subjectification と一致する．つまり，話者の主観を表わせるようになったことで，さらなる話者の関与の記号化が可能になっていった．このことは，翻せば，話者の関与が構文変化にいかに大きな影響を与えるのかを示すものと言えるだろう．

注

1. なお，この複合動詞成立過程は本稿では扱わない．
2. Traugott (2010) の定義は非常に曖昧でもある．特にテキスト的意味 (Traugott 1982) の位置付けなどには不明な点が多い (cf. Narrog 2014).
3. 以下は菊田 (2011, 2013) の国文学研究資料館の日本文学大系データベースと噺本体系による調査を基にしている．紙幅の都合上，用例数などの詳細は，菊田 (2011) を参照されたい．なお，出典作品の後の数字は，中世以前はその作品のおおよその成立年，近世以降は出版年を示す．

参考文献

菊田千春 (2011)「複合動詞テミルの非意志的用法の成立―使用依拠モデルによる分析」，『日本語文法』第 11 巻 2 号，43-59.
菊田千春 (2013)「テミル条件文にみられる構文変化の過程：語用論的強化と階層的構文ネットワークに基づく言語変化」，『認知言語学論考第 11 号』，山梨正明他（編），163-198, ひつじ書房，東京．

Kikuta, Chiharu Uda. (2018) "Development of Conditional Imperatives in Japanese: A Diachronic Constructional Approach," *Cognitive Linguistics* 29, 235-274.

Langacker, Ronald W. (1990) "Subjectification," *Cognitive Linguistics* 1, 5-38.

Langacker, Ronald W. (1998) "On Subjectification and Grammaticalization," *Discourse and Cognition: Bridging the Gap*, ed. by Joan-Pierre Koenig, 71-89, CSLI Publications, Stanford, CA.

Narrog, Heiko (2014) "Beyond Intersubjectification: Textual Uses of Modality and Mood in Subordinate Clauses as Part of Speech-Act Orientation," *Intersubjectivity and Intersubjectification in Grammar and Discourse: Theoretical and Descriptive Advances*, ed. by Lieselotte Brems, Lobke Ghesquière, and Freek Van de Velde, 29-52, John Benjamins, Amsterdam.

Nuyts, Jan (2014) "Notions of (Inter)subjectivity," *Intersubjectivity and Intersubjectification in Grammar and Discourse: Theoretical and Descriptive Advances*, 53-76.

嶋田紀之 (2009)「『V てみる』の多義性と文法化」,『日本認知言語学会論文集』第 9 巻, 132-143.

Traugott, Elizabeth C. (1982) "From Propositional to Textual and Expressive Meanings: Some Semantic-Pragmatic Aspects of Grammaticalization," *Perspectives on Historical Linguistics*, ed. by Winfred P. Lehmann and Yakov Malkiel, 245-271, John Benjamins, Amsterdam.

Traugott, Elizabeth C. (1989) "On the Rise of Epistemic Meanings in English; An Example of Subjectification in Semantic Change," *Language* 65, 31-55.

Traugott, Elizabeth C. (2010) "(Inter)subjectivity and (Inter)subjectification: A Reassessment," *Subjectification, Intersubjectification and Grammaticalization*, ed. by Kristen Davidse, Lieven Vandelanotte, and Hubert Cuyckens, 29-71, Mouton de Gruyter, Berlin.

Verhagen, Arie (2005) *Constructions of Intersubjectivity: Discourse, Syntax, and Cognition*, Oxford University Press, Oxford.

位相主要部の相対化と日本語の数量詞遊離

須　川　精　致

1.　序　論

　日本語の数量詞遊離 (Quantifier Floating) は，生成文法に基づく統語論の枠組みにおいても盛んに議論されてきた．Miyagawa (1989) では，数量詞とそれが修飾する名詞句（以後，ホスト名詞句と呼ぶ）間の相互 C 統御 (mutual c-command)[1] を用いた認可条件が提案され，統語構造に基づく分析の基盤を築いた．一方，この条件を満たしていないにもかかわらず文法的と判断されるデータも報告されてきた．

(1)　a. 子供がゲラゲラと 2 人笑っていた.　　　　　　（片桐 (1992: 151)）
　　　b. 学生が高い教科書を 3 人買っている.　　　　　　（小林 (2013: 78)）

本論の目的は，Akaso (2018) で提案された位相 (Phase) 理論 (Chomsky (2000, 2001, 2005)) に基づく数量詞遊離の認可条件の有効性を示すことにある．具体的には，Harwood (2015) で示された進行相が vP 内の位相を形成するという提案を援用することにより，(1) で示したようなデータをも説明しうることを示す.

　本論の分析が正しければ，位相主要部の相対化という基本的概念の最小限の拡充で，相互 C 統御といった統語構造に基づく分析では説明できないとされてきたデータも，一般的な数量詞遊離構文と統一的に説明されることとなる.

2.　数量詞遊離の分析

　Miyagawa (1989) で提案された相互 C 統御に基づく提案が，(2) の対比

をどのように説明するかを確認する．なお Miyagawa (1989) では，3 項枝分かれ構造を用いた議論がなされているが，本節では Miyagawa and Arikawa (2007) で示された数詞句 (Number Phrase) を用いた 2 項枝分かれ構造に基づく議論を概観する．

(2)　a. 学生が本を 3 冊買った．
　　　b. *学生が本を 3 人買った．

Miyagawa and Arikawa (2007) は，数量詞とホスト名詞句が数詞句に直接支配された構成素をなす構造を仮定している．そして vP 指定部に併合 (Merge) された主語名詞句は TP 指定部へ移動する．

(3)　a. [$_{TP}$ 学生が　[$_{vP}$ 学生が [$_{VP}$ [$_{NumP}$ [$_{NP}$ 本を]　[$_{NQ}$ 3 冊]] 買う]] た]
　　　　　　　　　　　　　　　　　　　　　　　　　　　　　　　(= (2a))
　　　b. *[$_{TP}$ 学生が　[$_{vP}$ 学生が [$_{VP}$ [$_{NumP}$ [$_{NP}$ 本を]　[$_{NQ}$ 3 人]] 買う]] た]
　　　　　　　　　　　　　　　　　　　　　　　　　　　　　　　(= (2b))

(3a) では，数量詞「3 冊」とホスト名詞句「本を」が相互 C 統御関係にあり，かつ分類詞と名詞句の素性が一致することにより文法的と分析される．一方，(3b) では，数量詞「3 人」とホスト名詞句「本」の相互 C 統御関係は成立しているが，分類詞と名詞句との素性が一致せず非文となる．
　さらに相互 C 統御に基づく分析は，非対格仮説を支持する証拠となる．(4a) の非対格 (unaccusative) 動詞の主語は動詞の補部に併合され，TP 指定部に移動するとされ，一方 (4b) の非能格 (unergative) 動詞の主語は，vP の指定部に併合される．この主語の最初の併合位置の違いが数量詞遊離の文法性の差を生み出す．

(4)　a. 学生がオフィスに 2 人来た．　　　　　　(Miyagawa (1989: 43))
　　　b. *子供がゲラゲラと 2 人笑った．　　　　　(Miyagawa (1989: 44))

(4a) ではホスト名詞句である主語名詞句「学生」と数量詞「2 人」は最初に併合された V の補部で相互 C 統御条件を満たす．一方 (4b) においては，主語名詞句は V の補部ではなく vP の指定部に併合されるため，数量詞と

の相互 C 統御関係が成立しない.

片桐 (1992) などは,主節動詞がテイル形となった場合,相互 C 統御条件を満たしていないにもかかわらず,文法的となる例を報告している.[2] 例えば,片桐 (1992) は,例文 (4) の対比は動詞の非能格性あるいは非対格性が反映したものではないとして,次のような例文を挙げている.

　　　　(5) 子供がゲラゲラと 2 人笑っていた.　　　　　　　　　(= (1a))

片桐 (1992) は,(5) のように動詞がテイル形となり描写される事態が「状態化」されれば相互 C 統御条件を満たしていなくても文法的になると指摘している.この観察が正しいとすると,数量詞遊離の認可は相互 C 統御だけでは説明できないこととなる.ただし,片桐 (1992) は「状態性」という概念で容認度の上がる事実を説明しているが,統語構造の変化と容認度との連関を統語的に説明する余地があるというのが本論の立場である.

Akaso (2018) は,Chomsky (2000, 2001, 2005) で提案された位相 (Phase) 理論に基づく議論を展開し,数量詞遊離の認可条件として次のようなものを提案している.

　　　　(6) 主語 DP とそれと連関する数量詞 (NQs) は,C-I (Conceptual-Intentional) インターフェイスで解釈されるとき同じドメインにいなければならない.

(6) が述べているのは,位相主要部が派生に導入され,位相(あるいはその補部)が転送 (Transfer) されるとき,数量詞とホスト名詞句は同じ転送領域に存在しなければならないというものである.Akaso (2018) は,これを,転送領域は,位相主要部の補部ではなく位相を形成する句全体であるという Bošković (2016) の議論を裏付けるものであると主張している.次節では本論で仮定する位相理論を概観する.

3. 位相理論

Chomsky (2000, 2001, 2005) で提案された位相理論では,v^{*0} と C^0 が位相主要部と規定され,$v^{*}P$ と CP が位相という構成素を形成する.[3] 節

全体の派生は位相ごとに行われ，各位相の派生は，部分数え上げ (sub-Numeration) に基づいて行われる．例えば，概略 (7) のような構造を持つ節は，初めから最上位の位相主要部 C⁰ を含むすべての項目 (item) を計算対象として派生されるのではなく，例えば v*P は，それを構成する項目のみを含んだ部分数え上げ {v*, V} 4 に基づいて派生され，次に上位の位相 CP も同様に部分数え上げ {C, T} に基づいて行われる．

(7) [$_{CP}$ C [$_{TP}$ T [$_{v*P}$ v* [$_{VP}$ V]]]]

各位相は派生のある段階で C-I インターフェイス，A-P (Articulatory-Perceptual) インターフェイスへと転送される．転送される時点については，(8a) で示したような位相主要部が併合された時点 (Chomsky (2000)) とする提案や，(8b) で示したように，位相主要部の併合時点では転送は生じず，より上位の位相主要部が併合された段階で下位の位相主要部の補部がインターフェイスへ転送される (Chomsky (2001)) とするものがある．（網掛けの VP が転送領域）

(8) a. [$_{v*P}$ v* [$_{VP}$ V ...]]
b. [$_{CP}$ C [$_{v*P}$ v* [$_{VP}$ V ...]]]

この 2 つの仮定は，下位の位相の補部内にある要素が内的併合の対象となるタイミングの違いを予想する．前者では，内的併合の対象となる補部内の要素は，位相主要部の併合と同時にその位相の指定辞に内的併合されなくてはならない．後者では，当該要素は上位の位相主要部が併合されるまで内的併合の対象とならなくてもよいこととなる．本論では前者の立場に基づき議論するが，どちらの立場を取っても転送領域は位相主要部の補部となる．5

4. 位相主要部の相対化

　例文 (9) に示すようなアスペクトやヴォイスなどを担う句が上位位相主要部 C⁰ と下位位相主要部 v*⁰ との間に存在する複雑な節を考えた場合，そ

れらの句がどちらの位相に属するのかは興味深い問題である.

(9) Betty must have been being paid to keep quiet about the crime.

(Harwood (2015: 524))

　Harwood (2015) は，進行相やヴォイスの主要部は v*P を形成する部分数え上げに属し，その他の法助動詞，完了相の主要部は上位の CP を形成する部分数え上げに属すると主張している．さらに部分数え上げから最後に併合される主要部が位相を形成する位相主要部になると主張している．すなわち，部分数え上げ内に存在する項目により位相主要部が相対化されることとなり，転送領域の相対化にも繋がる主張である.

　この主張を裏付ける経験的根拠の1つとして，Harwood (2015) は動詞句省略 (VP ellipsis) を取り上げる．動詞句省略は，先行詞との同一性条件に基づいて vP または VP が省略される現象である.

(10) John loves syntax and Mary does, too.

動詞句省略では，(11) で示したように主節動詞を受動態やコピュラ文の進行相とした場合，第2節内での *being* は省略されなければならない．しかし，進行相ではない (12) では be 動詞の省略は任意である.

(11)　a. Goofy was being chastised, and Pluto was (*being) ~~chastised~~, too.
　　　b. Goofy was being annoying, and Pluto was (*being) ~~annoying~~, too.

(Harwood (2015: 536))

(12)　a. Roger has been framed, and Nixon has (been) ~~framed~~, too.
　　　b. Roger will be framed, and Nixon will (be) ~~framed~~, too.

(Harwood (2015: 538))

この様な事実から進行相は他の項目とは違い，必ず省略の対象となる句内になければならないことが分かる.

　省略される句と位相の転送領域とに関連性があることはしばしば指摘されてきた．例えば，間接疑問文縮約 (Sluicing) は，この関連性が明確に観察される現象である．間接疑問文縮約の構造は，(13b) で示したように

who の CP 指定部への移動と TP の削除により派生される.

 (13) a. John hired someone, but I don't know who.
    b. ... know [$_{CP}$ who [$_{TP}$ ~~John~~ [$_{vP}$ ~~John~~ [$_{VP}$ ~~hired who~~]]]]

省略された TP は位相主要部 C^0 の補部,すなわち転送領域である.また,D^0 を位相主要部とするならば,名詞句内の NP 削除も同様に位相主要部の補部の削除と捉えることができる.

 (14) a. Lincoln's portrait didn't please me as much as Wilson's.
    b. ... as much as [$_{DP}$ Wilson D^0 [$_{NP}$ ~~portrait~~]]
                  (Saito and Murasugi (1990: 286))

この様に削除の対象となる句と転送領域が重なることが多く,省略は PF での削除操作によるとするならば,それは転送領域の非発音化と定義できよう.
 省略を転送領域の削除として考えると,(11) で示した *being* の義務的な削除は次のように説明される.Harwood (2015) は,完了相,進行相などを含む TP は次のような構造を取ることができると仮定している.

 (15) [$_{TP}$ T^0 [$_{ModP}$ Mod^0 [$_{InfP}$ Inf^0 [$_{vPperf}$ $vperf^0$ [$_{PerfP}$ $Perf^0$ [$_{vPprog}$ $vprog^0$
   [$_{ProgP}$ $Prog^0$ [$_{vP}$ v^0 [$_{VoiceP}$ $Voice^0$ [$_{VP}$ V^0]]]]]]]]]]]

各相はそれぞれ上部に v^0 を主要部とする句を持つ vP シェル構造を構成する.例えば,$Prog^0$ は上位に $vprog^0$ を主要部とする $vPprog$ を取る.解釈不可能素性 [uT:Prog] を持つ *be* は $Prog^0$ が直接支配する vP の主要部として併合され,解釈可能素性 [iT: Prog] を持つ $Prog^0$ に主要部移動し,素性照合が行われる(*be* は *being* として具現化).Harwood (2015) の主張によれば進行相の主要部は下位の位相を形成する部分数え上げに含まれ,かつこの中で最後に併合される項目であるため位相主要部となる.転送領域を位相主要部の補部とするならば,転送される構成素は必ず $Prog^0$ に移動した *be* を含んだ ProgP となる.前述したように,省略を転送領域の非発音化として捉えるならば,*being* が必ず削除の対象となる事実が説明できる.

(16) ...

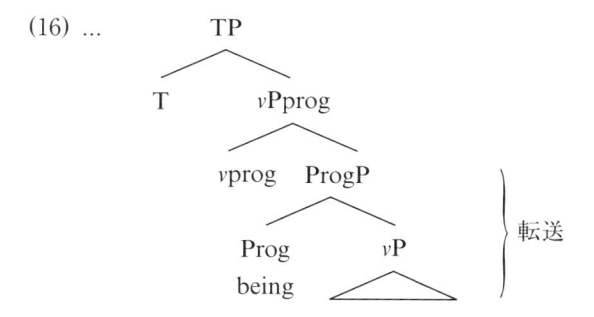

5. 分 析

　本節では，3 節及び 4 節で示した位相理論と位相主要部の相対化に基づく (1) のデータの分析を示す．

(17)　a. 子供がゲラゲラと 2 人笑っていた．
　　　b. 学生が高い教科書を 3 人買っている．　　　　　　　　　　(= (1))

(17a) の派生において v*P と主語名詞句が併合される段階の構造は次のようになる．

(18)

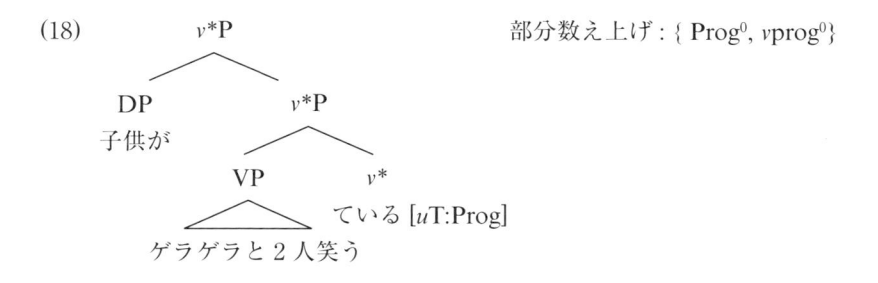

部分数え上げ：{ $Prog^0$, $vprog^0$}

　部分数え上げに外的併合の対象となる $Prog^0$，$vprog^0$ があるため，v*^{0} は位相主要部とはならない．さらにこの vP と $Prog^0$ 及び $vprog^0$ の併合が生じると (19) に示す構造となる．$Prog^0$ への主要部移動により「ている」が持つ解釈不可能素性 [uT:Prog] は $Prog^0$ が持つ解釈可能素 [iT:Prog] と素性照合を起こす．さらに部分数え上げ最後の項目である $vprog^0$ は位相主要部となり，その補部 ProgP が転送される．ProgP の転送により数量詞「2 人」と

そのホスト名詞句「子供」が 1 つの転送領域内で解釈されることとなる.[6]

(19)　　　　　　　　　　　　　　　　　　　　　部分数え上げ : { }

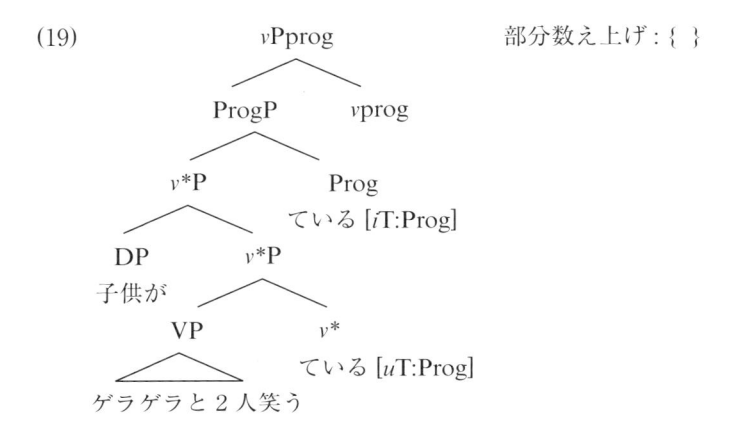

(17b) においても *v*prog⁰ が ProgP ([_ProgP [_vP 学生が [_VP 高い教科書を 3 人買う]] ている]) と併合した際, 位相主要部の補部である ProgP が転送される. ProgP は数量詞「3 人」とそのホスト名詞句「学生」を含むので, C-I インターフェイスで解釈を受けるとき同じ領域にあることとなり, その修飾関係が適切に解釈される.

　例文 (4b) のようなテイル形を含まない例では, 位相主要部の相対化は生じず *v*⁎⁰ と VP が併合された段階で, 位相主要部 *v*⁎⁰ の補部である VP が転送される.

(20)

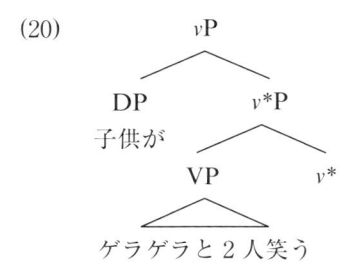

この転送が生じると数量詞「2 人」とホスト名詞句「子供」が同じ転送領域に生じず適切な修飾関係が解釈されない. したがって, 主節動詞がテイ

ル形となった (17) のようなデータと同様に，数量詞とホスト名詞句が同じ転送領域内に存在しなければならないという認可条件で統一的に説明できることとなる.

6. 結 語

本論では，Akaso (2018) で提案された数量詞遊離の認可条件の有効性を位相理論 (Chomsky (2000, 2001, 2005)) と位相主要部の相対化 (Harwood (2015)) という提案を援用して示した．本論の分析が正しければ Miyagawa (1989) で提案された相互 C 統御では説明できないとされた主節動詞がテイル形である数量詞遊離のデータも同じ認可条件のもと，統一的に分析できることとなる.

謝 辞

本稿の準備段階において，貴重な議論の機会を与えてくださった赤楚治之先生に感謝いたします.

注

1. Miyagawa (1989) は，数量詞とそれが修飾する名詞句が叙述関係 (predication) を成すと捉え，相互 C 統御を次のように定義している.
   ある述部が NP の述部となるには，NP あるいはその痕跡と述部あるいはその痕跡が互いに C 統御していなければならない. (Miyagawa 1989: 30 筆者訳)
2. 反例と思われる他のデータについては赤楚 (2005) を参照.
3. $v*$ は外項を持つ v^0 を表す. さらに DP も位相とする考えもある.
4. これ以外に項 (argument) などが部分数え上げに含まれる.
5. 転送領域が位相主要部の補部か位相全体かは議論の対象となってきた. Akaso (2018) は後者を支持する議論を行っているが，本論は前者に基づく点で Akaso (2018) の分析と異なることとなる. 但し，Bošković (2014), Harwood (2015) などのように両方の可能性が併存するとする立場もある. 本論の主張は，この可能性を否定するものではない.
6. (18) において主語名詞句が内的併合を受けなければ，いわゆる [XP, YP] 構造となり，主語名詞句と $v*$P が併合した構造物のラベルが決定できない. (Chomsky (2013, 2015)) 本論では，仮説として日本語の D^0 は，英語の T^0 や等

位接続詞のように "weak" でラベル付け (Labeling) に関与しないと考える．名詞句の構造を以下のように仮定すると，最小探査 (minimal search) で探査される主要部は v^* となり，当該構造物のラベルは v^*P となる．

i)

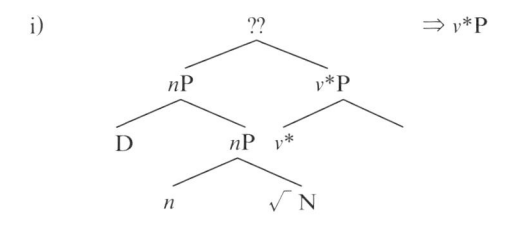

参考文献

赤楚治之 (2005)「日本語における概数数量詞の Q-float について」，『日本語文法』5 巻 2 号，57-73.

Akaso, Naoyuki (2018) "Phases as the Spell-Out Domain and Japanese Q-float," poster presented at "Current Issues in Comparative Syntax: Past, Present, and Future," National University of Singapore, Singapore.

Bošković, Željko (2014) "Now I'm a Phase, Now I'm Not a Phase: On the Variability of Phases with Extraction and Ellipsis," *Linguistic Inquiry* 45, 27-89.

Bošković, Željko (2016) "What is Sent to Spell-Out is Phases, Not Phasal Complements," *Linguistica* 56, 25-56.

Chomsky, Noam (2000) "Minimalist Inquiries: The Framework," *Step by Step: Essays on Minimalist Syntax in Honor of Howard Lasnik*, ed. by Roger Martin, David Michaels, and Juan Uriagereka, 89-155, MIT Press, Cambridge.

Chomsky, Noam (2001) "Derivation by Phase," *Ken Hale: A Life in Language*, ed. by Michael Kenstowicz, 1-52, MIT Press, Cambridge.

Chomsky, Noam (2005) "On Phases," *Foundational Issues in Linguistic Theory: Essays in Honor of Jeran Roger Vergnaud*, ed. by Robert Freidin, Carlos P. Otero, and Maria Luisa Zubizarreta, 133-166, MIT Press, Cambridge.

Chomsky, Noam (2013) "Problems of Projection," *Lingua* 130, 33-49.

Chomsky, Noam (2015) "Problems of Projection: Extensions," *Structures, Strategies and Beyond: Studies in Honour of Adriana Belletti*, ed. by Elisa Di Domenico, Cornelia Hamann and Simona Matteini, 3-16, John Benjamins, Amsterdam.

Harwood, William (2015) "Being Progressive is Just a Phase: Celebrating the Uniqueness of Progressive Aspect Under a Phase-Based Analysis," *Natural Language & Linguistic Theory* 33, 523-573.

片桐真澄 (1992)「Shigeru Miyagawa: *Structure and Case Marking in Japanese*: *Syntax and Semantics* 22」,『言語研究』第 101 号, 146-158.

小林亜希子 (2013)「テイルの統語論」,『島大言語文化』35, 69-105.

Miyagawa, Shigeru (1989) *Structure and Case-Marking in Japanese*, New York: Academic Press.

Miyagawa, Shigeru and Koji Arikawa (2007) "Locality in Syntax and Floating Numeral Quantifiers," *Linguistic Inquiry* 38, 645-670.

Saito, Mamoru and Keiko Murasugi (1990) "N´-Deletion in Japanese: A Preliminary Study," *Japanese / Korean Linguistics*, 285-301.

場所句倒置文の派生

川　本　裕　未

1.　LI 構文の場所句の位置

　(1b) のように，場所句が前置され，動詞が後続し，その動詞の後に意味上の主語 DP が続くような文を，場所句倒置（locative inversion，以降 LI）を適用した文，LI 構文と呼ぶ．(1b) は (1a) に LI を適用することによって得られる．

> (1)　a. A magnificent grand piano stood in the corner.
> 　　　b. In the corner stood a magnificent grand piano.

(1b) のような LI 構文をつくることができるのは，stand，come，appear などのような非対格動詞，および受動態に限られており，外項を持つ他動詞文や非能格文に LI を適用することはできない．

> (2)　a. *To the south carried the wind the ship.
> 　　　b. *To the station walked the boy.

　非対格動詞や受動構文は (3) のような構造を持ち，意味上の主語 DP は元々 V の内項として V とともに融合されて派生に導入されると考えられている．

> (3) $[_{TP}$ T $[_{vP}$ v $[_{VP}$ V DP …]]]

DP が SPEC-T に，V が v に，それぞれ移動することで (1a) が派生される．一方，顕在的統語部門で V は v までしか移動しないとされる英語にお

いて (Pollock 1989), DP が動詞に後続する (1b) を派生するためには, DP は VP 内に留まり, 何か別の構成素が SPEC-T に入り, EPP (Extended Projection Principle) を満たしているはずである. では, (1b) で SPEC-T に入っているものは何であろうか.

Postal (2004) は, 音声的に空である虚辞 there が (1b) の SPEC-T に位置していると主張する. それを示すのが以下の例である.

(4) a. In the garden is a beautiful statue, isn't there/*isn't it?
    b. In the ocean are whales, aren't there/*aren't they? (Bowers 1976)

LI 構文は付加疑問文において, 意味上の主語 DP を代名詞化したものを付加語部の主語にすることができず, 虚辞の there が付加語部の主語になるという事実から, LI 構文の SPEC-T には音声的に空の there が存在すると考えられる.

一方, that・痕跡効果 (Chomsky and Lasnik (1977), Chomsky (1986) など) の事実からは, SPEC-T を占める構成素について別の可能性が示唆される. 以下に示すように, 補文標識 that が存在すると, 補文内の補部要素の取り出しは可能であっても, 主語要素の取り出しは阻止されるという事実がある.

(5) a. Who did Mary think (that) John had loved?
    b. Who did Mary think (*that) had loved Jane?

LI 構文である補文内の場所句を, 補文の中から取り出した (6a-b) は, (5b) と同様の特性を示す. つまり, 補文標識 that が無い場合は取り出しが可能であるが, that が存在する場合は取り出すことができないのである.

(6) a. Into the room Terry claims (*that) walked a bunch of gorillas.
    b. Into which room does Terry claim (*that) walked that bunch of gorillas? (Culicover and Levine 2001)

このことは, LI 構文の場所句が SPEC-T の位置にあることを示すものである. LI 構文の付加疑問文 (4a-b) の付加語部の there は, SPEC-T にある

音性的に空である there が音声的に具現化したものではなく，SPEC-T にある場所句を代名詞化したものと考えるのが妥当である．

　一方，LI 構文の場所句は話題化 (Topicalization) された要素と同じ特性を示す．(7a-b) が示すように，話題化された要素は新情報ではなく既知情報でなければならないという点，また (8a) が示すように，話題化は補文内でも適用が可能であるが，(8b) が示すように主語となっている補文内での適用は不可能である点を，その特性として挙げることができる．

(7) a. Mary, John kissed.
    b. *A girl, John kissed.
(8) a. I believe that this book, you should read.
    b. *That this book, you should read is obvious.

LI 構文の場所句も (9) が示すように既知情報でなければならず，さらに，(10a-b) が示すように LI は補文内での適用は可能であるが，主語節内での適用は不可能である．

(9) *Somewhere was found a child. (Schachter 1992)
(10) a. It was written in the plans that over the entrance should hang the gargoyle.
     b. *That over the entrance should hang the gargoyle was written in the plans (Hooper and Thompson 1973)

LI 構文の場所句と話題化された要素のこの共通性は，LI によって前置された場所句が一種の話題要素となっていることを示唆している．もし，そうであれば，LI 構文において前置された場所句は話題化された要素と同様に，TP の外側へ A-bar 移動していることになる．

　以上の事柄をまとめると，LI 構文における場所句は，SPEC-T に位置する構成素としての特性と話題化された構成素としての特性の両方を有している．この事実から，本稿では LI 構文における場所句はまず TP 指定部に入り，T の持つ EPP 素性を満足させ，その後 TP の外側へ A-bar 移動していると提案する．

　さらに，LI 構文の場所句が TP 指定部を経由して移動していることは，

次のような弱交差に関する事実からもその妥当性が示される.

(11) a. *Who$_i$ does his$_i$ mother like t_i?
b. Who$_i$ appears to his$_i$ mother [t_i to be a genius]?

(11a) は，wh 句が，それが束縛する代名詞を越えて CP 指定部に A-bar 移動することができないことを示している．それに対して，wh 句が一旦 TP 指定部に A 移動してから CP 指定部に A-bar 移動をしている (11b) は文法的である．同様のコントラストが話題化文の (12a) と LI 構文の (12b) の間に観察される.

(12) a. *Into every dog$_i$'s cage its$_i$ owner peered.
b. Into every dog$_i$'s cage peered its$_i$ owner. (Culicover and Levine 2001)

以上のことは，話題化文は (11a) の wh 移動のように TP 指定部を経由することなく，直接 CP 指定部に移動しているのに対し，LI 構文の場所句は (11b) の wh 移動のように一旦 TP 指定部に入った後に CP 指定部に移動していることを示唆するものである.

2. 項としての場所句

　本節では，LI 構文における場所句について θ 理論の観点から検討を行う．以下の例文が示すように，LI 構文において前置される PP は付加詞ではなく，項でなければならない.

(13) a. On the stage appeared a world-famous singer.
b. *On his bicycle appeared John. (Coopmans 1989)

動詞とその動詞が持つ項の間の構造的配列によって θ 役割が決まると仮定するなら，場所句 PP を項として持つ非対格動詞文および受動態の構造として，(3) ではなく，次の (14) を妥当なものとして提案することができる.

(14) [$_{TP}$ T [$_{vP}$ v [$_{VP\text{-}TH}$ DP V$_{TH}$ [$_{VP\text{-}LOC}$ V$_{LOC}$ PP]]]]

(14) において V_{TH} は THEME 項を認可し，V_{LOC} は項としての場所句 (LOCATION[1]) を認可する．そして，項としての場所句は解釈不可能な人称素性（三人称）を持つとする．ただし，この項としての場所句は，次の (15a-b) のように音声的に空である場合も認可される．

(15)　a. A letter arrived.
　　　b. A serious problem arose.

一方，音声的に空である項としての場所句を前置させた (16a-b) は，音声的に実現している構成素しか T の EPP を満足させることができないという制約から排除される．

(16)　a. *Arrived a letter.
　　　b. *Arose a serious problem.

　動詞の中には，AGENT 項，つまり外項を持つ解釈（以下，他動詞的解釈[2]と呼ぶ）と，AGENT 項を持たない，つまり外項を持たない解釈（以下，非対格動詞的解釈と呼ぶ）の 2 通りを許すものがある．

(17)　a. A man sat on the sofa.
　　　b. A table sat in the corner.

(17a) は a man が自ら「座る」という行為をする他動詞的な解釈と，そこに「置かれている，ある，いる」という非対格動詞的解釈の間で曖昧である．一方，(17b) は後者の解釈しかできない．この事実は deliberately のような AGENT 指向の副詞を挿入することでより明らかになる．

(18)　a. A man deliberately sat on the sofa.
　　　b. *A table deliberately sat in the corner.

(18a) は他動詞的な解釈のみが許され，元々他動詞的な解釈を持たない (17b) は (18b) では非文となる．さらに，(19a-b) のように虚辞の there を

用いた文や，(20a-b) のように LI 構文においては，b 文のみならず，a 文も非対格動詞的な解釈しか許されない．つまり，他動詞的解釈をする文では虚辞の出現や LI 構文が許されず，場所句は付加詞として生起している．一方，非対格動詞的解釈をする文では，虚辞や LI 構文が許されており，場所句が項となっている．すなわち，AGENT 項の有無によって，場所句を項として認可するのか，付加詞として扱うのかが決定されているように見える．

 (19) a. There sat a man on the sofa.
    b. There sat a table in the corner.
 (20) a. On the sofa sat a man.
    b. In the corner sat a table.

 しかしながら，次のような THEME 項を持った他動詞文では，AGENT 項が存在するにも関わらず，場所句が項となっている．

 (21) a. John put the book on the desk.
    b. *John put the book.

これらの事実が示していることは，AGENT 項の有無ではなく，THEME 項の有無が，場所句を項として認可するか否かを左右しているということである．以上のことから次の一般化が得られる．

 (22) LOCATION を認可する V_{LOC} を主要部とする VP-LOC を選択できるのは V_{TH} だけである．

UG が規定するのは次のような動詞句内の階層であるが，

 (23) $v \cdots V \cdots (V) \cdots$

(22) の規定から，英語の動詞は具体的にはそれぞれ次のような構造を持つことになる．

(24) a. unergatives $[_{TP} \text{T} [_{vP} \text{DP } v [_{VP} \text{V}]]]$

　　 b. transitives[3] $[_{TP} \text{T} [_{vP} \text{DP } v [_{VP\text{-}TH} \text{DP } V_{TH} ([_{VP\text{-}LOC} V_{LOC} \text{PP}])]]]$

　　 c. unaccusatives[4] $[_{TP} \text{T} [_{vP} v [_{VP\text{-}TH} \text{DP } V_{TH} [_{VP\text{-}LOC} V_{LOC} \text{PP}]]]]$

$$(=(14))$$

　英語の動詞には先に見た sit のように，他動詞的な解釈と非対格動詞的な解釈の 2 通りの解釈を許すものがあるが，そのような動詞は (24a) と (24c) のいずれの構造も持つことができると考えられる．また，(24b) では VP-LOC が丸括弧で囲まれており，put や locate のような動詞のように場所句を項として持ち，VP-LOC を有している場合と，buy や eat のように場所句を項として持たず，VP-LOC を有していない場合があることを示している．重要なことは，VP-TH を持たない場合には VP-LOC を持つことが許されないということである．さらに，transitives が VP-LOC の選択に関してオプションがあるというこの考え方を非対格動詞にまで一般化するなら，(24c) の unaccusatives も (24b) と同様に，(25) のように VP-LOC を丸括弧に入れて，VP-LOC が無い場合もあると考えられる．

(25) unaccusatives $[_{TP} \text{T} [_{vP} v [_{VP\text{-}TH} \text{DP } V_{TH} ([_{VP\text{-}LOC} V_{LOC} \text{PP}])]]]$

次のような能格動詞の自動詞文がまさにこれにあたる．

(26) a. A glass broke in the kitchen.

　　 b. *There broke a glass in the kitchen.

　　 c. *In the kitchen broke a glass.

(27) a. A lot of snow melted on the streets of Chicago.

　　 b. *There melted a lot of snow on the streets of Chicago.

　　 c. *On the streets of Chicago melted a lot of snow.

(Levin and Rappaport 1995)

break, melt, open といった能格動詞の自動詞用法は，無標の場合の文 (26a) および (27a) の主語が AGENT 項ではなく，THEME 項であることから，一般に非対格動詞に分類される．しかし，appear や come などの

一般の非対格動詞と異なり，(26b-c) や (27b-c) に示されるように，虚辞の there の生起や LI 構文を許さない．能格動詞が LI 構文を許容しないことは，この種の構文が非対格動詞として (25) のような構造を持つが，丸括弧で囲まれた要素の VP-LOC を欠いているため，項としての場所句を持たず，LI 構文が成立しないと説明することができる．

以上，本節では，LI 構文を容認する非対格動詞文において場所句は付加詞ではなく，LOCATION 項であること，そして非対格動詞の構造は (25) であることを提案した．そして，この分析の妥当性は，sit のように他動詞的解釈と非対格動詞的解釈の間で曖昧性を持つ動詞のそれぞれの解釈における構造を明らかにし，さらに，break などのような能格動詞の非対格動詞用法（自動詞用法）で LI 構文が許容されない事実に対しても適切に説明を与えられることからも支持される．

3. 終わりに

LI によって前置された場所句は，主語的な特性を示すとともに話題としての特性も示していることから，本稿では，そのような場所句は TP 指定部に A 移動し，さらに TP の外に A-bar 移動していると結論づけた．

一方，put や locate のような場所句を項として持つ他動詞と，eat や buy のように場所句を項として持たない他動詞の構造を検討した結果，場所句を LOCATION 項として認可する V_{LOC} の存在の有無に関して，(24b) のような構造上の違いがあるという結論に至った．つまり，V_{LOC} を主要部とする VP-LOC を選択できるのは，THEME 項を認可する V_{TH} であるという事実から，V_{TH} を持つ他動詞文には VP-LOC を選択するもの（put など）と VP-LOC を選択しないもの（eat など）があることが導き出された．

さらに，LI 構文に議論を戻し，前置される場所句を検討し，それらが付加詞ではなく項として機能していることを確認した．非対格動詞も他動詞と同じく V_{TH} を持つことから，他動詞に見られる V_{TH} による VP-LOC の選択の随意性を，非対格動詞にも一般化することによって (25) を提案し，VP-LOC を持たない非対格動詞として break や open などの動詞を捉え，これらの動詞のように一部の能格動詞の非対格動詞用法（自動詞用法）において，LI 構文の派生が許されない事実を説明できることを示した．[5]

注

1. より正確には「LOCATION，DIRECTION もしくは GOAL」と述べるべき だが，本稿では LOCATION という表現を，DERECTION や GOAL をも含 んだ広い意味での場所句表現として用いていく.
2. ここでの「他動詞的解釈」には，sit，laugh のような非能格動詞も対象として 含まれる．これらは外項を持っているという点で covert な他動詞文と見なせる からである．(Kawamoto (2010) など参照.)
3. ここでの "transitive" は本文での「他動詞的解釈」や，上の注 2 で述べている 「他動詞文」とは異なり，THEME 項を内項として持つ，より狭い意味での他 動詞のみを指している.
4. (24c) は "unaccusatives" とだけ表示しているが，外項を持たないという点で共 通の構造を持ち，同様な分布をする受動態も含まれる.
5. 紙面の都合により，本稿で触れることのできなかった以下の問題，つまり，1) LI 構文の場所句が TP の外側のどこに移動しているのか　2) 能格動詞の自動詞 文において虚辞の there の生起が許容されないのはなぜかなどについては，現 在準備中の論文で議論する予定である.

参考文献

Bowers, John (1976) "On Surface Structure Grammatical Relations and the Structure-Preserving Hypothesis," *Linguistic Analysis* 2, 225-242.

Bresnan, Joan (1994) "Locative Inversion and the Architecture of Universal Grammar," *Language* 70, 72-131.

Chomsky, Noam (1886) *Barriers*, MIT Press, Cambridge, Mass.

Chomsky, Noam (1995) *The Minimalist Program*, MIT Press, Cambridge, Mass.

Chomsky, Noam (2001) "Derivation by Phase," *Ken Hale: A Life in Language*, ed. by Michael Kenstowics, 1-52, MIT Press, Cambridge, Mass.

Chomsky, Noam (2008) "On Phases," *Foundational Issues in Linguistic Theory*, ed. by Robert Freidin, Carlos P. Otero and Maria Luisa Zubizaretta, 133-166, MIT Press, Cambridge, Mass.

Chomsky, Noam and Howard Lasnik (1977) "Filters and Control," *Linguistic Inquiry* 8, 425-504.

Coopmans, Peter (1989) "Where Stylistic and Syntactic Processes Meet: Locative Inversion in English," *Language* 65, 728-51.

Culicover, Peter and Robert Levine (2001) "Stylistic Inversion in English: A

Reconsideration," *Natural Language and Linguistic Theory* 19, 283-310.

Hooper, Joan B. and Sandra A. Thompson (1973) "On the Applicability of Root Transformations," *Linguistic Inquiry* 4, 465-497.

Kawamoto, Yumi (2010) "Case, Agreement, and Unergative Predicates in Basque," 『外国語論集』第 60-61 号, 25-45, 大阪学院大学.

Levin, Beth and Malka Rappaport Hovav (1995) *Unaccusativity: At the Syntax-Lexical Semantics Interface*, MIT Press, Cambridge, Mass.

Pollock, J.-Y. (1989) "Verb Movement, Universal Grammar, and the Structure of IP," *Linguistic Inquiry* 20, 365-424.

Postal, Paul M. (2004) *Skeptical Linguistic Essays*, Oxford University Press, Oxford.

Schachter, Paul (1992) "Comments on Bresnan and Kanerva's 'Locative Inversion in Chichewa: A Case Study of Factorization in Grammar'," *Syntax and Semantics* 26, 103-116.

英語の統語的序数について

三　浦　秀　松

1. はじめに

　数には集合を表す基数と集合内の序列を表す序数がある．英語では基数と序数が形態的に区別されており，例えば，(1a) は集合を表し，(1b) は集合内の序列を表している．[1]

    (1) a. five candidates
          b. the fifth candidate
          c. candidate five

　本稿では英語の序数を論じる．序数表現に (1b) のような形態的序数と (1c) のように基数を用いて統語的に表現された2種類の序数表現があることを指摘し，あまり論じられることのない後者について特に詳細に考察する．

　以下では，次のように議論を進める．第2節で基数と序数の特徴，特に両者の非対称性を考察する．第3節で統語的序数という概念を導入し，その特徴について考察する．第4節で統語的序数の分析に必要な理論の導入を行い，第5節で試案を提示する．最終節で本稿のまとめを行う．

2. 基数と序数

　この節では，基数と（形態的に区別された）序数の非対称性を概観し，序数が基数からの派生であることを指摘する．統語形態的な特徴についても考察する．

2.1　基数と序数の非対称性

　まず，意味的な違いである．(2)に示したように，候補者が5人いるということと集合内の一人が5番目の候補者であるということは意味が異なる．5番目の候補者という場合，最低5人の候補者の集合が前提として存在することになるので，序列（序数）は集合（基数）を前提とする関係があると言える．

> (2) five candidates ≠ the fifth candidate

意味的な非対称性は，基数を使って計算をすることはできるが，序数を使って計算をすることはできないという事実からも確認できる (Hurford 1987: 172).

> (3)　a. Five and two is seven.
> 　　　b. *Fifth and second is seventh.

　次に形態的な非対称性を考えたい．英語では序数の1〜3を形態的な関係性が見いだせない補充法によって形成するが，4以上は基数に序数接尾辞 (-th) を付けて形成する (4b)．基数から序数が派生していることが分かる．

> (4)　a. one, two, three; four, five, six, seven, etc
> 　　　b. first, second, third; fourth, fifth, sixth, seventh, etc

　類型論には次のような非対称性が見られる．The World Atlas of Linguistic Structure (WALS) によると，序数の調査対象となった321言語の中で33言語が基数と形態的に異なる序数を持っていない (Stolz and Veselinova 2013)．基数の方が普遍的であり，序数は派生的であることを示唆するデータと言える．
　言語獲得にも非対称性が見つかる．子供の言語獲得において，基数の方が序数に先行することが指摘されている (Colomé and Noël 2012)．これも，人間にとって基数概念の方が基礎的な概念であり，序数概念の方が派

生的な概念であることを示唆していると言えるであろう.

　以上，意味論，形態論，類型論，言語獲得に見られる非対称性を概観した．どの分野のデータも基数から序数が派生していることを示唆している．

2.2　基数と序数の統語形態的な特徴

　この節では基数と序数の統語形態的な非対称性を考える．単数形だと違いが分かりにくいので，例には複数形を用いる．基数で複数形を表す場合，少なくとも2つの制約がある．「候補者5人」という場合，(5a) のように基数を名詞の前に前置し，名詞にも複数を表す接尾辞を付けて表現する．定冠詞の有無は文脈による．(5b) は名詞の形態的複数形化は文法的義務であることを示している．(5c) のように名詞が複数化されていても，基数を後置することはできない．

(5)　a. (the) five candidates
　　　b. *five candidate (intended: five candidates)
　　　c. *candidates five (intended: five candidates)

　一方，序数は (6a) のように，多くの場合，定冠詞を付けて序数を名詞の前に前置する．集合を前提とするが，「5番目の候補者」という意図した意味に対しては複数語尾を付けることはできない (6b)．語順に関しても，(6c) や (6d) のように，数詞を名詞の後ろに後置することはできない．

(6)　a. the fifth candidate
　　　b. *the fifth candidates (intended: the fifth candidate)
　　　c. *the candidate fifth (intended: the fifth candidate)
　　　d. *candidate the fifth (intended: the fifth candidate)

　以上，統語形態面における基数と序数の文法的な振る舞いを確認した．特に語順に関して，両者には数詞を前置するという類似点もあることが分かる．

　この節では，基数と序数に見られる様々な非対称性を指摘し，序数が基数からの派生であることを指摘した．また，後半では，統語形態的な違い

も考察した.

3. 統語的序数

　前節では基数と基数から形態的に区別された序数（形態的序数）の考察を行った．この節では，統語的に表現された序数（統語的序数）について考察する．

3.1　統語的序数

　これまで見てきた通り，ある集団の中で5番目の候補者であれば，通常，(7a) のように形態的序数を使って表現するが，(7b) のように基数を使って表現することも可能である．(7b) も (7a) と同じように集合内の序列を表しており，(7a) と (7b) はパラフレーズの関係にある．つまり，(7b) は，使われている数詞は形態的に基数であるが，表現全体として序数表現である．本稿では，この (7b) のような表現を統語的序数と呼ぶ．

> (7)　a. the fifth candidate
> 　　　b. candidate five

　この構文はかなり生産的で，使われる名詞に意味的な制約があるようには思われない．(8) にあげた表現は一例であるが，本などの章立て，論文中の図のナンバリング，旅程の日にちなど，どれもよく見かける表現ばかりである．

> (8) Chapter 5, Figure five, Day 93, etc.

　統語的序数に言及している先行研究には Quirk *et al.* (1985)，Hurford (1987)，Huddleston and Pullum (2002)，Barbiers (2007) などがあるが，理論的に正面から取り上げた先行研究はほとんど見当たらない．

3.2　統語的序数の特徴

　統語的序数の特徴としてあげられるのは，形態も統語も，形態的序数と

逆になっており，相補分布の関係をなしていることである．まずは，形態面であるが，通常の序数表現では，数詞として序数が使われるが，統語的序数では数詞に基数が使われ (9a)，通常の序数表現とは逆に，序数を使うことができない (9b).

   (9) a. candidate five
        b. *candidate fifth (intended: candidate five)

また，統語的にも通常の序数表現と逆の性質が観察される．通常，英語の数表現において，基数であっても序数であっても，数詞は前置されるが，統語的序数では数詞を後置し (10a)，他の数表現とは逆に，前置することはできない (10b).

   (10) a. candidate five
         b. *five candidate (intended: candidate five)

形態的序数と統語的序数の最大の違いは定冠詞の有無であろう．通常，形態的序数は定冠詞を必要とするが，統語的序数では，逆に定冠詞を前置することができない．次の (11) は Quirk *et al.* (1985: 1317) によるものである．

   (11) Are you in { room 103 / *the room 103 } ?

さらに，形態的序数と統語的序数は意味や機能においても違いがある．次の例は Barbiers (2007: 878) によるものである．

   (12) We have five candidates, candidate one, two, three, four and five.
       Normally, candidate five should be the fifth candidate that we will
       interview today, but since candidate four is ill, candidate five will be the
       fourth candidate today.

この談話の中で，candidate five の指示対象は集合の中で特定の人物と結びついた，ある種絶対的な序列における 5 番目の要素であるが，the fifth candidate の指示対象は臨機に変更可能な相対的に 5 番目の要素を表している.

　以上，本節では，英語の序数表現に形態的序数と統語的序数の 2 種類があることを指摘し，統語的序数の特徴を，形態，統語，意味機能の観点から考察した.

4. 本稿の提案に関連する先行分析

　前節で考察した統語的序数の特徴をどのように理論的に捉えれば良いだろうか. 第 5 節で提案を行うが，この節ではその理論的前提について検討する.

4.1　限定詞句仮説 (DP Hypothesis)

　従来，名詞句と呼ばれてきた構造は，実は名詞ではなく，決定詞が投射した結果として生じる構造，すなわち決定詞句であるという説があり，決定詞句仮説 (DP Hypothesis) と呼ばれている (Abney 1987). 決定詞句仮説の根拠の 1 つに，固有名詞の前に定冠詞を前置する言語が存在することがあげられる. 英語では固有名詞の前に定冠詞が前置されることは基本的にはないが (13a)，ギリシャ語の例 (13b) では固有名詞の前に定冠詞が前置されている (Radford 2016: 222).

(13)　a. John admires Mary
　　　 b. O Gianis thavmazi in Maria
　　　　　(gloss: The John admires the Mary; "John admires Mary")

　また，英語では (14) のように固有名詞と定冠詞を伴った単位を等位接続することができる. この事実を考えると，英語でも，固有名詞の前に null 要素として決定詞が存在すると考えることは可能である (Radford 2016: 222).

(14) [John] and [the chairman] are attending a meeting.

次に，名詞が限定詞位置へ移動していると考えられる現象を見る．

4.2　名詞上昇（N-raising）

　一般に現代英語には見られないとされているが，他の言語には名詞上昇と呼ばれる現象がある．(15)はノルウェー語の例であるが，(15b)では名詞が限定詞 (D) の位置に移動していると考えられている (Longobardi 1994: 611).

 (15) a. hans bøker om syntaks (gloss: his books about syntax)
   b. bøkene hans om syntaks (gloss: book-s-the his about syntax)

　また，英語でも，現代英語には見られないとされるが，古期英語には名詞上昇が見られるという．次の例は Chaucer の "Troilus and Criseyde" からの引用であるが，名詞が上昇し形容詞の前の位置に来ている (Radford 2016: 301).

 (16) a. a thing immortal (gloss: a thing immortal)
   b. blosmy bowes grene (gloss: blossomy branches green)

4.3　現代英語に見られる名詞上昇

　現代英語に名詞上昇は存在しないという主張もあるが（Longobardi 1994 など），存在するという指摘もある．Kishimoto (2000) は，数詞句 (Number Phrase; NumP) が決定詞句と名詞句の間に存在するという Ritter(1992) の分析に基づき，(17)のような構文を名詞上昇として分析する提案をしている．

 (17) everything interesting（< every interesting thing）

紙幅の都合により詳述することはできないが，everything が almost によって修飾可能であることなどを根拠に，統語的に切り離されているものが音声レベルで組み合わされると分析し，(18)のような移動を提案している．また，この現象は，thing (something), place (someplace), body (anybody)

などの意味的に軽い名詞 (semantically light noun) に限られるとも指摘している.

(18)

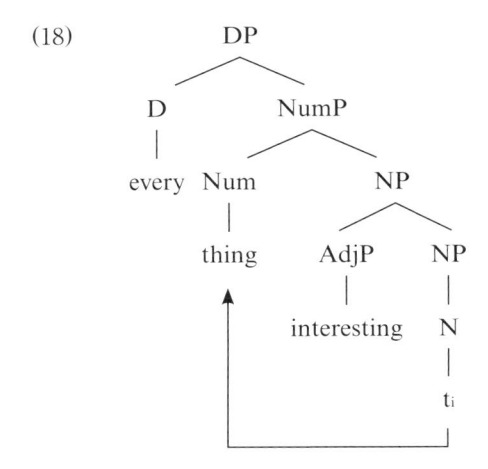

4.4　Barbiers (2007)

唯一，統語的序数の理論的分析に向けた試案が見られるのが Barbiers (2007) である．以下のように，限定詞位置への名詞移動として分析できる可能性に言及している.

> I tentatively suggest that syntactic ordinals involve N to D movement as in construct states, with which they have the following properties in common ... : the noun occurs first in the noun phrase, the numeral directly follows the head noun, the article of the head noun disappears, the ordinal suffix disappears, the head noun is deaccented. (Barbiers 2007: 878-879)

上記引用から分かる通り，Barbiers は，形態的序数 (e.g., the fifth figure) から統語的序数 (e.g., figure five) への派生を含んだ分析を示唆している．このような分析には問題点や不明な点があり，これらについて次節で指摘する.

5. 提 案

　本節では，前節で見た各種の先行研究をもとに，統語的序数を理論的に
どのように捉えるべきかについて，本稿の提案を行う．

5.1　統語的序数の名詞上昇分析

　4.4節で引用したように，Barbiers (2007) は形態的序数から統語的序数
を派生させる分析を示唆している．これについて問題点を2つ指摘した
い．第1に，集合ではなく集合内の序列を表すという意味機能の面で形態
的序数と統語的序数は類似の構文であると言えるが，両者が派生の関係に
あるのか不明である．また，2節で見た通り，基数と序数の間の非対称性
を示す言語事実は様々あるが，ただ非対称的であるというだけでなく，基
数と序数の間に見られる含意関係（類型論）や前後関係（言語獲得論）を
素直に解釈すれば，常に基数から序数が派生すると考えるのが自然である．
Barbiers の提案は，その逆の，序数から基数の派生を示唆しており，そのよ
うな逆の派生関係があるとするのであれば，十分な証拠を示す必要がある．
　本稿では，むしろ，統語的序数は形態的序数とは独立した構文と捉え，
形態的序数からの派生とは考えない．それにより，よりシンプルな統語分
析が可能となる．統語的序数では，NP 内で生まれた名詞主要部は，NumP
には数詞が入っているので，D へ移動すると考える．形態的序数と統語的
序数の統語構造を図式化すると，それぞれ，(19a) と (19b) のようになる．[2]

(19)　a.

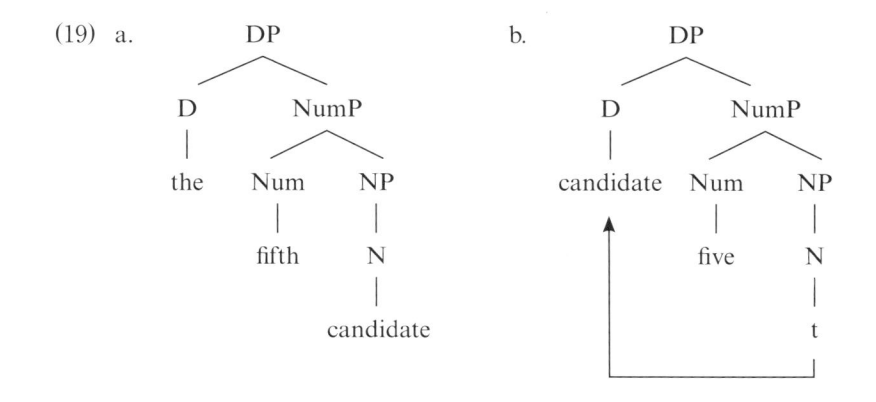

5.2　限定詞位置への名詞上昇の動機

　限定詞位置 (D) への名詞上昇については，統語と意味の２つの動機づけが考えられる．第１に，形態統語と意味の間の関係であるが，英語は統語における語順の役割が大きく，基数＋（加算）名詞の配列は集合の解釈と結びついており，形態的序数を使わずにこの配列で序数解釈をすることはできない (cf. 10b)．つまり，この配列を避けるために N から移動すると考えられる．

　第２に，形態的序数は定冠詞と共起することが多いことからも，定性が必要であることが分かる．統語的序数では，名詞が定性を獲得するために D に移動すると考えられる．前節でも見た通り，ノルウェー語など他の言語でも類似の現象が観察される．また，D に移動していると考えることで 3.2 節で指摘した統語的序数は定冠詞を前置することができないという Quirk *et al.* (1985: 1317) のデータも自然に説明することができる（(20) として以下に再掲）．

　　(20) Are you in { room 103 / *the room 103 } ?

　もし名詞上昇分析が正しければ，さらに次の２つのことが言える．第１に，4.2 節で見た Radford (2016) の主張と異なり，名詞上昇が古英語だけでなく現代英語でも生産的に存在することになる．第２に，4.3 節で見た Kishimoto (2000) の主張と異なり，現代英語の名詞上昇が意味的軽動詞 (semantically light noun) に限定されないことになる（3.1 節参照）．

6.　結論・まとめ

　本稿では英語の序数表現に形態的序数と統語的序数の２種類があること，統語的序数表現はかなり生産的だがこれまで十分に分析されてこなかったことを指摘し，先行研究に基づき，独自の限定詞位置への名詞上昇分析を提案した．あわせて，名詞上昇分析が正しければ，従来の説とは異なり，現代英語にも名詞上昇が生産的に見られることになり，名詞上昇が意味的軽名詞に限定もされない可能性があることを示した．

謝 辞

本稿の内容を口頭発表した際，赤楚治之先生，須川精致先生，藤岡克則先生から貴重なコメントを頂いた．お礼を申し上げたい．

注

1. 基数は集合だけでなく量も表すが，本稿では集合に限定して議論する．
2. (19b) の移動は Head Movement Constraint (HMC) 違反ということになるが，HMC は存在しないという指摘もあり（Roberts 2010: 193 など），この点は今後の検討課題としたい．

参考文献

Abney, Steven (1987) *The English noun phrase in its sentential aspect*, Doctoral dissertation, MIT.

Barbiers, Sjfe (2007) "Indefinite numerals one and many and the cause of ordinal suppletion," *Lingua* 117, 859-880.

Colomé, Àngels and Marie-Pascale Noël (2012) "One first? Acquisition of the cardinal and ordinal uses of numbers in preschoolers," *Journal of Experimental Child Psychology* 113, 233-247.

Huddleston, Rodney and Geoffrey Pullum (2002) *The Cambridge Grammar of English Language*, Cambridge University Press, Cambridge.

Hurford, James (1987) *Language and Number*, Blackwell, Berlin and New York.

Kishimoto, Hideki (2000) "Indefinite pronouns and overt N-raising," *Linguistic Inquiry* 31, 557-566.

Longobardi, Giuseppe (1994) "Reference and proper names: A theory of N-movement in syntax and logical form," *Linguistic Inquiry* 25, 609-665.

Quirk, Randolph et al. (1985) *A Comprehensive Grammar of the English Language*, Longman, London.

Radford, Andrew (2016) *Analysing English Sentences*, Cambridge University Press, Cambridge.

Ritter, Elizabeth (1992) "Cross-linguistic evidence for number phrase," *Canadian Journal of Linguistics* 37, 197-218.

Roberts, Ian (2010) *Agreement and Head Movement*, MIT Press, Cambridge, MA.

Stolz, Thomas and Ljuba Veselinova (2013) "Ordinal Numerals," Dryer, Matthew and Martin Haspelmath, eds. *The World Atlas of Language Structures Online*, Max Planck Institute for Evolutionary Anthropology, Leipzig. (Available online at http://wals.info/chapter/53, accessed on 2018-02-09)

継続の *for* と *since* と現在完了形の解釈 *

西　山　淳　子

1. はじめに

　近年，完了形の通言語的・通時的な対照・比較研究が盛んであるが (Dahl and Velupillai 2013)，英語の現在完了形の意味については未だ不明な点も多い．とりわけ，事象の継続時間や期間を表す *for* 句と *since* 句（節）が，多様な解釈を持つ英語の現在完了形と共起するとき，どのように事象を修飾し，継続時間や期間を表すのか，必ずしも明らかではない．そして，完了形の解釈と *for* ＋時間や *since* ＋起点時の共起の仕方に見られる相関関係は，長年，英語の現在完了形の意味を決定する重要なデータと位置づけられ，そのデータを根拠に完了形の意味分析が行われてきた．

　本稿では，完了形を1つの意味から統一的に捉える完了状態理論の立場から，現在完了形の解釈と *for* と *since* 句の共起の仕方の相関関係は情報構造から説明可能であることを示す．

2. 完了形意味研究と *for/since* 句

　英語の現在完了の意味研究には，大きく2つの主要なアプローチがある．1つめは，完了形の意味を多義とみなし，時間関係から捉える Extended Now 理論（XN 理論，または Perfect Time Span 理論）である．そこでは現在完了形で表された出来事や状態事象は「拡張された現在」(Extended Now Interval)，または「完了形時間範囲」(Perfect Time Span) に起こると分析される（McCoard 1978, Dowty 1979, Iatridou *et al.* 2001, Mittwoch 1988, Portner 2003, 他）．2つめは，完了形を状態化子とみなし，その状態は語用論的に推論される完了状態 (Perfect State) であるとする完了状態理論である (Nishiyama 2006, Nishiyama and Koenig 2010, Schaden

2009, Yao 2013).

　前者の Extended Now 理論では，完了形文に現れる *for* と *since* の副詞句（節）は，その有無と文中の位置によって，現在完了形の解釈の違いを生み出し，それらのデータは完了形の多義性の証拠とみなされてきた.

　例えば，例文 (1a) のように継続の時の *for/since* 句が文末に現れる場合は継続用法と非継続用法の 2 通りの解釈が得られ，例文 (1b) のように時の副詞句が共起しない場合は非継続用法の解釈のみが得られる. さらに，例文 (1c) のように文頭に *for* 句や *since* 句が現れる場合は，継続用法の解釈のみが得られることが従来観察されてきた.

(1)　a. Ken has lived in London {for five years/since 1993}.
　　 b. Ken has lived in London.
　　 c. {For five years/Since 1993} Ken has lived in London.

　ところで，副詞句の位置による解釈への影響は，しばしば情報構造によって捉えられるが，Kamp *et al.* (2015) は，次の例文 (2a-d) を挙げ，例 (1a-c) で見られる解釈の違いは情報構造によるものではないと論じている.

(2)　a. (i)　We walked for two hours.
　　　　　(ii) For two hours we walked.
　　 b. (i)　We have walked for two hours.
　　　　　(ii) ?For two hours we have walked.
　　 c. (i)　We were walking for two hours.
　　　　　(ii) For two hours we were walking.
　　 d. (i)　We have been walking for two hours.
　　　　　(ii) For two hours we have been walking.(Kamp *et al.* 2015: 375)

もし *for* 句の前置が情報構造上の対照主題の機能によるなら，現在完了形の例 (2bii) でも，(2a, c, d) の過去形，過去進行形，現在完了進行形の例と同様，*for* 句の前置が可能なはずであるが，例 (2bii) は不自然な文となる. ゆえに，*for* と *since* 句の位置による解釈の違いは，完了形の統語的・構造的な多義に由来するとしている (Kamp *et al.* 2015).

しかし，いずれの理論も，言語データの観察が最も重要な理論的動機となっているにもかかわらず，自然言語データによる検証が不十分であり，データの妥当性や信頼性の問題が指摘されている (Portner 2011).

3. 現在完了形の解釈と *for/since* 句

本節では，現代英語の自然言語データを集めた言語コーパス Corpus of Contemporary American English (COCA) で，完了形の意味分析に関わる (i) 時の副詞句・節と共起しない状態事象の現在完了形，(ii) 文頭の *for* ＋時間の副詞句，(iii) 文頭の *since* ＋時の副詞句と状態の完了形文の用例の解釈について検証する.

まず従来の観察では，状態事象の現在完了は *for* 句の (i) 有無と (ii) 文中の位置によって解釈に影響を受ける．*for* 句を含め時の副詞を伴わなければ非継続用法に，文頭に *for* 句が置かれると必ず継続用法になり，これらは多義に基づく継続用法と非継続用法の区別の根拠とされてきた．しかし，例 (3)-(4) では，*for* 句を伴わず，状態事象の現在完了形で継続用法の解釈が得られる（西山 2013）.[1,2]

(3) My daughter <u>has been sick</u> and may need me. I have to go home.

(4) Today, world-class beers abound. You can buy them at your corner deli. But at the ballpark? In New York, the situation <u>has been dire</u>....That grim outlook is easily remedied at home, in front of the television set. (COCA)（以降，下線は筆者による.）

また，例 (5)-(6) は，文頭に *for* 句が置かれ，非継続用法となる.

(5) I love New York. L.A. to me has been a business trip—even for 15 years I <u>have been</u> there. New York to me is where comedy is born.

(6) For years this <u>has been dismissed </u>as merely the placebo effect. Now some researchers are asking whether doctors have overlooked a potentially powerful tool. (COCA)

上の用例 (5) では焦点を示す *even* が共起するが，情報構造は副詞の前置に

は関わりがないとすると (Kamp *et al.* 2015)，*for* 句が前置され非継続用法の解釈となるのは，多義性の根拠となる従来の観察とは異なる．用例 (6) についても，後続の文脈から，*dismiss* された状態は現在継続していないので，非継続用法である（西山 2013）．

　次に，(iii) *since* 句が文頭に現れると，従来，状態の現在完了形は継続用法になるとされているため，非継続用法の出現の有無を調べた．今回，検索した用例（*be* 動詞＋形容詞・過去分詞，*live, love, consider, exist* を含む現在完了形）で文脈を確認し，非継続用法を確認できたのは用例 (7) のみであった．

(7) Since 1980, EPA <u>has considered</u> RCRA's "household waste exclusion" to exempt MSW incinerators from being regulated as RCRA Subtitle C hazardous waste treatment facilities.

例 (7) では，1980 年以来，環境保護庁 (EPA) が，都市ゴミ焼却炉を危険廃棄物処理施設の規制対象外とみなす状態が継続していたが，後続の文脈で見直しされており，この一節が書かれた時点で，その状態は当てはまらず，非継続用法である．そして，非継続用法ではあるが，状態事象の起点は 1980 年であり，いわゆる存在用法の解釈にはならない．XN 理論では，*since* 句が存在用法の現在完了形と共起する際，*since* 句に表される時間は事象時間に含まれないとされる (Mittwoch 1988)．つまり，*consider* を起動動詞と再解釈し，1980 年を含まない期間に出来事が起こる存在用法と解釈することはできない．さらに，*since* 句が後置される状態動詞の現在完了形文については，今回調べた限りでは，非継続用法を見つけることができなかった．

　このように，自然言語データによると，時の継続の副詞句 *for/since* 句の有無と位置と現在完了形の解釈との間の相関関係について，時の副詞句を欠く例と for 句と共起する例に関する限り，必ずしも完了形の継続と非継続用法の多義性を支持しない．しかし，前置された *since* 句と共起する状態事象の現在完了形に，存在用法の解釈は見つけられず，一定の相関関係は見られる．

　最後に，前節の Kamp *et al.* (2015) の例 (2b) にあるように，*walk* のよう

な非限界性の活動動詞で記述される出来事 (activities) の現在完了形に *for* 句が前置する例は，用例 (8) のように，習慣・反復の解釈を持つ用例しか見られず，純粋に出来事事象の継続時間を表す例は見当たらなかった．

    (8) For years Estrelle <u>has</u> <u>walked</u> to and from this house, across fields
          and roads, a mile and a half each way. (COCA)

例 (8) は，出来事の反復・習慣状態への再解釈 (coercion) が関わっており，*for* 句は再解釈後の反復・習慣状態の継続期間を表すため，*for* 句の前置に情報構造は無関係とする Kamp *et al.* (2015) の反例とはならない．
  しかし，例 (2bi) のように動詞の後に *for* 句が後置される非限界性の出来事 (*walk, run, sleep, play, swim, study*) の現在完了形の用例についても調査したところ，*for* ＋時間が活動動詞の出来事の継続時間を計量する典型的な例は見られなかった．例 (9) のように，出来事の習慣あるいは反復状態の期間を表すと解釈される例のみが見られた．

    (9) She's blind and can hardly walk, but she <u>has walked</u> for two months to
          get here. (COCA)

つまり，例 (2bi) のような非限界性の出来事の現在完了形では，情報構造的に無標であっても，再解釈無しに *for* 句が出来事の実質の継続時間を表すことは，実際の言語使用では極端に少ないようである．[3] そのため，情報構造上有標の文頭の *for* 句の用例ではさらに容認度が下がるのではないかと推測される．つまり例 (2bii) の容認度の低さは，使用頻度の低さによるものではないかとも考えられる．

4. 文頭の時の副詞句と情報構造

  副詞句の出現位置が文の解釈に影響を与えるのは，継続期間の副詞句（*for* 句と *since* 句）と完了形の解釈だけではない．現在を表す時の副詞 *now* は，文頭に置かれたとき，対照主題の一種である枠組設定子として，談話の時間解釈に影響を及ぼす（西山 2016）．

例 (10) では，通常 *now* の時間 (t) は，物語の時間軸上の参照時間 (r) を指す．状態事象は参照時間を更新しないため，一連の状態事象から成る例 (10) の *now* の時間 (t) は先行する状態 s_1, s_2 の参照時間と同一であり，物語の時間は進行しない．一方，例 (11) では，文頭に *now* が現れ，状態 $s_0, s_1,$ s_2 の参照点を更新し，物語の時間を進行させる．

    (10) ...Mrs. Jennings was a widow with an ample jointure (s_1). She had
           only two daughters (s_2), both of whom she had lived to see
           respectably married, and she had <u>now</u> (t) therefore nothing to do
           but to marry all the rest of the world (s_3). (Austin 1811)
    (11) ...The U.S. flag had a powerful effect on him sometimes (s_0)....
           Saluting that flag, he'd feel tears come into his eyes(s_1). Also, he
           liked guns(s_2). <u>Now</u> (t) he was a cop and wore a gun on his hip (s_3),
           holstered up, liking the familiar weight of it, like an extra
           appendage. (COCA)

例 (11) の *Now* のように文頭に現れる時の副詞句は，枠組設定主題 (frame-setting topic)(Jacobs 2001, Hinterwimmer 2011)，または枠組設定子 (frame-setters)(Krifka 2008) と捉えられる．枠組設定は主題性とは独立した概念で，(12) のように捉えられる．

    (12) Frame-setting:
           In (X Y), X is the frame for Y iff X specifies a domain of (possible)
           reality to which the proposition expressed by Y is restricted. (Jacobs
           2001)

枠組設定とは，隣接した構成素 X と Y において，もし Y で表される命題を限定する現実の範囲を最初の構成素 X が規定するなら，その場合においてのみ，X は Y の枠組 (frame) であると定義されることである．そして，文頭の枠組設定の副詞句は対照主題 (contrastive topic) の一種と捉えられる (Krifka 2008, Hinterwimmer 2011)．

対照主題は，その中に焦点 (focus) の部分を含むアバウトネス・トピックである．焦点は，その表現の解釈に関連する代替命題や代替物の存在を

示唆するため，焦点部分を含む対照主題は，代替主題となる代替アバウトネス・トピックの存在を示唆する (Krifka 2008). さらに，対照主題は主題性の特徴である精通性 (familiarity) を満たす (Roberts 2011). 主題の精通性とは，話し手と聞き手にとってよく知られた (familiar) もの，またはよく知られた中から特定可能なもの (identifiable member) でなければならないという特性のことである.

これらの特性を当てはめると，例 (11) では，文頭の対照主題 *now* (t_1) に対して，代替主題として {then(t_0)} の存在が想起され，対照を成すために互いに異なる値となる ($t_0 \neq t_1$). さらに，*now* と *then* は精通性を満たすために特定可能でなければならない. 代替主題である *then* (t_0) は先行する状態事象 s_0, s_1, s_2 の参照時間を値としてとる. 一方，対照主題である *now* は *then* (t_0) と同じ値をとることができないため，参照時間を更新し，t_0 の直後に更新された特定可能な参照時間をとり ($t_0 \lessdot t_1$; $\lessdot$ は just after)，物語時間を前に進める（Nishiyama 2006, 西山 2016）.

4.1 継続期間の *for* 句

現在完了形の文頭に前置される *for* 句や *since* 句についても，枠組設定子として，対照主題性を持つと捉えられる. 例 (6)(=13) では，*For years* が枠組設定子として対照主題性を持つ.

(13) For years this has been dismissed as merely the placebo effect. (=6)

(14) [For [years]Focus]Topic this has been dismissed as merely the placebo effect.

(15) {For decades this has been ...; For months this has been ...; For weeks this has been ...}

対照主題 *For years* は，(15) のような潜在的な代替主題の集合の存在を示し，その集合は話し手と聞き手には既知であり，集合の成員は特定可能でなければならない. ここでは，現在の時の副詞 *now* が物語時間の時間位置で特定されたように，*for* 句の時間軸上での時間位置が特定されることで特定可能性は保証されると考えられる. 前置された *for* 句は，修飾され

る状態が，例 (5) のように発話時とは離れた過去に起こる場合も，例 (13) (=(6)) のように現在の少し前まで継続する場合も，その時間位置は話し手と聞き手の間で特定可能であることが観察されている（西山 2013）.

　しかし，記述事象が反復可能な典型的な存在用法の解釈の場合，事象の継続時間を表す *for* 句の時間位置を特定することはできない．つまり対照主題の精通性を満たすことができないため，例 (16) のように時間軸上の位置と関わりなく期間を対比する文脈がなければ，*for* 句が対照主題となる存在用法の解釈は難しい．例 (16) では，フィールドワークの経験を列挙し，事象の継続期間の長さが対照主題として挙げられている．フィールドワークの様々な潜在的な期間の長さは，既知の代替対照主題となり得るため，時間軸上の位置は特定できないが，対照主題に必要な精通性は維持される.

　(16) For one year, Matthew has lived in Papua New Guinea. For three
　　　 months, he has lived in Malaysia. (Nishiyama 2006)

4.2　継続期間の起点を表す *since* 句

　時の *since* 句で始まる状態の現在完了形文の用例についても，同様に *since* 句を対照主題として捉えることで，なぜ非継続用法の解釈が得られないかを説明することができる．非継続用法（存在用法）の解釈では *since* で表される期間にその記述事象が一度でも起これよい．そのため，対照を成す潜在的な代替主題 *since* 句の存在を示唆することが困難となる.

　例 (17) の *since 1984* は，(18) のように対照主題として捉えられ，そこから示唆される潜在的な代替枠組主題は，例えば，例 (19) のような集合で捉えることができる.

　(17) Since 1984, Ken has lived in London.
　(18) [Since [1984]Focus]Topic, Ken has lived in London.
　(19) {Since 1960, Ken has lived in London; Since 1980, Ken has lived in
　　　 London; Since 1982, Ken has lived in London;...}

しかし，存在用法の解釈では，(19) のいずれの代替枠組でも真となり，対

照主題の対照性の性質とは相容れない．つまり，1984年以来ならケンはロンドンに住んでいたことがあるけれど，1960年以来については必ずしもそうではない，という対照主題が示唆するメッセージに矛盾が生じる．代替対照主題の存在を示唆するためには，1984年を状態の継続の起点とする継続用法の解釈が必要となる．

5. まとめ

このように，従来，完了形の多義性の根拠とされてきた，時の継続期間の副詞句と状態事象をとる現在完了形の解釈との間の相関関係は，確かに強い傾向が見られるが，それらの傾向は情報構造によって説明できることが分かった．文頭に前置される継続期間を表す副詞句 *for* 句と *since* 句を，枠組設定子の対照主題と捉えることで，現在完了形の継続用法と非継続用法の区別と期間の副詞句の共起の仕方の間の関係を説明することが可能である．

＊本研究はJSPS科研費JP26370567の助成を受けたものです．

注

1. *be* 動詞＋形容詞・過去分詞の現在完了形の他に，現在完了進行形も，時の副詞句なしに継続用法となることが指摘されている (Portner 2011).
2. Portner (2011) は，現在完了形の継続用法と非継続用法の多義を論じているが，語用論的に非継続用法で状態事象が発話時まで継続することもあるとしている．
3. Mittwoch (1988) は，activities の現在完了形文の容認度の低さを指摘している．

引用データ

Austin, Jane (1811) *Sense and Sensibility*, The Project of Gutenberg, Ebook.(https://www.gutenberg.org/files/161/161-h/161-h.htm)

The Corpus of Contemporary American English (COCA)

参考文献

Dowty, David R. (1979) *Word Meaning and Montague Grammar*, Reidel, Dordrecht.

Hinterwimmer, Stefan (2011) "Information Structure and Truth Conditional Semantics," *Semantics, Vol. 2*, ed. by Klaus von Heusinger, *et al.*, 1875-1907, De Gruyter, Berlin.

Jacobs, Joachim (2001) "The Dimensions of Topic-Comment,"*Linguistics 39, 4*, 641-681.

Kamp, Hans, *et al.* (2015) *Perfects as Feature Shifting Operator*, University of Stuttgart, Ms.

Krifka, Manfred (2008) "Basic Notions of Information Structure, " *Acta Linguistica Hungarica 55*, 3-4, 243-276.

Nishiyama, Atsuko (2006) *The Semantics and Pragmatics of the Perfect in English and Japanese*, State University of New York at Buffalo, Ph. D. Dissertation.

Nishiyama, Atsuko and Jean-Pierre Koenig (2010) "What is a Perfect State? *Language 86, 3*, 611-646.

西山淳子 (2013)「英語の完了形の継続用法と時の副詞句」, 『立命館言語文化研究』 25 巻 3 号, 65-78.

西山淳子 (2017)「英語の現在の時の副詞 *now* の意味と様々な用法」, 『和歌山大学教育学部紀要』人文科学第 67 号, 107-112.

Portner, Paul (2003) "The (Temporal) Semantics and (Modal) Pragmatics of the Perfect," *Linguistics and Philosophy 26*, 459-510.

Portner, Paul (2011) "Perfect and Progressive," *Semantics Vol.2*, 1217-1261, De Gruyter, Berlin.

Schaden, Gerhard (2009) "Present Perfects Compete," *Linguistics and Philosophy 32*, 115-141.

Östen Dahl and Viveka Velupillai (2013) "The Perfect," *The World Atlas of Language Structures Online*, ed. by Matthew S. Dryer and Martin Haspelmath, Max Planck Institute for Evolutionary Anthropology, Leipzig. (http://wals.info/chapter/68, Accessed on 2018-07-23.)

Yao, Xinyue (2013) "Pragmatic Interpretation of the English Present Perfect," *Linguistics 51, 5*, 993-1018.

理由のカラ節とカートグラフィー

原 口 智 子

1. はじめに

生成文法は，談話構造とのインターフェースの研究（いわゆるカートグラフィー研究）から，(1)にあるように，従来，単一の機能範疇と考えられてきた補文標識（Complementizer：以下 C と略す）が複数の機能範疇から成っていることを明らかにしてきた．

(1) Layered C-system (Rizzi (1997))
    ... Force (Topic*) (Focus) (Topic*) Finite ...

本稿の目的は，カートグラフィーを利用した理由節の分析を通して，（ガ格主語の）関係節の統語範疇が FocP であるとした Akaso and Haraguchi (2011) の分析が妥当なものであることを論じることにある．

2. 理由のカラ節

理由のカラ節の統語的な位置を論じる際に，理由節と推量のスコープの違いに着目した Sato (2014) の研究について押さえておこう．

(2) a. 雨が止んだからメアリーは学校に行っただろう
       (BECAUSE > PRESUMPTIVE, *PRESUMPTIVE > BECAUSE)
    b. 雨が止んだからメアリーは学校に行ったのだろう
       (BECAUSE > PRESUMPTIVE, PRESUMPTIVE > BECAUSE)

(2a) は，括弧に示した通り，理由節の方が「だろう」よりも広い解釈しかない．他方，(2b) は，(2a) と同様の解釈もあるが，その他に，「メアリー

が学校に行った理由は，雨が止んだからであろう」という理由節が「だろう」よりも狭い解釈も可能である．

理由節の位置を考える上で着目すべき点は，(2)における解釈の違いが，「の」の有無に関係しているという点である．そのために，まず，「の」の生起位置について考える必要がある．

Hiraiwa and Ishihara (2002) は，分裂文の派生を論じたものであるが，その前提としてノダ文に次のような構造を仮定している．

(3) 太郎が花子を叩いたのだ

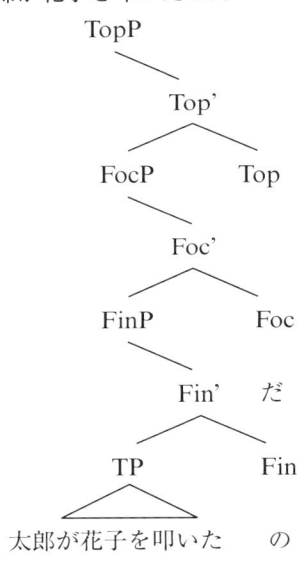

分裂文はこのノダ文から派生的に作られるという．その派生プロセスは次のようなものである．まず，目的語の「花子を」が，FocP 指定部へ移動すると考える．その構造が (4) である．

(4)

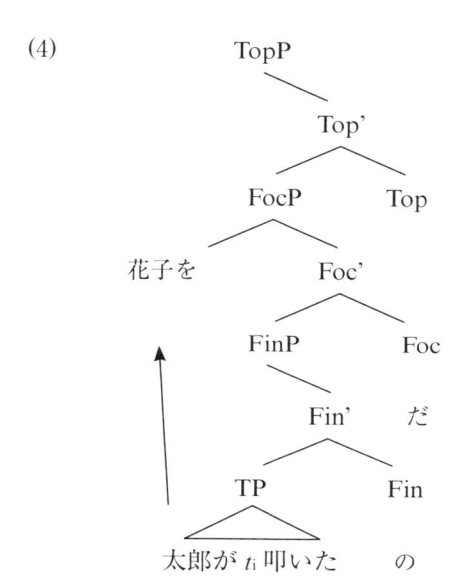

次に，焦点要素である FinP 全体が，主題化により TopP 指定部へ移動する．

(5)

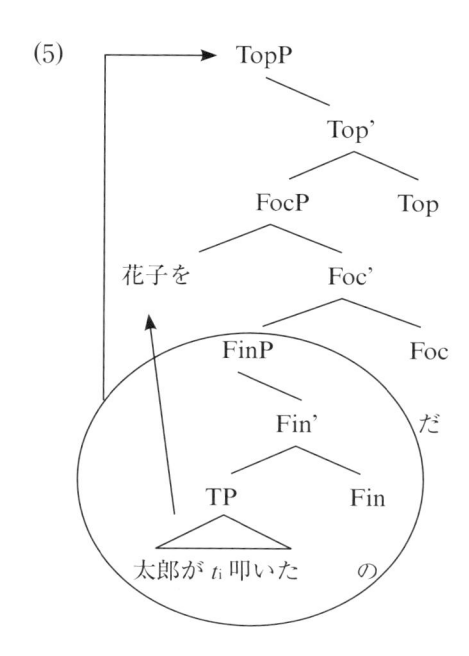

FinP が TopP 指定部へ移動すると，最終的に得られる構造は (6) のように
なる．

(6)

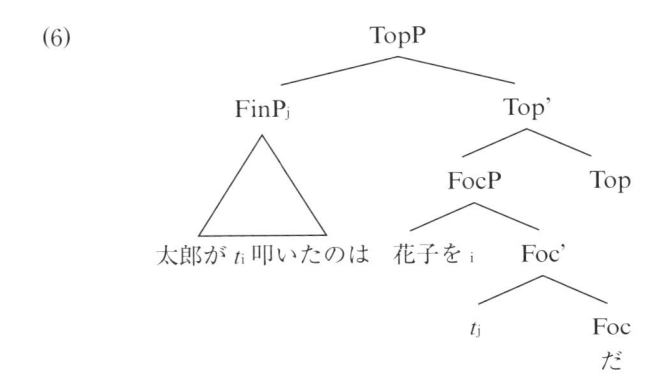

このように，分裂文は，複数の内的併合により派生されるとしている．

　本稿の議論に重要なのは「の」の位置であるが，この Hiraiwa and
Ishihara (2002) が正しいとすれば，「の」は Fin に位置することになる．
そうなると，「だろう」と「の」の統語論的位置は (7) のようになる．

　　(7) [[[TP] の FinP] だろう E-modalP]

3.　Fin と Foc の連動

　次に探るべきは，理由節の統語論的な位置であるが，その下準備とし
て，Finite と Focus が密接な結びつきを持つとする栗原 (2010) を確認して
おきたい．栗原は，次の (8) は，(9) のような構造を持つ．

　　(8) この時計はパリで買ったのですか？
　　(9) [ForceP[TopP この時計は [FocP[FinP[IP パリで買った][Fin の]
　　　　[Foc です]][Top]]Force か]]

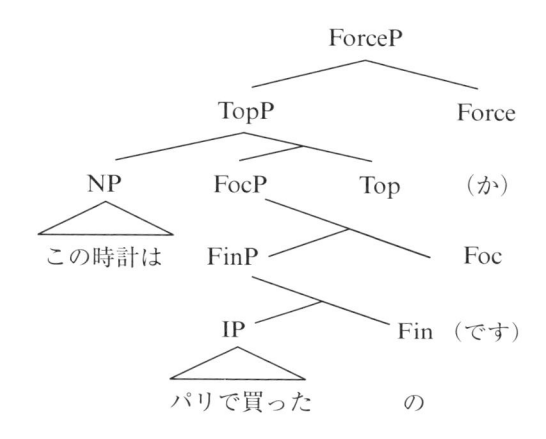

棄原 (2010) によれば，FocP の投射は，FinP の投射の有無に依存する．次の (10) がその証拠となるデータである．

(10)　a. この時計はパリで買った *(の) ですか？
　　　b. 君は終戦の年に生まれた *(の) ですか？

(10) では，「の」が現れないと非文法的であることから，「です」が生起するには，「の」(Fin) が必要であると考えられる．
　次に，「です」の位置であるが，棄原 (2010) は次のような事実に着目する．

(11)　a. その大学院生は，指導教授の論文を<u>です</u>ね批判しました．
　　　b. 5 歳の男の子が<u>です</u>よショパンの幻想即興曲をみごとに弾きました．
　　　c. その学生たちは授業中に<u>です</u>よいつもおしゃべりばかりしていて，先生に注意されてばかりいます．

これらの例から，「です」は，付加する要素を焦点化する機能を担っていることがわかる．このことから棄原 (2010) は，CP 領域においては Foc-head に「です」が現れると分析している．

4. 理由節の統語的位置と認可方法

　ここで，Sato (2014) が取り上げた (2) に戻ろう．(2b) の「の」が現れた場合，推量の「だろう」が理由節よりも広いスコープを持つ．棄原 (2010) が主張するように，Fin が現れた場合，Foc も同様に現れるとすれば，「の」が Fin に具現化されると，必然的に Foc も出現すると考えられる．よって，(2b) の主節の統語構造は次のようになる．

(12)

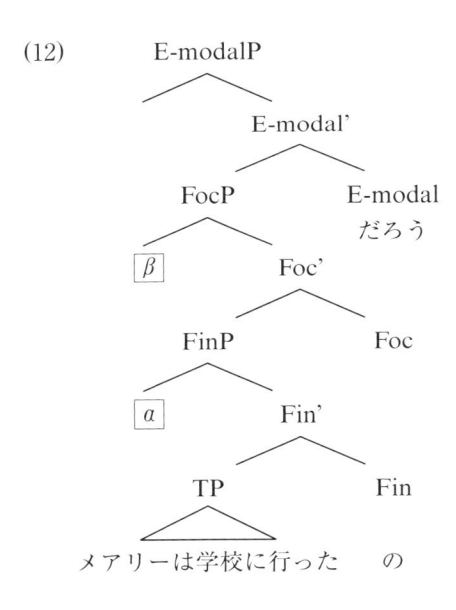

　生成文法で広く受け入れられているように，スコープの関係は C- コマンドの関係によって決まるとすると，(2b) では，理由節が「だろう」よりも狭いスコープにあることから，統語論的には理由節が「だろう」より下位の位置に生起していることになる．その場合，二つの可能性がある．FinP 指定部である α の位置と FocP 指定部である β の位置である．本論文では，後者の可能性を論じることになる．

　理由節が FocP 指定部にある証拠として次の観察がある.

　　(13) 花子が送ったのはこの手紙（を）だ.

(13) は，2 節で見た分裂文の例である．分裂文は，すでに概観したように，ノダ構文からの派生で生成されると主張されている (Hiraiwa and Ishihara (2002)).　ここで，(13) に理由節を加えてみよう.

　　(14) * 両親がいるから，花子が送ったのはこの手紙（を）だ.

面白いことに，分裂文に理由節を加えた (14) は，非文法的である．この非文法性は，次のように説明できる.

　　(15) * 両親がいるから，花子が送ったのはこの手紙をだ.　(=(14))

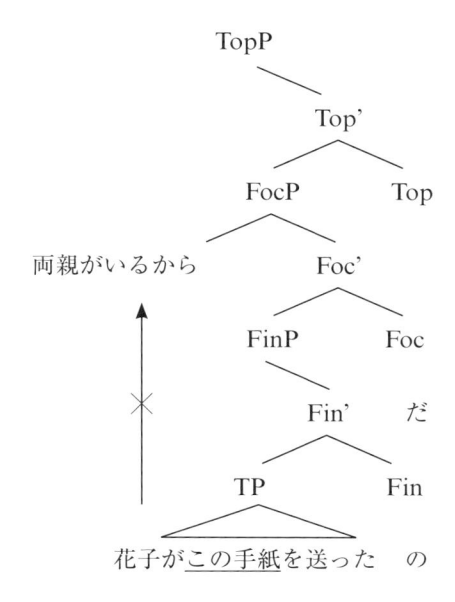

樹形図に示すように，FocP 指定部に，理由節「両親がいるから」が外的マージされるとすると，分裂文を派生させようとしても，目的語である「この手紙を」が FocP 指定部に移動することができなくなる．従って，(14) は非文法的であることが説明できる．このように，理由節と分裂文のデータから，理由節が FocP 指定部にあることが確認できる．

5. 関係節の統語範疇

ここでは，理由のカラ節と FocP との関連性から，Akaso and Haraguchi (2011) で提案された関係節の統語範疇の妥当性を検討することにする．

一定の条件のもと，日本語の連体修飾節内において，主語が主格と属格において表示できる現象，ガ・ノ交替が観察される．[1]

(16) a. 健が／の買った本
b. 健が／の留学した理由

ガ・ノ交替の研究は，日本語の生成文法において，長く研究されてきた言語現象の 1 つである（Harada (1971, 1976)，Nakai (1980)，など）．これまで属格の付与（認可）に関して様々な分析が提案されてきたが，2 つのアプローチに大別できる．D 分析と C 分析である．前者は，D 素性から属格が付与されているとする分析（Miyagawa (1993)，Ochi (2001) など）で，後者は，連体節内で属格が付与されるとする分析（Hiraiwa (2001) など）である．

Akaso and Haraguchi (2011) では，日本語の関係節の構造は，主格主語と属格主語とでは異なり，前者は FocP，後者は TP であると分析する．主格主語と属格主語の樹形図は (17) に示す通りである．

(17) a. 太郎が飲んだ薬   b. 太郎の飲んだ薬

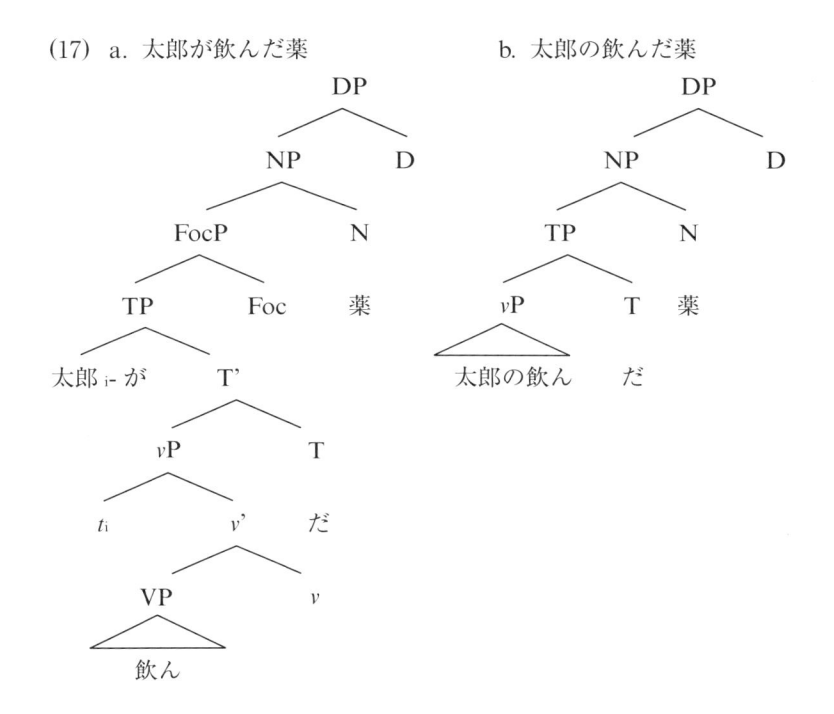

Akaso and Haraguchi (2011) が，主格主語を持つ連体節と属格主語を持つ
連体節の統語範疇が異なると考えた理由は，次のような言語事実からであ
る．

(18) a. 太郎だけ が /*の　飲んだ薬
　　　 b. 学生ばかり が /*の　買った本
　　　 c. 高校生のみ が /*の　選んだマンガ

主語に「だけ」のような取り立て詞 (Focus Particle) を付けた場合，主格
主語は文法的であるが，属格主語では非文法的となる．取り立て詞は Foc
主要部によって認可されるとすると，主格主語の関係節は FocP となり，
取り立て詞とは共起しない属格主語の関係節は Foc のない TP となる．

6. ガ・ノ交替と理由節

　ここで，カラ節の認可条件を関係節に当てはめて考えてみよう.² 具体的には次の (19) のような例文を取り扱うことになる.

　　(19) 太郎は，雨が降ったから花子が見た映画を借りた.

(19) は，主格主語を持つ関係節が埋め込まれたものである．この文では，カラ節のかかる節が2つあることに着目したい．つまり，カラ節が主節を修飾する場合と関係節を修飾する場合である．例えば，(19) には，(20) に示すような2通りの解釈がある.

　　(20)　a. [$_{CP}$ 雨が降ったから [[$_{TP}$ 花子が見た] 映画] を借りた]
　　　　　b. [[$_{CP}$[$_{TP}$ 雨が降ったから花子が見た] 映画] を借りた]

(20a) はカラ節が主節を，(20b) は関係節を修飾する場合である.
　次に，前節で見たガ・ノ交替を用いて属格主語にした場合を考えよう.

　　(21) 太郎は，雨が降ったから花子の見た映画を借りた.

この場合は，先の (19) とは違い，(22a) が示すように，カラ節が主節を修飾する解釈だけが可能であり，(22b) のようなカラ節が関係節を修飾する解釈はない.

　　(22)　a. [$_{CP}$ 雨が降ったから [[$_{TP}$ 花子の見た] 映画] を見た]
　　　　　b. *[[$_{CP}$[$_{TP}$ 雨が降ったから花子の見た] 映画] を見た]

この解釈の違いは，前節で見た，主格主語を持つ関係節の統語範疇と属格主語を持つ関係節の統語範疇の違いから説明が可能である.

(23) a.

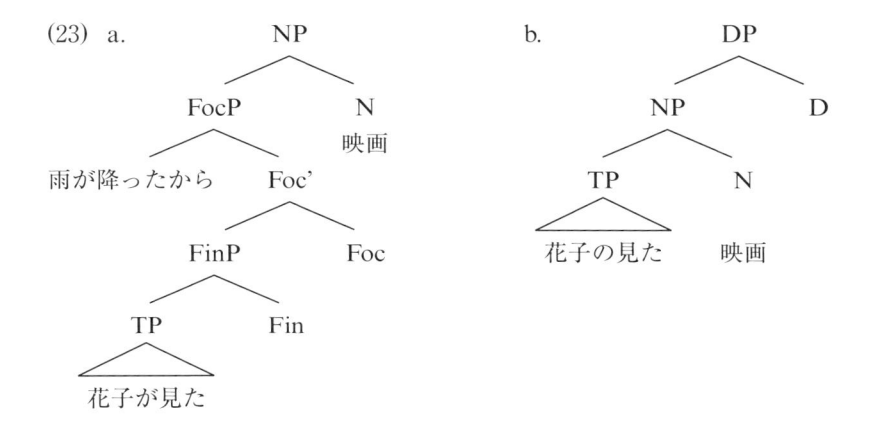

主格主語の関係節 (23a) は FocP なので，カラ節が生起できる．よって，カラ節が関係節を修飾する解釈が可能となる．それに対し，(23b) の属格主語の関係節は，Akaso and Haraguchi (2011) によれば TP であり，カラ節を認可する FocP が関係節の中に存在しない．そのため関係節を修飾する解釈は不可能となる．（両者とも主節には CP 領域に FocP が存在するので，主節を修飾する解釈は存在する．）

　以上のことから，主格主語の関係節の統語範疇は FocP であり，属格主語のそれは TP であるという Akaso and Haraguchi (2011) の分析は支持される．

7. 終わりに

　本論文では，理由のカラ節が生起するためには FocP が必要であるという分析から，Akaso and Haraguchi (2011) が提案した関係節の統語範疇が支持されることを示した．

謝　辞

本稿の作成にあたり，赤楚治之先生から，ご教示を賜りました．また，院生の頃より今日に至るまで，ご指導ご鞭撻を頂戴し深く感謝いたします．

注

1. 「一定の条件」とは，主語名詞句以外に項が生じない，いわゆる他動性の制約
   等の条件が整ったことを意味する.
2. 本節で用いるデータは Akaso and Haraguchi (2016) で用いたものと基本的に同
   一のものである.

参考文献

Akaso, Naoyuki and Tomoko Haraguchi (2011) "On the Categorial Status of
　　Japanese Relative Clauses," *English Linguistics* 28, 91-106.

Akaso, Naoyuki and Tomoko Haraguchi (2016) "On Nominative in Japanese: Focus
　　as a case-licenser," Poster presented in 9th Days of Swiss Linguistics.

Harada, Shin-Ichi (1971) "Ga-No Conversion and Ideolectal Variations in
　　Japanese," *Gengo Kenkyu* 60, 25-38.

Harada, Shin-Ichi (1976) "Ga-No Conversion Revisited: A Reply to Shibatani,"
　　Gengo Kenkyu 70, 23-38.

Hiraiwa, Ken (2001) "On Nominative-genitive Conversion," *MIT Working Papers in
　　Linguistics* 39, 66-125.

Hiraiwa, Ken and Shinichiro Ishihara (2002) "Missing Links: Cleft, Sluicing, and
　　"No da"Construction in Japanese," *MIT Working Papers in Linguistics* 43, 35-54.

栗原和生 (2010)「日本語疑問文における補文標識の選択と CP 領域の構造」，長谷川
　　信子（編）『統語論の新展開と日本語研究』，31-65，開拓社，東京.

Miyagawa, Shigeru (1993) "LF Case-checking and Minimal Link Condition,"*MIT
　　Working Papers in Lingusitics* 19, 213-254.

Nakai, Satoru (1980) "A Reconsideration of Ga-No Conversion in Japanese," *Papers
　　in Linguistics* 13, 279-320.

Ochi, Masao (2001) "Move F and Ga/No Conversion in Japanese," *Journal of East
　　Asian Linguistics* 10, 247-286.

Rizzi, Luigi (1997) "The Fine Structure of the Left Periphery," *Elements of Grammar*,
　　ed. by Liliane Haegeman, 281-338, Kluwer, Dordrecht.

Sato Hiromi (2014) "Modals, Attitudes, Different Positions for Complementizers in
　　Japanese," *On Peripheries: Exploring Clause Initial and Clause Final Positions*, ed.
　　by Anna Cardinaletti, Guglielmo Cinque, and Yoshio Endo, 299-326, Hituzi,
　　Tokyo.

メトニミーはどう生きるか
―隣接と類似の間隙―

塩　田　英　子

1. はじめに―言語理論の捨象と抽象

　言葉による伝達は，ときに冗長性や曖昧性を伴う．しかし，一見効率的ではない表現であっても，ひとたび解釈されれば，多大な効果をうみ，受け手の世界のありようを劇的に変えることがある．この認知環境の改変こそが，言語による伝達の目的であり，また同時に本質でもある．ゆえに，このような経験は，文学作品のみならず，日常言語にも伏在する．

　たとえばメタファーやメトニミーは，文学作品や宗教書，弁論術に特有の文彩として，日常言語とはかけ離れた表現だと考えられていた．しかしLakoff and Johnson (1980) を嚆矢として，両者は日常言語に多く潜在し，ひとの世界認識を反映しているととらえられるようになる．以降，言語研究からのアプローチが加速するようになった．現在では，さまざまな理論がその有用性を競い，しのぎをけずっている．

　しかし，ある理論が他の理論に対する優位性を主張したからといって，それが必ずしも対象の体系化や機能の解明につながるとは限らない．重要なのは，むしろ，自らの採る理論への批評的・批判的な距離である．

　本稿では，メタファーと並び比喩の典型として扱われてきたメトニミーについて再考する．従来，前者は類似性に基づく比喩，後者は隣接性に基づく比喩であるとされてきた（谷口 2003: 2-3）．しかし，この区別はメトニミーの実態を無視した詭弁に陥りかねないことを，認知言語学と関連性理論によるアプローチを対比することで指摘したい．

2. 世界認識としてのメトニミー

2.1 メトニミーとはどのような現象か

　メトニミー (metonymy) は，広く「あるものを表すのにそれと密接な関係にあるものを置き換えること」（寺澤 2016: 48）として定義される．この「密接な関係」の中でも，(1a) は「容器と中身」，(1b) は「作家と作品」，(1c) は「部分と全体」として分類されるメトニミーである．

> (1)　a. The kettle is boiling.（やかんが沸騰している．）
> 　　　b. She bought Shakespeare.（彼女はシェイクスピアを買った．）
> 　　　c. We need more hands.（もっと手が必要だ．）（谷口 2003: 119）

上記の例で "The kettle"，"Shakespeare"，"hands" が指し示すのは，それぞれに隣接する事物である．このことから，メトニミーは「隣接関係 (contiguity) にあるものをさす比喩」（辻 2002: 24）と呼ばれる．

　瀬戸 (1995) はひとの世界認識に関わる言葉の意味のずれを，3つの比喩表現に当てはめ，図1のような認識の三角形として示した．

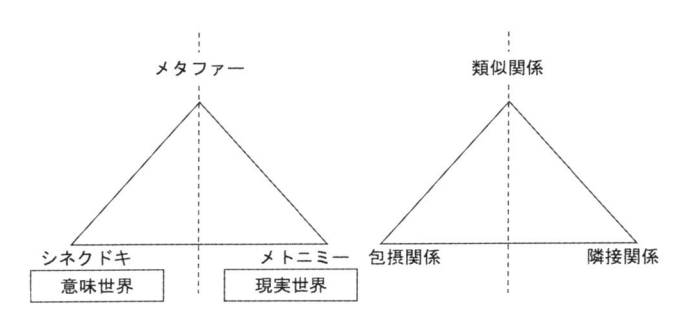

図1　瀬戸 (1995) による認識の三角形（参考：瀬戸 (1995: 203)）

図1では，メトニミーは「現実世界のなかでの隣接関係に基づく意味変化」（瀬戸 1995: 204），シネクドキは「意味世界における包摂関係に基づく意味変化」（瀬戸 1995: 204）として区別される．そして，メタファーは両者の間にあって「現実世界と意味世界の橋渡しをする」（瀬戸 1995: 206）という．

　言語研究において，この3分類は，多少の異同があるとはいえ，大前提として受け入れられてきた．しかし，今井 (2015) はこの分類が言語研究に与える悪影響を指摘する．たとえば，認知言語学は「言語研究は認知全般との関係において行わなければならぬ」（今井 2015: 158）という前提にとらわれた結果，メタファーやメトニミーという語法があるからには，「その語法に写像される元になった認知領域があるはずだという自縛に陥っている」（今井 2015: 158）という．そして，「自らが標榜する『窓』など存在せず，『窓』から見える風景を眺めながら，理論めいたことをつぶやいているだけで，認知の知られざる部分について何の発見をするつもりのないことを告白すべきだ」（今井 2015: 180）と辛辣な批判を寄せている．以下，メトニミー研究のはらむ問題の所在を探る．

2.2　隣接性からとらえたメトニミー

　メトニミーに対するアプローチには，大きく分けて2つある．まずひとつめはメトニミーを隣接性に基づく指示現象とする立場である．これは主に認知言語学や認知意味論が採る視点である．たとえば，認知言語学では，メトニミーの隣接性を，図2に示す Langacker (1993) による参照点構造 (reference point construction) に基づき図式化する．

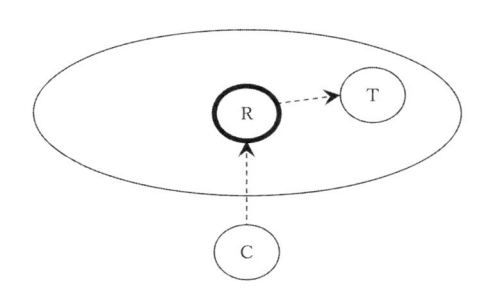

図2　参照点構造 (参考: Langacker 1993: 6)

参照点構造では，概念化者 C (conceptualizer) は参照点 R (reference point) にアクセスし，そこからターゲット T (target) に至る．破線矢印は心的経路 (mental pass) と呼ばれる，概念化者の注意・意識がたどる道筋である．たとえば (1b) の場合，R が Shakespeare，T がその作品となる．

　たとえば,「全体と部分」のメトニミーは,図3のように示される.なお, (1a) は図3(b), (1c) は図3(a) で説明できる.

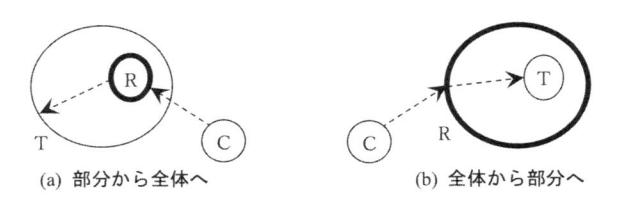

(a) 部分から全体へ　　　　　　　　(b) 全体から部分へ

図3　「全体と部分」の参照点構造 (谷口 (2003: 132))

このように,メトニミーは参照点能力の反映であるとしてとらえられる (Langacker 1993: 29). しかし,これは母語話者の直感と一致しない.

　　(2) 風呂を沸かす／グラスを飲み干す／どんぶりを食べる

(2) はどれも容器とその中身の隣接性を利用したメトニミーである.図3(b) では,下線部がすべて R となり,その中身の「風呂に張られた水」や「グラスの中の飲み物」,「器に盛られた料理」が T となる.しかし,これらの表現を解釈する際に,まず容器にアクセスし,そこから中身へと焦点が移動するといえるだろうか.直感に基づく「風呂」の心的表示はあくまでも「風呂」である.空の容器としての風呂ではない.

　　(3) 鍋をつつく／鍋を食べる／鍋を作る／鍋を囲む

参照点構造に基づく考え方では, (3) の鍋に関するメトニミーは図4のように,まず鍋にアクセスしてからその中身が理解されることになる.

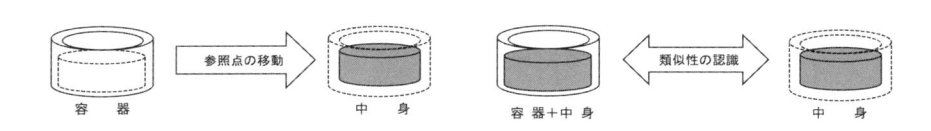

　　図4　「容器から中身」への移動　　　　図5　「容器と中身」の直感的理解

しかし，(3)で「鍋」というとき，図5のように，まず料理の入った鍋を直感的に思い浮かべ，その鍋全体と中身の料理という心的表示間の類似性を認識することで理解に至るのではないか．

　さらに，参照点構造による説明では，同じ「部分と全体」の関係を利用したメトニミーであっても，説明には図3のように，複数の図が必要になる．しかし図5のような直感的理解においては，双方向的な比較に基づく類似性の認識により，概念間の関係としてその仕組みを説明できる．そこで，次節では「指示が横すべりする現象」（瀬戸 1997: 39）として説明されてきたメトニミーが，実はメタファーと同じく概念間の比較や類似性に基づく語の意味変化である可能性に注目したい．

3.　類似性とメトニミー

3.1　拡縮と語彙化

　メトニミーには，(4)に示す2つの意味操作が関わっている．

　　(4)　a. 語彙概念が緩められて，一時的に拡縮される
　　　　　b. 多義語の語義として比喩的意味が語彙化される

(4a)の概念の拡縮について，Sperber and Wilson(1995)による発話解釈の理論，関連性理論 (relevance theory) では以下のようにとらえている．

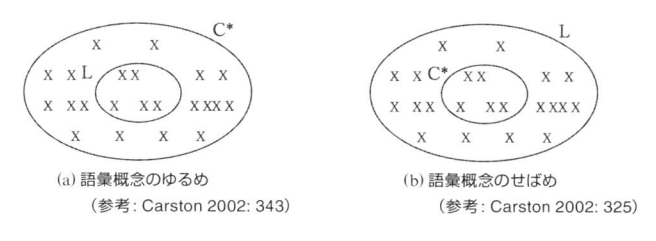

(a) 語彙概念のゆるめ
(参考: Carston 2002: 343)

(b) 語彙概念のせばめ
(参考: Carston 2002: 325)

図6　アドホック概念形成による語義の拡縮小

図6では L が伝達された語彙概念 (lexical concept)，C* はコンテクストの中で語彙操作を受けたアドホック概念 (ad hoc concept) をさす．また，円は概念の範囲，x は語が伝達しうる概念の分布を示す．たとえば(3)の

「鍋」の場合，前後の文脈から，解釈可能である妥当な範囲にまで語彙概念が拡張され，「鍋」という容器から「鍋の中に入った料理」というように，語彙概念が広げられる．さらに「鍋の中に入った料理」でも「水炊き」なのか「ちゃんこ鍋」なのか，次のプロセスで語義の縮小が行われる．このように，コンテクストや受け手の知識に基づいて，概念は柔軟に変化することが説明される．関連性理論においては，メトニミーもまた，労力と効果のバランスをとりながら，つまり，関連性の見込みのもと，語義の拡縮が行われることで，理解されるとする（岡田 2008, 2011）．

　これに対して (4b) は，広義には死んだ隠喩 (dead metaphor) としてとらえられる現象でいわば死んだ換喩 (dead metonymy) とでもいうべきものである．関連性理論の中でも語彙操作について扱う語彙語用論 (lexical pragmatics) の観点では，アドホック概念の使用が定着し，慣用化すれば語彙化することが指摘されている (Wilson and Carston 2007: 238)．その条件については明示されていないが，高い関連性をもつものが定着しやすいということは容易に考えられる．この観点からは，受け手によっては「鍋」が「調理器具」という語彙概念をもつのと同じく，「鍋料理」という語彙概念をもつことが説明できる．

　瀬戸 (2017b) は (4a) のような一時的な意味拡張を語用論的メトニミー，(4b) のような慣用化された意味拡張を語彙的メトニミーとしている（瀬戸 (2017b: 36)．しかし，(4) は，どちらの解釈が正しいというわけではなく，個人にとって関連性のある方法で選択される．たとえば「鍋＝鍋料理」という概念の結びつきが慣用化している受け手は，多義語としての「鍋」のもうひとつの語義を選択することで「鍋料理」を理解する．また，語彙の知識が乏しい受け手でも「鍋」の語彙概念をその場のコンテクストの中で一時的に拡縮することよって「鍋＊」というアドホック概念形成を行い，「鍋料理」の意味を解釈することが可能になると説明できる．つまり，特別な道具を用意することなしに，言語表現の解釈プロセスが説明できる．これは，冒頭で述べたように，メタファーが，文学の世界の特別な表現ではなく，日常的にも用いられるということにもつながる．日常的なコミュニケーションに遍在する現象であるからこそ，日常的なコミュニケーションの解釈手順で説明できるのである．

3.2　メトニミーの問題点

ここで，メトニミーについての根本的な問題をまとめておきたい．

(5)　a.「メトニミーはメトニミーである」という循環論的前提
　　　b. メトニミーの多義的解釈に対する説明の不足
　　　c. 心的概念表示による直感的理解の軽視

　まず (5a) の「循環論的前提」について，メトニミー研究は，当該表現が「メトニミーである」という前提に基づいて行われる．つまり，メトニミーは「これがメトニミーだからメトニミーである」というトートロジーに陥る可能性がある．先にあげた (1-3) の例はどれも擬人化や擬物化の例として考えられないだろうか．ファンタジーの世界であったとしても，コンテクストが許せば，解釈の可能性として存在する以上，その区別は明確になされねばならない．この「コンテクスト」という概念は，語用論以外の言語研究の分野では禁じ手として，事実上葬り去られている．しかし，あらゆる言語表現は，コンテクストの中で使用されてはじめてその「意味」なり「解釈」なりが生じる．つまりコンテクストから切り離された，実際に用いられないことを前提とする言語表現は，言語の記述と体系化を目指す言語学の対象になり得ない．これらを考え合わせれば，「メトニミーはメトニミーである」という前提自体に根本的な見直しが必要となる．

　さらに (5b) の「メトニミーの多義性」についての問題もある．

(6) The water is boiling.（内田 2017: 9）
(7)　a. 騒然としている，（興奮で）沸き立っている：BOILING*
　　　b. 湯船に入れないほどの熱さ：BOILING**
　　　c. お茶を入れるのに適した熱さ，手を入れるのは危険な熱さ：
　　　　BOILING***
　　　d. 煮沸消毒に適した温度（内田 2017:9）

内田 (2017) によると，(7a) はメタファー，(7b) は誇張表現，(7c) は概略表現である．(6) の場合，符号化された概念 BOILING は，BOILING*，BOLING**，BOILING*** というような異なる語彙概念へとアドホックに調整される．このことを利用すれば，語義の境界の曖昧さも説明でき

る．実際，岡田 (2008, 2011) は上記のようなアドホック概念形成による意味拡張の説明はメトニミーにも適用可能だという立場をとっている．

また，複数の解釈を許す，多義的なメトニミーも存在する．

(8) Give me a <u>red</u> pen. (Hall 2017: 86)

(8) の下線部の語彙概念 RED* は RED からの語彙的縮小 (narrowing) により理解されるが，インクが赤い場合も，外観が赤い場合もある (Hall 2017: 86)．また，参照点構造においても，ターゲットがインクか，外観なのか決定されねばならない．さらに，インクと外観の両方をメトニミーとして表現する場合もある．どの解釈が選択されるのかは，実際のペンがない限り，つまり物理的コンテクストがない限り，わからない．ことばによって，符号化された概念を解釈可能なものにするにはことば以外の情報が不可欠である．これは言語的決定不充分性のテーゼ (linguistic underdeterminacy thesis) と呼ばれる (Carston 2002)．

最後に (5c) の「メトニミーのもつ視覚的側面」について言及しておく．メトニミーは，図5のような視覚的な心的表示が大きく関わっていると考えられる．これは，図式化できるということとは異なる．たとえば瀬戸 (2017a) は以下のような図によって誤謬を指摘している．

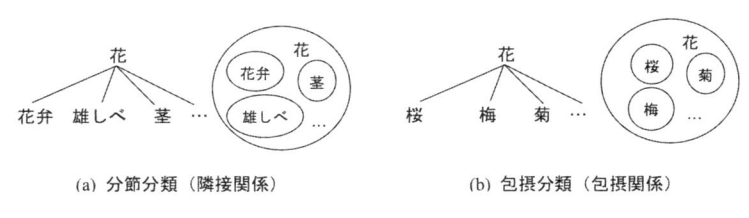

(a) 分節分類（隣接関係）　　　　(b) 包摂分類（包摂関係）

図7　隣接性と包摂性の混同（瀬戸 2017a: 83）

図7(a-b) の右側に示されたベン図はメトニミーとシネクドキの混同を招く恐れがあるという．現実世界での隣接性（図7(a)）と，概念世界の包摂性（図7(b)）が同様に示されるからである．瀬戸 (2017a) は，安易な図式化によって，本来なら図式化できない概念が，空間的に隣接しているかのような誤解を与えるため，不適切であるという立場を貫いている．

　このように，概念の視覚化は説明としては便利であるが，あくまでも「説明のためのツール」であり，ときとして解釈者の直感とは異なる．というのも，参照点構造もアドホック概念形成についても，表現の構造を説明しただけであって，その図自体が実際の言語理解のプロセスを示したものではないからである．「鍋」は「鍋」であり，「鍋」でしかないのに，なぜ「鍋料理」を「鍋」で表現せねばならないかという表現の必然性こそ，明確に示されねばならない．

　さらに，関連性理論では，あらゆる発話は関連性の原理に従うという，還元主義的なことばの経済理論によって発話解釈の仕組みを説明しようとする．しかし，これは「メトニミーはメトニミーである」という循環論と同じく，「関連性の原則に従っているから関連性の原則に従っている」という閉じたトートロジーにつながる危険性もはらんでいる．

4．おわりに—畢竟，メトニミーとは何なのか

　メトニミーとは何か．瀬戸 (1997) は以下のように結論している．

> (9) メトニミーは指示的には隣接関係に基づく横すべり，意味・機能的には「全体性」，認知的には顕著性 (saliency) に支えられた直接知覚，コミュニケーション的には経済性を示すとまとめられる．　　　（瀬戸 1997: 45）

この定義が示すのは，いかなる単一の理論によっても，その全体像を記述することはできない，ということだ．メタファーとメトニミーの区別，メトニミーとシネクドキの区別は，言語の体系的記述を行うという目的ではなく，理論的見解の差別化をはかるために，その有無が利用されてきたという側面もあるのではないか．このことは，語の概念の柔軟性をとらえ，ことば自体の可変性を主張するとき，還元主義の誇りとともに，目の前に立ちはだかる乗り越えがたき壁となる．

　いみじくも，「理論は建物である」という概念メタファーを提示したのは Lakoff and Johnson(1980) である．その建物が砂上の楼閣に堕することなきよう，今一度理論のための言語表現解明ではなく，言語表現解明のための理論に立ち戻り，メトニミーを見つめなおすことが求められる．

参考文献

Carston, Robyn (2002) *Thoughts and Utterances: The Pragmatics of Explicit Communication*. Blackwell, Oxford.（ロビン・カーストン．内田聖二，西山佑司，武内道子，山崎英一，松井智子訳『思考と発話：明示的伝達の語用論』研究社，東京，2008）

Hall, Alison (2017) "Lexical Pragmatics, Explicature and Ad Hoc Concepts," *Semantics and Pragmatics: Drawing a Line*, ed. by Ilse Depraetere and Raphael Salkie, 2017, 85-100, Springer International Publishing, Cham.

今井邦彦 (2015)『言語理論としての語用論：入門から総論まで』開拓社，東京．

Lakoff, George and Mark Johnson (1980) *Metaphors We Live By*, University of Chicago Press, Chicago and London.（G・レイコフ，M・ジョンソン．渡部昇一，楠瀬淳三，下谷和幸訳『レトリックと人生』大修館書店，東京，1986）

Langacker, Ronald W. (1993) "Reference-point Constructions," *Cognitive Linguistics*, 4-1, 1-38.

岡田聡宏 (2008)「レトリック再考」,『言語・文化・社会』第 6 号，63-84，学習院大学．

岡田聡宏 (2011)「アドホック概念」,『言語・文化・社会』第 9 号，25-45，学習院大学．

瀬戸賢一 (1995)『メタファー思考』講談社現代新書，東京．

瀬戸賢一 (1997)「ことばの経済：メトニミーとシネクドキの観点から」,『人文研究』第 49 巻第 7 分冊，37-50，大阪市立大学文学会．

瀬戸賢一 (2017a)「メトニミー研究を展望する」,『認知言語学研究』第 2 巻，79-101，日本認知言語学会．

瀬戸賢一 (2017b)『解いて学ぶ認知意味論』（認知言語学演習 2）大修館書店，東京．

Sperber, Dan and Deirdre Wilson (1995) *Relevance: Communication and Cognition*, 2nd ed., Blackwell, Oxford.（D. スペルベル，D. ウィルソン．内田聖二・中逵俊明・宗南先・田中圭子訳『関連性理論（第 2 版）：伝達と認知』研究社，東京，1999）

谷口一美 (2003)『認知意味論の新展開：メタファーとメトニミー』研究社，東京．

寺澤盾 (2016)『英単語の世界：多義語と意味変化から見る』中公新書，東京．

辻幸夫 (2002)「メタファーの基本用語」,『言語』2002 年 7 月号，24-5．

内田聖二 (2017)「関連性理論とメタファー：より一般的な説明をめざして」,『奈良大学紀要』第 45 号，1-15，奈良大学．

Wilson, Deirdre and Robyn Carston (2007) "A Unitary Approach to Lexical Pragmatics: Relevance, Inference and Ad Hoc Concepts," *Pragmatics*, ed. by Noel Burton-Roberts, 2007, 230-59, Palgrave Macmillan, Bashingstoke.

認知文法における型システムの考察

長谷部　陽一郎

1. はじめに

　本稿の目的は認知文法 (cognitive grammar) における型システム (type system) の構造を概観し，その特徴を明らかにすることである．認知文法における型システムは Ronald Langacker による数多くの論考の中で示されてきたが，近年の研究成果を含めた形でこれを俯瞰できるよう整理することは，それ自体意義があると思われる．さらに，他の理論との比較の上で特徴を明確にすることは，認知文法を適切に評価し，発展させていくために役立つと考えられる．

2. 型とインスタンス

2.1　型の指定と対象の指定

　認知文法における型 (type) とは，言語表現の概念構造を規定する枠となる構造を言う (Langacker 1987, 1991)．個々の語彙項目や構文パターンが表す概念は，その言語の話者にとって，基本的には共通した意味内容を持っている．実際には個人間やコミュニティ間で認識される意味内容の詳細に差異がある可能性は否定できない．しかし，少なくとも，同じ概念内容を共有しているという「想定」があることは確かである．また，個々の語彙項目や構文を組み合わせた句や節も（意味の粒度がより高い）型として機能する．このような意味において，言語表現の重要な機能の1つは「型の指定」であると言える．

　型は階層関係を持ち，「もの」「こと」など，抽象的な内容から，「人物」「祝日」といった一般的な事物・事象，さらには「ドナルド・トランプ」「独立記念日」といった固有名に至るまで，異なる具体性の度合いを

持つ様々な型が存在する．型の多くは話者の知識の中で他の型と関連づけられ，階層関係を構成するが，とりわけ「抽象→具体」の関係は具体化 (elaboration) と呼ばれ，型を指定する上で重要な要素となっている．

　言語表現には型の指定に加えて，もう1つ重要な機能がある．それは，「対象の指定」である．型が表す内容は往々にして，現実世界（もしくはその発話を取り巻く世界）の中に指示対象を持つ．apple という語が表すのはあくまで型であり，現実世界における特定のリンゴを表すためには，the apple や **that** apple のように，必要に応じて冠詞や指示詞などを用いながら，対象を適切に指すようにしなければならない．また，特定の対象を指示する訳ではない場合も，不定冠詞や複数接辞を用いて，**an** apple や apple**s** といった形にする必要がある．このように，型を実際の状況に合わせて調整し，内容を実質化するプロセスはインスタンス化 (instantiation) と呼ばれる．

　このように，認知文法における型システムの特徴を考えるにあたっては，「型の指定」と「対象の指定」という2つの機能を共に視野に入れる必要がある．

2.2　型の階層とインスタンス化領域

　英語の場合，例えばある特定の「トラ」を表す際には，tiger という語によって型の指定を行い，冠詞の the を付けて the tiger とすることでインスタンス化を行う (e.g. The tiger stalked its prey slowly and quietly.).[1]　しかし，同じ the tiger は，文脈によっては「トラ」という種全体を指す表現にもなり得る (e.g. The tiger is capable of killing animals over twice its size.).どちらの場合でも tiger という語が型指定を行っていることについては違いないが，the によるインスタンス化の様式に違いがある．認知文法における，型の指定と対象の指定（＝インスタンス化）との区別は，こうした違いを説明する上で有用である．

　図1は認知文法における型階層 (type hierarchy) のモデルを図式化したものである．(a) は個体としての the tiger に，(b) は総称的な the tiger に，それぞれ対応する．図1(a) と図1(b) において tiger という型は，同じ上位型 A(= mammal) に属する要素 D として，他の型（B や C）と区別される．個体としての tiger をインスタンス化する場合，型空間よりも下の階

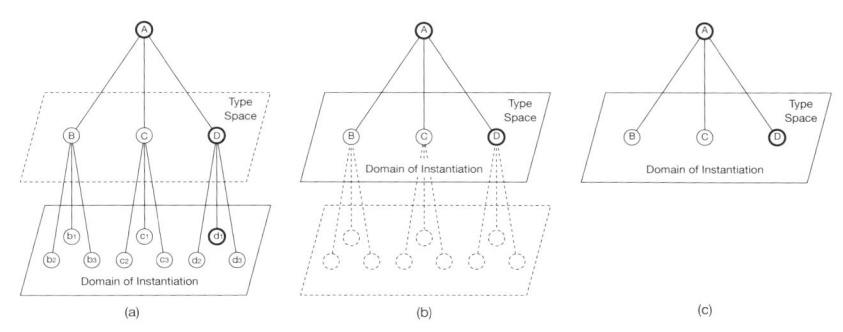

図1　型階層とインスタンス化領域 (Langacker 1991: Ch.2)

層がインスタンス化領域 (domain of instantiation) となる（→図 1(a)）．一方で，種としての tiger を指し示す場合は型空間自体がインスタンス化領域となる（→図 1(b)）．なお，math（数学）のような抽象名詞の概念構造を表す場合も，図 1(c) のように型空間自体がインスタンス化領域となる．ただし，この場合は型空間が最下位の層となり，具体的形象を持った空間は現れてこない．この点において図 1(b) の場合と異なる．

　以上のように，認知文法では階層的な型システムのもとに，型の指定と対象の指定という 2 つの機能についての記述・説明を行っている．

3.　THING と RELATION

3.1　ENTITY を起点とした階層構造

　認知文法における型の階層は全体として 1 つのネットワーク構造を成す．これを大きく 2 分するのは THING と RELATION という概念型であり，これらは最上位型である ENTITY の下位型 (subtype) として捉えられる．3 者の関係を図式化すると図 2 のようになる．[2]

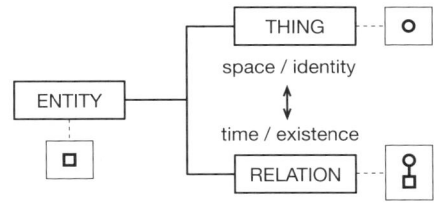

図2　ENTITY と THING ／ RELATION

ENTITY とは「想起可能なあらゆる対象」であり，慣例的に正方形で表示される．THING とは何らかの領域で他と区別され得る領域を表す「モノ的」概念であり，正円で表示される．そして RELATION とは通常何らかの THING が参与する「関係」的な概念であり，通常 THING と ENTITY を直線でつないだ形で表される．

名詞類で表される型 (e.g. ball, piano, tree, engine) は THING の派生型であり，動詞 (e.g. throw, play, climb, start)，形容詞 (e.g. fast, beautiful, huge, powerful)，前置詞 (e.g. on, in, under, over) など，名詞類以外の品詞に属する多くの語は RELATION の派生型を指定する．

THING と RELATION の概念的な違いとしては，前者が概念的に自律しているのに対して，後者は依存的であることが挙げられる（モノをそれ自体としてイメージすることは容易だが，モノが一切関与しない関係というものをイメージすることは難しい）．また，典型的に THING は空間 (space) を概念化の背景とするのに対して，RELATION の背景となるのは時間 (time) である．また，THING は典型的に永続性を持ち，通常，これを同定 (identify) することが表現の動機となる．一方，RELATION はその生起 (existence) について述べることが表現の動機になる．

3.2 THING の派生型

図 3 に示すように，名詞類によって表現される THING 型の概念構造は CONCRETE と ABSTRACT に大別される．このうち CONCRETE では，型平面 (type plane) とインスタンス平面 (instance plane) が独立しているのに対し，ABSTRACT(e.g. math, kindness, baseball) の場合は，型平面がそのままインスタンス平面になるという特徴がある．また，これと関連して，CONCRETE と ABSTRACT では，前者が典型的には空間的（＝物理的）な外形を持つのに対して，後者は非空間的（＝観念的）な領域における外形を持つという傾向がある．

次に具体型の下位階層に目を移すと，COUNT と MASS の 2 つの派生型が存在する．THING においては典型的に空間がインスタンス化領域 (domain of instantiation) になるが，実際の要素の中には，pebble（小石）のように明確な境界線と共にインスタンス化するものもあれば，sand（砂）のように無数の粒で集合的に構成された物質としてインスタンス化

するものもある．両者の認知的な違いは，対象が個物としてインスタンス化されるか，それとも均質的な内部構造を持つ集合的要素としてインスタンス化されるかという点にある．

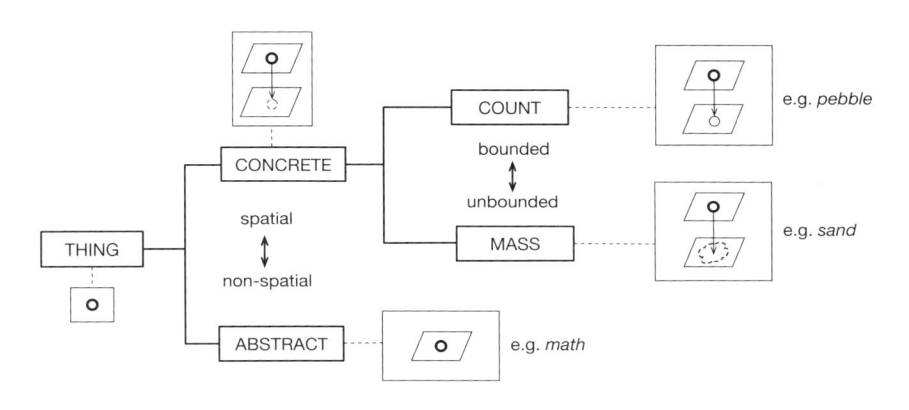

図3　THING 型の階層構造

3.3　RELATION の派生型

　名詞類以外の多くの文法要素は RELATION をプロファイルする．その全容を示すことは困難であるため，ここでは（動詞や形容詞／分詞によって表現される）叙述的性質を持った RELATION の階層構造に焦点を当てる．図4に示すように，THING の場合と同様，RELATION も2分法的な階層化によって型指定のシステムが構成される．起点の直下にはPROCESS と STATE という下位型が存在する．両者の違いは，概念構造の中で特定の時間的範囲がプロファイルされるか否かにある．PROCESSでは意味内容としての RELATION と共に一定の時間幅を表す水平線が強調されているのに対し，STATE では，RELATION 部分のみが強調されている．これは，前者においては時間的な幅が意味内容の一部として際立ちを得るのに対し，後者においてはそれが背景化していることを表している．

　PROCESS に属するのは break や wait といった動詞の型であるが，そこには PERFECTIVE と IMPERFECTIVE という下位型が存在し，break は前者に，wait は後者に属する．いずれの場合も事態が生起する時間軸がプロファイルの対象とはなるが，PERFECTIVE では時間軸上の特

定範囲のみがプロファイルされるのに対し，IMPERFECTIVE では明確な範囲が指定されない．これは break のような語が，始点と終点が明確な事態の型を表す一方，wait などの語は持続的な事態を表すことを反映している．

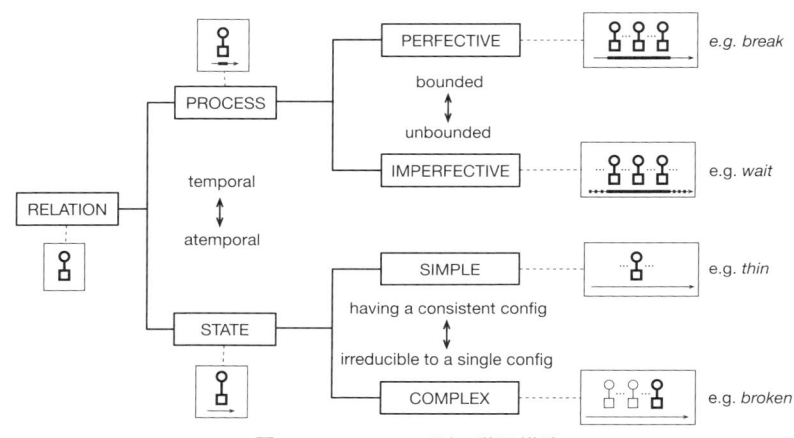

図4　RELATION 型の階層構造

　PROCESS が時間軸をプロファイルするのに対し，STATE の時間軸は背景的要素であるにとどまる．STATE 型の表現の例としては thin（薄い）や broken（壊れた）といった形容詞・分詞が挙げられるが，これらは SIMPLE と，COMPLEX に分けられる．不変的で静的な状態を表す形容詞 thin は前者の例であり，何らかの変化を経た状態を表す（従って比較的複雑な外形を持つ）過去分詞 broken は後者の例である．

　以上のように認知文法の型システムでは，最上位の ENTITY の下に THING と RELATION という区別を設け，さらにいくつかの下位型を規定している．実際には図3および図4に示した型はさらに細分化され，具体的な語彙項目や構文，あるいはそれらを組み合わせた型を含む階層構造が形成される．そして最終的には，それらによって型指定が実現する．

　それでは，認知文法における型システムは他の理論における同様のシステムとどのような点で共通しており，またどのような点で異なるのか，次節でこれらの問題について考える．

4. 認知文法における型システムの意義

4.1　型システムと OOP

　2節および3節で見た認知文法の型システムは，それ自体，必ずしも特異なものではない．様々な概念の型を記述・体系化する試みは，自然言語を対象とした理論のみならず，計算機プログラミングの領域においても広く行われてきた．とりわけオブジェクト指向プログラミング (Object-Oriented Programming, OOP) においては，様々なオブジェクトをその「属性」と「振る舞い」に基づいてコード化することで，問題領域における事象を表現する．一般に OOP はデータの抽象 (abstraction)，クラスの継承 (inheritance)，多態性 (polymorphism)，カプセル化 (encapsulation) といった概念で特徴づけられるが，中でも抽象化と継承は，言語学研究にも広く取り入れられ，いくつかの理論において中核的な部分を構成している．[3]

　例えば Head-Driven Phrase Structure Grammar の統語記述における型と制約継承のシステムは，多分に OOP の影響下にある (Sag and Wasow 1999)．Generative Lexicon における意味論的記述においても OOP の影響は大きい (Pustejovsky 1995)．また，Word Grammar では言語を知識のネットワークとして規定しているが，その構成要素は，OOP と同様に「IS-A」と「HAS-A」の関係で連結される (Hudson 2007)．さらに Construction Grammar における継承リンクの概念は Goldberg (1995) が明記しているように OOP に由来する．

　本来，計算機の CPU は1と0のバイナリコードのみを解するが，OOP に特化したプログラミング言語では，人間的な視点から問題領域を記述するための各種の仕組が用意されている．中でも最も重要な特徴の1つが，クラスとインスタンスを分離することによるデータの抽象化と，クラス間の継承システムである．実際のところ，Langacker の論考に OOP に関する言及は無いが，認知文法における型階層とインスタンス化の考え方が OOP と軌を一にすることは明らかである．[4]

　OOP はソフトウェア・エンジニアリングの手法であり，その目的は，人間の立場から事象を記述しながら複雑なプログラムを構築することにある．一方，自然言語の理論は，言葉という「すでに動いているプログラ

ム」に対する，いわばリバース・エンジニアリングの試みである．OOP
の手法は今日広く受け入れられ，計算機プログラミングの主要なパラダイ
ムとしての地位を築いている．そのような OOP と大きく一致していると
いう意味で，認知文法の型システムは決して特異ではなく，他の多くの理
論とも多くの共通点を有している．

4.2　グラウンディング

　認知文法における型システムが他の理論におけるシステムと一線を画す
るのは，THING と RELATION の区別を中心としたこの機構が，単に表
現の数々をカテゴリー化するために役立つだけでなく，さらに高次の意味
機能を実現するための基盤として，言語運用に関わる一連の認知プロセス
の中に完全に組み込まれている点である．より具体的に言うなら，認知文
法の型システムは，グラウンディング (grounding) と呼ばれる意味機能と
密接に結びついている．

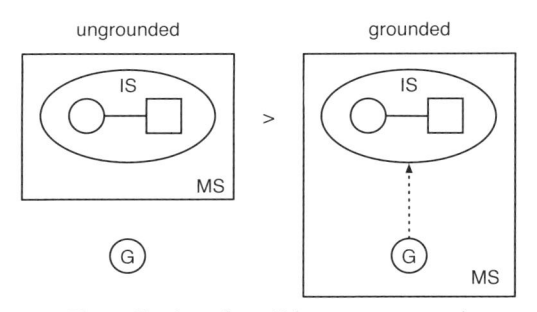

図 5　グラウンディング (Langacker 2008)

　グラウンディングとは，言語形式により示される命題的な意味内容を
発話空間の「今・ここ」と結びつけることで各種の変項を解決し，一回
的な意味を担う表現へと高める認知プロセスを指す (Langacker 2008)．そ
れは，図 5 に示すように，直接領域 (immediate scope, IS) 内の要素に対
してグラウンド (ground, G)—談話の参与者と発話場面およびそこに含ま
れる種々の要素—とを結びつけ，最終的に G を叙述の最大領域 (maximal
scope, MS) に組み込むプロセスである．
　度々論じられてきたように，名詞句と節は並行的な構造を持っており，

前者は指示詞 (this, that, these those)，冠詞 (the, a, [unstressed] some)，一部の数量詞 (all, most, some, no, any, every, each) などの働きによって，発話場面における一回的な意味を持った表現となる．一方，後者については，時制の接辞 (-s, -ed) や法助動詞の類 (may, will, shall, can, must) の働きにより，談話の中で一回的な意味を得る．こうしたグラウンディングが名詞句のレベルと節のレベルで行われることは，認知文法の型システムが THING と RELATION の2分法に基づいていることと一致している (Langacker 2016, 2017).

さらに，THING が典型的には空間的な領域を背景とし，RELATION が時間的な領域を背景とすることは，2種のグラウンディングの「動機」を考える上で重要である．空間的な領域上で対象要素を指し示すことは，その要素を同定 (identify) することである．一方，時間的な領域において対象を指し示すことは，むしろその出来（しゅったい），すなわち事象が実際に生起する／したのかどうかについて述べることを意味する．THING と RELATION に対するグラウンディングは（少なくとも英語において）ある種の形式を伴う形で体系化しているが，これは，空間的領域で事物を同定するという目的と，時間的領域で事象の出来について述べるという目的とを実現するためと考えられる (Langacker 2016; 2017).

以上のように，認知文法の型システムは OOP の考え方に一致する一般的な構造を有しているが，グラウンディングのプロセスと大きく関わっているという点で，他の理論における同種のシステムと異なっている．認知文法における型システムは，単に語句をカテゴリー化するための手段ではなく，発話場面の中で語句が適切な粒度の内容を表し，かつ一回的な意味を担うことを担保するためのシステムの一部としても機能している．

5. まとめ

本稿では，認知文法における型システムの構造を概観し，他の理論や領域における型システムとの共通点と相違点を明らかにした．認知文法の型システムは，オブジェクト指向プログラミング (OOP) におけるデータ抽象およびクラス継承の考え方と大きく一致している．その意味において，OOP の影響が見られる他の多くの言語理論で採用されているシステムと

共通した機構を備えている．しかしながら，THING と RELATION とい
う２つの基本型を中心にした認知文法の型システムは，グラウンディング
という高次の意味機能と密接に結びついており，異なる種類の概念を区別
するための理論的道具立てにとどまらない役割を帯びている．この点にお
いて認知文法の型システムは他の理論におけるシステムと明らかに異なる
と言える．

注

1. 本稿では基本的に英語の例を用いて議論を行うが，型システムの詳細は言
   語によって異なる可能性がある．Langacker (2017) は，大枠としての意味
   機能 (semantic function) は多分に普遍的であるのに対し，その構造的実装
   (structural implementation) は言語間で異なる可能性があると述べている．
2. 本節の図式は先行研究と理論的慣例に従って筆者が作成した．
3. Hasebe (2005) は認知言語学と OOP との相似的関係について考察を行っている．
4. ソフトウェア工学において従来の手続き型プログラミングから OOP への移行
   が活発になったのは 1980 年代のことである．言語学において認知言語学の潮
   流が生まれたのがこれと同時期であったのは，興味深い事実である．

参考文献

Goldberg, Adele E. (1995) *Constructions: A Construction Grammar Approach to Argument Structure,* University of Chicago Press, Chicago.

Hasebe, Yoichiro. (2005) "Computer Analogy Reconsidered from a Oerspective of Cognitive Linguistics and Object-Oriented Programming," *Proceedings of the Fifth Annual Meeting of the Japanese Cognitive Linguistics Association*, 126-136.

Hudson, Richard. (2007) *Language Networks: The New Word Grammar*, Oxford University Press, Oxford.

Langacker, Ronald W. (1987) "Nouns and Verbs," *Language* 63(1), 53-94.

Langacker, Ronald W. (1991) *Foundations of Cognitive Grammar*, *Vol. 2, Descriptive Application*, Stanford University Press, Stanford.

Langacker, Ronald W. (2008) *Cognitive Grammar: A Basic Introduction*, Oxford University Press, Oxford.

Langacker, Ronald W. (2016) "Nominal Grounding and English Quantifiers," *Cognitive Linguistic Studies* 3, 1-31.

Langacker, Ronald W. (2017) "Grounding, Semantic Functions, and Absolute Quantifiers," *English Text Construction* 10(2), 233-248.

Pustejovsky, James. (1995) *The Generative Lexicon*, MIT Press, Cambridge.

Sag, Ivan A. and Thomas Wasow. (1999) *Syntactic Theory: A Formal Introduction*, CSLI, Stanford.

非有生物主語の see 補文

友 次 克 子

1. はじめに

　英語では，人などの有生物だけでなく，物や事などの無生物も主語になる．動詞が知覚や感覚など有生物に限られる事態を表すものであっても，(1) の see の他動詞文では時間や場所などの非有生物が主語になっている．

> (1) a. 1989 saw a sustained effort by campaigners and some African governments to stop the slaughter of elephants for their tusks. (BN4 1338) [1]
>
> b. The yacht harbour, Muelle Deportivo, has seen many improvements in the last few years... (G37 729)

(1) では主語位置の時間や空間をいわば入れ物 (container) として，その中で起こっている出来事が内容物 (content) として目的語になっている．

　Langacker (1991, 2006) はこれらの文をセッティング主語構文 (setting-subject construction) とよび，主語と目的語の間に力の伝達がない非他動的な文であるため受動文を作らないことに注目している．

　非有生物主語の see は目的語を 1 つとる単純他動詞文だけでなく，補文が不定形節である (2) のような複雑な他動詞文も作る．

> (2) Diversification in the 1950s and 1960s saw Cornwall move into a number of other product areas. (K9B 938)

興味深いことに，(2) の知覚動詞 saw は，使役動詞の made と入れ替えることができる．知覚動詞の主語からは力の伝達による事態の引き起こしがないにもかかわらず，知覚動詞は使役動詞と共通する補文形式をとる．

Langacker (2010: 169) も使役動詞と知覚動詞の共通点に注目し，その関係を言語形式に表れる効力 (effective) と認識 (epistemic) の対立の一環としてとらえている．

　本稿の目的は，本来人間の知覚を表す see がどのような非有生物主語と不定形・定形補文で使用されているかをコーパスから明らかにし，その構文の機能や役割を説明することにある．

　調査方法としては，British National Corpus（XML 版）を使い，分析対象となる例文を検索するのに Sketch Engine と菅沼 (2008) を併用した.[2] see の補文が原形不定詞，-ing 分詞，-ed 分詞（-ed 形以外の過去分詞も含む），to 不定詞，that 節であるものから，主語が非有生物である例文を手作業で選別して調査データとした．その際，組織を表す会社名や国名は人の集合と考えられるために，非有生物主語から除いた．頻度数は補文形式の出現数である．

　以下，2 節で非有生物主語の see 補文の種類とその機能を記述し，3 節で補文の不定形・定形の頻度分布が Langacker (2010) の効力／認識の対立構造を支持することを述べる．4 節がまとめである．

2. BNC での非有生物主語の see 補文

2.1　非有生物主語の種類

　補文に目的語＋原形不定詞／-ing（現在分詞）／-ed（過去分詞）／to 不定詞または that 節をとる他動詞 see のうち，非有生物主語の 871 例を主語の意味により「時間」「場所」「出来事」「筋書」「原因」の 5 つに分類した．

　「時間」主語は last week, one summer's day in 1992, another half hour, tonight, the next six months, this year など，長短にかかわらずある時間幅の中での事態を表現する．

　　(3) Each month during 1991 saw average ozone levels reach new highs. (J32
　　　　450)

　「場所」主語は the village, the coffee bar, this hall, the north Atlantic, the first pit stop, the viaduct などの場所での事態を表現する．

(4) Run by the owner, Signor Scalambrin, and his wife this hotel sees its guests return year after year thanks largely to their warm welcome and efficient staff. (ECF 2194)

「出来事」主語は，election, battle, war, match, game, race, tour, show, Championship, tournament など，選挙や戦争や試合などで起こった事態を表現する．

(5) This year's festival will see performances taking place in three cities simultaneously — Derry, Dublin and Belfast. (K2R 203)

「筋書」主語とは，album (music titles), movie, episode, story, tradition, trend, career, approach, program, plan, schedule, explanation, agreement, contract, bill, (court) sentence など，作品名や計画や取決めなどが主語となり，その中での事の筋道や事のなりゆきを表現する．

(6) The bill will see all remaining forms of tobacco advertising phased out by the end of 1995. (EA0 1265)

「原因」主語は (3)-(5) の事態が生起する時間・空間の場や，(6) の筋道にそって事態が展開する作品や観点とは異なり，主語が事態の原因と解釈できるものである．例として，defeat, victory, win, deal, shakeout, reorganisation, healthy business, brilliance, shrewdness などスポーツの勝敗や経営戦略などがある．非有生物主語に意図はないため，自然現象や予期せぬ事態も因果の連鎖として表現される．

(7) a. The driving rain saw streams turned into muddy torrents, blocking roads and forcing some motorists to abandon their cars. (K3T 532)
   b. ... but goalkeeper Neville Southall's deliberate handball after 19 minutes saw him receive the first red card. (CBG 3136)
   c. His popularity saw him appear in many Royal Variety shows. (CH5 1256)

以上5種類の非有生物主語の頻度を表1にまとめた.

表1　目的語補文をとる see の非有生物主語（頻度数と意味別割合）

時間	場所	出来事	筋書	原因	合計
262	41	225	153	190	871
30.1%	4.7%	25.8%	17.6%	21.8%	100.0%

2.2　セッティング主語と原因主語

　Langacker (1991, 2006) は，see や witness のような動詞の主語に，ある場面の参与者（経験者）ではなく状況全体を包括するセッティングが占めるセッティング主語構文では，参与者が明示されないことにより，その状況にいれば誰にでも観察できることを二次的に示すと述べている．例文(3) の各月という時間，(4) のホテルという場所，(5) の祭りという出来事は，物理的な時間や空間のセッティング主語である．「筋書」主語は物理的な世界ではないが，音楽や文学作品の世界がセッティングである．さらに，例文 (6) の「この法案によると」などの計画や取決めも，その筋書にしたがって事態の展開が表されるという点で，セッティング主語に含めることができる.

　Langacker (2006) は，セッティング主語構文を参与者から焦点をはずす (participant defocusing) 1つの方法として位置づけている.[3] セッティングはすべての要素を含むため際立ちが与えられにくいこと，および，特定の観察者が不特定化されることで，一般的な観察者による事態が表現される (Langacker 2006).「時間」「場所」「出来事」「筋書」主語の see 補文では，その場にいるかその立場にたてば誰にでも観察できる事態が表現されている.

　一方で，原因主語は補文が表す事態の原因，つまり参与者，と解釈されるためセッティング主語ではない．例文 (2)Diversification in the 1950s and 1960s saw/made Cornwall move into a number of other product areas. では使役動詞との交替が可能である．しかしこの場合にも，非有生物主語に補文事態を制御したり操作したりする力はない.[4]　例文 (2) の経営多角化による地域の変化，(7a) の雨による川の変化，(7b) の反則による処分，(7c) の人気による出演機会の多さ，という原因主語の補文では，原因により必然的に起こる事態というよりは，結果として起こった事態との因果関係が推

論により認められる．使役 (causative) とは2つの事態が因果関係，すなわち引き起こす事態がなければ引き起こされる事態は生起しないことである (Talmy 2000: 494-5)．一連の状況の中でどの部分が構文の要素として因果関係を表すかは使役動詞により異なる．したがって，原因主語であっても必ずしも make と交替できるわけではなく，補文が原形不定詞の (7b-c) を made に入れ替えることはできない．レッドカードを出すのは審判であり，人気が出た結果 (as a result of his popularity) 出演をさせるのは番組関係者である．使役動詞 make と比べて see では，より緩やかな因果関係を表現できる．直接的な引き起こし事態でなくても，背景にある要因が主語になれるのは，知覚動詞 see の観察者から観察される事態への働きかけがない性質を反映したものである．原因が主語になることにより，see 補文事態の観察者は文に現れることなく，歴史や天候，試合，番組に関する不特定の観察者となる．

　以上，非有生物主語の see 補文にはセッティング主語と原因主語の2種類があり，その両方に，観察者を焦点からはずす defocusing 機能があることを述べた．

2.3　ジャンル

　非有生物主語の see 補文が特定のジャンルや分野に偏って使用されているのかを調べるために，BNC の書き言葉に付与されている domain を利用した．BNC の書き言葉は小説などの文学 (imaginative) と8つの分野の情報伝達文 (informative) に分けられている．分野別の非有生物主語の see 補文の割合を表2に示す．このうち science は social, applied, natural & pure science の3分野を合計している．

表2　ジャンル別の非有生物主語の see 補文の割合

Written Domain							Spoken
leisure	world affairs	arts	commerce	science	imaginative	belief & thought	
32.0%	23.0%	11.7%	10.3%	18.0%	1.8%	1.6%	1.5%

BNC の書き言葉の domain 別の文数 (s-units) に対して非有生物主語 see 補文は，スポーツを含む「余暇」，「芸術」，「国際情勢」に有意に多く，逆に，「文学」と「科学」が有意に少なかった．また，文数の割合からみて，話し言葉は書き言葉に比較して有意に少ない．[5] 非有生物主語では観察者が

一般化されることにより，試合やニュースを誰にでも観察できるように伝える効果があると考えられる．

3. 非有生物主語の see 補文形式に反映される心身二元性

Langacker (2010: 169) は，使役 (causation) と知覚 (perception) は異なるにもかかわらず，両者が共通した構文形式をとることに注目し，その理由を，言語表現に重層的にみられる「効力 (effective)」と「認識 (epistemic)」関係の対立の1つの表れであるととらえている．「効力」は事態の生起に関係づけられるのに対し，「認識」は事態に対する認識判断に関係づけられる．効力と認識の対立は，特定の形式をどちらかに峻別するのではなく，言語表現に多層的に反映される．したがって，使役動詞 make は「効力」であり知覚動詞 see は「認識」であるが，see がとる4種類の補文形式は，「効力」と「認識」を両端としてそれぞれの形式間で局所的に二元性を表す．つまり，原形不定詞補文が「効力」であるのに対し，分詞 (-ing) 補文は事態の一部を表すために一歩「認識」に近づく．to 不定詞補文は観察者（概念化者）が事態を把握する (apprehend) ことを表すため分詞補文より「認識」寄りであるが，that 節との対比ではより「効力」となる．that 節は命題を表し，see は認識動詞として概念化者の事態に対する真偽の判断や「認識」関係を表す．

例文 (8) は to 不定詞補文により，ある立場から右耳優位性を説明している．(9) は宗教教育を主語として that 節の命題を提示している．

(8) That is, one explanation sees the right ear advantage to be the result of stimulating a particular ear, the other as the result of receiving sounds from a particular side of space. (FED 408)
(9) Religion deserves a fair hearing, and effective RE will see that it gets that. (HYB 574)

過去分詞を加えた5種類の see の補文形式の，有生物と非有生物主語の割合を図1に示している．非有生物主語は総数の 4.8% であるが，不定形補文では 7.0% を占める．

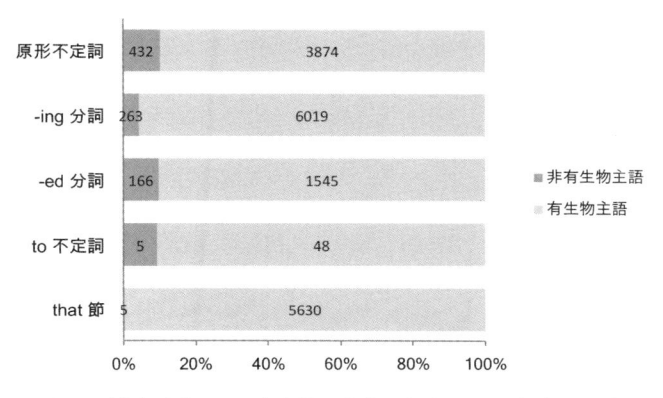

図1　補文形式による有生物／非有生物主語の割合（頻度数）

図1で顕著なことは，非有生物主語が that 節をとるのはきわめて稀なことである．非有生物主語の see の補文形式は「効力」すなわち現実世界での事態の生起にとどまり，隠された観察者の認識を表さない，と言うことができる．補文形式の頻度分布は，非有生物主語の see 補文という特殊な構文の使用において，Langacker (2010) の言語表現に重層的に反映される心身二元性を支持している．

4.　おわりに

　知覚には事態を引き起こす働きかけがないにもかかわらず see は使役動詞と同様の補文形式をもつこと，さらに非有生物主語の see は，知覚動詞であるにもかかわらず主語が観察者ではないことから，本稿では非有生物主語の see がどの程度補文をとって使用されているのかを調べた．その結果，非有生物主語は使役動詞と同様に不定形補文を伴うが，定形補文にはほぼ使用されないことが明らかになった．非有生物主語はセッティング主語として時間，場所，出来事が占めることはこれまで分析されていたが，実例により，筋書のある計画や取決めが主語になる例を含めることができた．知覚動詞の see には事態を引き起こす働きかけがないことが，直接的ではない背景要因でも，原因主語が使役文の形式をとって因果関係を表すことに適している．非有生物主語には観察者を焦点からはずす機能がある

ため，セッティング主語では不特定の観察者に観察可能な事態を表し，原因主語では結果事態を制御できない因果関係を表す.

　5種類の補文形式の主語の有生性の頻度分布から，補文形式に課される制約が明らかになった．非有生物主語の see は不定形補文に限定される，つまり，事態の生起を表すが，定形補文を伴って認識判断を表現することはほぼないと言える．これは，非有生物主語により観察者を一般化するという機能が，定形補文には事態を理解し認識する概念化者が喚起されることに適合しないからだと考えられる.

　非有生物主語の see 補文という非典型的な構文を調べることにより，認知と言語に関する2つの考え方を支持する小さな実証を得ることができた．1つは，Talmy (2000) の一連の時間の連続から言語表現が因果関係を切り出すという使役の枠組みである．動作主も制御もない因果関係が see を使って表される．もう1つは，Langacker (2010) の言語表現のさまざまなレベルにみられる「効力」と「認識」の局所的な対立が，非有生物主語の see の不定形と定形補文の差に現れたことである.

＊　本稿の一部は 6th UK Cognitive Linguistics Conference (Bangor University) において 2016 年 7 月 19 日にポスター発表を行いました．会場で有益な質問や助言をいただいた方に感謝申し上げます.

注

1. 本稿の例文はすべて BNC からのものである．例文はファイル名3文字と文番号で表示される.
2. 菅沼 (2008) の検索システムでは，BNC の 61 の品詞タグを組合せて see のすべての変化形，目的語となる名詞類，不定形動詞の連鎖を含む s-unit（文に相当する単位）を抽出できる．BNC の品詞タグには誤りが含まれる（過去分詞と過去形の混同など）ことを考慮して，可能な限り網羅的に検索して，検索結果はすべて手作業で確認した．形は満たしていても，後置修飾（see a mountain etched against the sky など）の分詞は分析対象から除いた.
　　Sketch Engine は主に定形節の検索に使い，that が see の変化形と5語以内に共起するものに限定した．that を伴わない補文節は含まれていない.
3. 他の defocusing 方策には複数代名詞 they や you，抽象的セッティングとして

の it や there がある.

4. 久野・高見 (2007: 246) は使役主の被使役主に対する働きかけがない make 使役を「自発使役」とよんでいる.

5. いずれも対数尤度比検定. 有意水準 0.1％で有意差あり.

参考文献

British National Corpus, version 3 (BNC XML Edition) (2007) Distributed by Oxford University Computing Services on behalf of the BNC Consortium.

Burnard, Lou, ed. (2007) *Reference Guide for the British National Corpus (XML Edition)*. <http://www.natcorp.ox.ac.uk/docs/URG/>

Kilgarriff, Adam et al. (2014) "The Sketch Engine: Ten years on," *Lexicography* 1, 7-36. <http://www.sketchengine.co.uk/>

久野暲・高見健一 (2007)『英語の構文とその意味』開拓社, 東京.

Langacker, Ronald W. (1991) *Foundations of Cognitive Grammar, Volume II: Descriptive Application*, Stanford University Press, Stanford.

Langacker, Ronald W. (2006) "Dimensions of Defocusing," *Voice and Grammatical Relations*, ed. by Tasaku Tsunoda and Taro Kageyama, 115-137, John Benjamins, Amsterdam.

Langacker, Ronald W. (2010) "Control and the Mind/Body Duality: Knowing vs. Effecting," *Cognitive Linguistics in Action*, ed. by Elżbieta Tabakowska *et al.*, 165-207, De Gruyter Mouton, Berlin.

Quirk, Randolph *et al.* (1985) *A Comprehensive Grammar of the English Language*, Longman, London.

菅沼義昇 (2008)「BNC の MySQL への移行と検索」静岡理工科大学.

Talmy, Leonard (2000) *Toward a Cognitive Semantics, Volume I: Concept Structuring Systems*, The MIT Press, Cambridge, MA.

英語動詞 *take* における「非移動」から「移動」への拡張

岡 　 良 　 和

1. はじめに

英語動詞 take は，移動動詞の１つである直示動詞としてのみではなく，grab と類似の意味を持つ非移動動詞としての用法もある．小論では，両者の関係を考察することを目的とする．

2. 移動動詞としての take

英和辞典では，take が非中心的直示動詞として扱われている．つまり，以下 (1) のように，take は移動使役動詞 (causal-motion verb) であること，そして，bring の反意語であることが示されている．

(1) Ⅱ ［持って行く］《◆自動詞 go に対応し，take の主語が話し手および聞き手の所から他の場所に「持って［連れて］行く」の意》．(↔ bring)
6a D [SVOM]〈人が〉〈物を〉〔…へ〕持って行く，〈人・動物〉を〔…へ〕連れて行く，案内する (along)〔to〕; [SVO₁O₂]〈人が〉O₁〈人〉のところへ O₂〈物〉を持って行く（『ジーニアス英和大辞典』(s.v. take 動 他 **6a**))（下線筆者）

上記 (1)**6a** の用例を，以下 (2a-b) として引用する．

(2) a. The hyperlink, when clicked, will ⁓ you *to* another Web page or Website.
（ハイパーリンクは，クリックすると別のウェブページやウェブサイトへ君を連れて行ってくれます）

b. I _took_ him a book.= I **_took_** a book **_to_** him.
（彼に本を1冊持って行った）（『ジーニアス英和大辞典』(s.v.
take 動 他 **6a**)）（下線筆者）

3. 非移動動詞としての **take**

非移動動詞としての take の辞書記載として，以下 (3) がある.

(3) I［取る］1 D [SVOM]〈人が〉〈人・物〉を手に取る，つかむ，握る，
抱く（類 clutch, grab, grasp, seize, snatch）（『ジーニアス英和大辞典』
(s.v. take 動 他 1)）

上記 (3) の用例は，以下 (4a-b) の通りである.

(4) a. She _took_ her son in her arms.
（彼女は息子を抱きしめた）
b. She _took_ me by the hand.
（彼女は私の手を取った）（『ジーニアス英和大辞典』(s.v. take 動
他 1)）（下線筆者）

以下 (5a-c) では，具体物を「手で摑み取る」行為の後に，移動行為表示
動詞である convey, go および carry が現れることから，take に移動概念
が包含されないことが示唆される.

(5) a. I opened his dispatch-box, <u>took</u> the paper, and <u>conveyed</u> it to
Godolphin Street. (Doyle (1995: 300))（下線筆者）
b. He <u>took</u> the food and <u>went</u> back to the kitchen. (Brennan (2000: 52))
（下線筆者）
c. 'A big man got out, opened the back door of the car on the other
side, <u>took</u> something out and <u>carried</u> it over there.'
(MacAndrew (2001: 52))（下線筆者）

一方，take の反意語とされる bring が移動動詞であることは，以下 (6a-c)
が非文となることからもわかる.

(6) a. *I opened his dispatch-box, <u>brought</u> the paper, and <u>conveyed</u> it to
　　　Godolphin Street.
　　b. *He <u>brought</u> the food and <u>came</u> back to the kitchen.
　　c. *'A big man got out, opened the back door of the car on the other
　　　side, <u>brought</u> something out and <u>carried</u> it over there.'

上記 (6a-c) から，bring は出発点から到達点までの移動を表示する移動動詞であるのに対し，上記 (5a-c) における take は非移動動詞と見ることが適切である.

　さらに，take が本来の移動動詞でないことは，派生を見ることでもわかる．以下 (7a-b) は taker の辞書記載である.

(7) a. **taker** 名　 1 取る人；捕獲者. 2 受け（取）る人：（略式）［通例 s］
　　　（申し込みに）応じる人. 3 賭（かけ）に応じる人. 4 （新聞などの）購読者. 5 ［複合語で］…を取る人，受ける人 // a risk-taker…
　　　（『ジーニアス英和大辞典』(s.v. taker))
　　b. **taker** -n. 1 取る人，つかみ手，捕獲者. 2 受け取り人，受け手.
　　　3 （切符などを）集める人；（ノートを）取る人. 4 賭けに応じる
　　　人. 5 購読者. 6 飲用者，（薬の）服用者；消費者. 7 賃借人，借
　　　地人，借家人. （『新英和大辞典』(s.v. taker))

これに対して，以下 (8) の bringer に関する記載は，bring が come の使役動詞であることを示している.

(8) **bringer** 名 持って来る［来た］人. （『ジーニアス英和大辞典』(s.v. bringer))

4.　語彙ネットワーク理論における **take** の分析

　移動動詞としての take と非移動動詞の take の関係について，Norvig and Lakoff (1987) では，take の中心となる意味は grab であり，この意味から他の意味が連鎖的に生じると提案されている. このような考えは以下 (9) において示されている.

(9) We will begin with what we hypothesize to be the central sense of *take*, the *take* in *The baby took the toy from its mother*. As we shall see shortly, the other senses of *take* can be represented most economically in terms of <u>minimal variation links</u> if we do so. (Norvig and Lakoff (1987: 198))（下線筆者）

上記 (9) に示されるように，「最小の意味的差異による連鎖」に基づいて take を分析すれば，以下 (11) の take は以下 (10) の take からの拡張となる．

(10) John <u>took</u> the book <u>from</u> Mary.
(11) John <u>took</u> the book <u>to</u> Mary.

上記 (11) における take の意味は，「動作主が対象物を受領者に持って行く」であり，対象物の受領者が動作主と同一ではないという点のみにおいて，上記 (10) における take と異なる．
　しかしながら，このような分析では，どのような動機づけが働いて上記 (10) から上記 (11) が生じるのかは必ずしも明確ではない．また，take 以外の動詞も説明できるような包括的な枠組みも提供できることが望ましい．

5. 非移動動詞における移動性の獲得

　本来は移動概念を包含しない動詞が，移動使役動詞として機能している事例が，Goldberg (1995) において扱われている．以下 (12a-c) にその例を挙げる．

(12)　a. Sam <u>helped</u> him <u>into</u> the car.
　　　b. Sam <u>asked</u> him <u>into</u> the room.
　　　c. Sam <u>let</u> Bill <u>into</u> the room. (Goldberg (1995: 161-62))（下線筆者）

たとえば，上記 (12a) では，主語の指示物が，目的語の指示物を前置詞に後置される到達点に至るまで援助して移動させる，という事象が表示されている．

この移動性は，移動概念を包含する前置詞に起因し，動詞は非移動性を保持していると考えることもできる．しかし，以下 (13a-b) のような，本来の移動動詞が移動性を包含する前置詞と共起する事例がある．

(13) a. Pat <u>went into</u> the room.
b. Pat <u>brought</u> the piano <u>into</u> the room.

このことから，動詞と移動概念を表示する前置詞が共起する場合，その動詞が非移動動詞であるとは必ずしも言えない．

逆に，上記 (13a-b) にならい，上記 (12a-c) における動詞にも移動概念が包含されているとみなすこともできる．そして，下記 (14) の事例も，上記 (12a-c) に対応すると考えれば，take は移動使役動詞とみなされることになる．

(14) He <u>took</u> the chair <u>into</u> the room.

後者の考えをとると，セクション 2 の (2a-b) における take も移動動詞と考えられることになる．

以下 (15a-c) は，非移動動詞が非移動前置詞と共起するものの，文全体では移動性が認められる事例である．

(15) a. Fred <u>stuffed</u> the papers <u>*in*</u> the envelop.
b. Sam <u>pushed</u> him <u>*within*</u> arm's length of the grenade.
c. Sam <u>shoved</u> him <u>*outside*</u> the room. (Goldberg (1995: 158)) (下線筆者)

以下 (16a-b) のように，take に関しても，非移動前置詞と共起するものの，文全体では移動概念が認められる事例がある．

(16) a. <u>*Take*</u> the washing <u>in</u> before it begins to rain.
(雨が降り出さないうちに洗濯物を取り込みなさい．)(『ジーニアス英和大辞典』(s.v. take in 他(1))) (下線筆者)
b. Lucas did not <u>take</u> Mitton <u>on</u> the Continent with him. (Doyle (1995: 290)) (下線筆者)

6. 非移動動詞における移動性の定着

　Goldberg (1995) によれば，下記 (17a-c) において下線を施されたそれぞれの動詞は，本来，移動動詞ではないとされる.

(17)　a. Frank pushed it into the box.
　　　b. Frank kicked the dog into the bathroom.
　　　c. Sam shoved it into the carton. (Goldberg(1995: 216))（下線筆者）

しかしながら，辞書には，上記 (17a-c) に挙げられたそれぞれの動詞に，以下 (18a-c) の記載が見られる.

(18)　a. [SVO(M)]〈物・人〉を押して動かす
　　　　　She pushed some money into the pocket.（『ジーニアス英和大辞典』(s.v. push 動 他 1)）（下線筆者）
　　　b. [SVOM / SVOC]〈人が〉〈物・動物〉をけって動かす《◆ M は方向の副詞（句），C は形容詞（句）》
　　　　　～ the ball *out* (off [of] the field)（『ジーニアス英和大辞典』(s.v. kick 動 他 1 b)）（下線筆者）
　　　c.〈物〉を（後から）〔…に〕押す，押しやる〔*to*〕
　　　　　～ the sofa *to* the other side of the room（『ジーニアス英和大辞典』(s.v. shove 動 他 1 b)）（下線筆者）

セクション 5 の (12a) において，本来は非移動動詞とされた help にも，移動の意味を認める辞書記載が，以下 (19) に見られる.

(19) [SVOM]〈人が〉〈人を〉助けて…にさせる《◆ M は方向を表す副詞〈句〉》
　　　～ him **with** his bag = ～ him (*to*) carry his bag / He ～*ed* the old woman *across* the street *to* the store.（『ジーニアス英和大辞典』(s.v. help 動 他 2)）（下線筆者）

辞書にも記載されていることからも明らかなように，非移動動詞が移動動

詞へと拡張した用法が定着していることが認められる.

7. 「概念原型」と意味の拡張

Langacker (1991) は, 以下 (20) と (21) に見られるような「概念原型 (conceptual archetype)」による, 経験に基づいた概念の構造化とその構文化を提示している.

(20) Certain recurrent and sharply differentiated aspects of our experience emerge as archetypes, which we normally use to structure our conceptions insofar as possible. Since language is a means by which we describe our experience, <u>it is natural that such archetypes should be seized upon as the prototypical values of basic linguistic constructs.</u> (Langacker (1991: 294-95)) （下線筆者）

(21) <u>Extensions from the prototype occur</u> ... because of our proclivity for interpreting the new or less familiar with reference to what is already well established; ... (Langacker (1991: 295)) （下線筆者）

上記 (20) で述べられているように, たとえば, 物体を移動させることは日常的な経験において繰り返される行為であるために概念原型が形成され, 言語面では移動使役構文として定着する. ある物体を押したり蹴ったりすればその物体は移動するために, 上記 (21) の趣旨から, 非移動動詞に移動概念が適用されて, セクション 6. の (17a-c) が生じるのである. また, 直接には手に取ることができない人間や動物などを移動させる行為事象にも, 物理的な力で物体を移動させる概念原型が適用される.

　セクション 3. の (5a-c) で挙げたそれぞれの例文では, 「書類を手に取り, その後, それを持って相手の住所へ行く」, 「食べ物を取って, その後, 台所へ移動する」, 「何かを取り出し, その後, それを運ぶ」という時間の継起に関するメトニミーが見られる. 対象物を掴むという行為が後続する移動行為に連続することが我々の経験で繰り返して生じることで概念構造が形成され, これがプロトタイプ的な構文として take が移動動詞となる契機となる.

　また, 「ある対象物を掴み, その後, それを伴って移動する」という一

連の動作のうち，どの部分に注目して表現するのかによって，take が非移動動詞となるのか，移動動詞として機能するのかが分かれる．下記 (22) は，ある対象物を摑んだ後，移動事象は認められるが，対象物の移動は注目されていないという事例である．

(22) The morning after I got home I <u>took</u> a towel and bathing drawers and <u>went</u> down to the beach. (Maugham (2000: 35))（下線筆者）

これに対して下記 (23) は，対象物の移動に注目が置かれている事例である．

(23) We had rooms in the Vauxhall Bridge Road then, on the second floor, just a sitting-room and a bedroom, that's why we'd had to <u>take</u> the poor little thing <u>to</u> the <u>hospital</u>; we couldn't nurse her in lodgings; besides, the landlady said she wouldn't have it, and Ted said she'd be looked after better at the hospital. (Maugham (2000: 191))（下線筆者）

上記 (23) において，生まれて間もない子を病院へ連れて行くためには抱き抱えるという行為が存在はするが，自宅が狭いうえに頼れる人もいない状況であるために，病院に連れて行くという移動行為に注目がなされる．このために，take が移動動詞として使用されることになる．

さらには，下記 (24) は，犯人の送付してきた重要な手紙とそれが入っていた封筒を携えた状態で，それらを目的地まで移動させるという点で，非移動性と移動性との双方に注目が認められる事例である．

(24) He explained that we were to <u>take</u> the letter and envelop <u>to</u> Paddington <u>with</u> us. (Christie (1936: 104))（下線筆者）

最後に，take が非中心的直示動詞であることについては，人間は誰もが自分が存在している場所と時間を中心にして物事を捉えることから説明できる．すなわち空間については「ここ」が「あそこ」よりも，時間については「現在」が「過去」よりも，それぞれ優先されているのである．これが「自己中心の方向づけ (the ME-FIRST orientation)」であり，以下 (25) のように説明される．

(25) Since we are where we are and exist in the present, we conceive of
　　ourselves as being HERE rather than THERE, and NOW rather than
　　THEN. (Lakoff and Johnson (1980: 132))

概念原型の1つである「自己中心の方向づけ」が働くために，take が「非中心的直示動詞」として bring と対をなすのである．

8.　おわりに

　小論では，英語動詞 take が，本来は非移動動詞であることを指摘し，移動動詞とみなされるのは，概念原型に由来する拡張の結果とした．

　このことを論証するために，まず，take を移動動詞とする説を検討し，次いで，本来の非移動動詞が移動動詞としてのふるまいを見せる事例を分析した．さらに，本来は移動性を持たないはずの動詞が，前置詞と共起し，移動性が認められている事例を辞書記載により確認した．

　その結果，このような動詞と同様に，take も本来は非移動動詞であるものの，構文と密接な関係にある概念原型により，take に移動性が認められるようになることを明らかにした．

参考文献

Brennan, Frank. (2000) *The Fruitcake Special and Other Stories*, Cambridge University Press, Cambridge.

Christie, Agatha. (1936) *The ABC Murders*, Harper Collins, London.

Dowty, David. (1991) "Thematic Proto-Roles and Argument Selection," *Language* 67 (3): 547-619.

Doyle, Conan. (1995) *The Return of Sherlock Holmes*, Wordsworth Editions Limited, Ware, Hertfordshire.

Goldberg, Adele E. (1995) *Constructions: A Construction Grammar Approach to Argument Structure*, University of Chicago Press, Chicago.

小西友七他（編）(2001)『ジーニアス英和大辞典』大修館書店，東京．

Lakoff. George and Mark Johnson. (1980) *Metaphors We Live by*, The University of

Chicago Press, Chicago.

Langacker, Ronald W. (1991) *Foundations of Cognitive Grammar* vol. 2: *Descriptive Application*, Stanford University Press, Stanford.

MacAndrew, R. (2001) *A Puzzle for Logan*, Cambridge University Press, Cambridge.

マケーレブ・ジャン，マケーレブ恒子（編）(2006)『動詞を使いこなすための英和活用辞典』朝日出版社，東京.

Maugham, Somerset W. (2000) *Cakes and Ales*, Vintage Classics, London.

Norvig, Peter and George Lakoff (1987) "Taking: A Study in Lexical Network Theory," *BLS* 13, 195-206.

竹林滋他（編）(2002)『新英和大辞典』研究社，東京.

寺澤芳雄（編）(1999)『英語語源辞典』（縮約版）研究社，東京.

Sapir-Whorf の仮説と日本人論

堀 口 誠 信

1. はじめに

　南 (2006 [1994]) は，日本人の国民性に関する論著を 547 点収録・紹介した上で，「外国人が自国の国民性について論じる例は極めて少ないのに比べて，日本人の手になる日本人論の盛んなこと自体が，国民性を反映している」(p. 2) と述べている．本論は，私自身が選んだ印象深い日本人論（第二次世界大戦後のものに限定）の中で，特にその議論の発端を日本語の特異性（特に英語と対比した場合）に求めているものを，続く第 2-4 章で紹介し，Sapir-Whorf の仮説という枠組みを通して見てゆきたい．

　まず，Sapir-Whorf の仮説を，阿部 (1990: 194) による海草の分類に関する例で説明しよう．海草を，ワカメ・海苔・昆布・ひじきなどと，細かく分類している日本語話者と，seaweed とひとくくりにしている英語話者では，その認識に差が出てくる可能性がある．前者は，ワカメを使う料理と海苔を使う料理をはっきり使い分けているが，後者はそれらを区別することなくただ単に海藻のかたまり（雑草）としてひとくくりで認識し，食用にするという連想すら持たない場合もあるだろう．

　このような認識の違いについて，現実世界 (the real world) は特定の集団における言語的習慣 (the language habits of the group) によって無意識のうちに構築されているのだ，と Sapir (1949 [1929]: 162) は語っている．さらに Whorf (1956 [1940]: 212-214) によれば，各言語の言語学的体系（すなわち文法）は単なる概念を表現する道具であるにとどまらず，概念を形成するもの (the shaper of ideas) であり，物理的に同一のものがあったとしても観察者たちの言語が異なっていれば，同一の世界観 (the same picture of the universe) を持てるとは限らない，という相対性 (relativity) の原理に我々はたどり着くのだ，と述べている．このように，言語がその使用者の

物の見方に影響を与えるという考え方を，この2人の学者の名前がついた Sapir-Whorf の仮説または言語相対説 (linguistic relativity) と言語学では一般的に呼んでいる (Crystal 1997: 15).[1]

2. 日本人の集団主義的イメージ

阿部 (1990: 203) は日本的なイメージのなかで一番強いものとして,「すぐ徒党を組む」,「異分子を嫌う」,「個性がない」,「集団の和を大事にする」などの集団性を紹介しており，ライシャワー (1979: 150) も,「互いに順応しあいながら，社会的に是認された行動様式だけを際限もなく繰り返す，無感情で，御しやすいロボット的な」日本人のイメージを記している（ただ，ライシャワー自身は，この通俗的イメージを真っ向から否定している).

このような日本人の集団主義的なイメージを形成するのに，決定的な役割を担ったのが Benedict (1989 [1946]) による *The Chrysanthemum and the Sword*（『菊と刀』）とされている．これが出版された当時の日本は，敗戦直後の困窮国であるのに対し，アメリカは絶対的権力を持つマッカーサー司令官 (Douglas MacArthur) がおり，憧れの文化が花開く，日本の目指すべき近代国家であった．したがって，Benedict の主張に対して日本国内から多少の批判があろうとも，アメリカを目標にした近代化路線に沿って，彼女の著作は名著としてひろく受け入れられることとなる（高野 2008: 34).

では，この本はどのような議論を展開し，それがどのように日本人の集団主義的なイメージにつながるのであろうか．まず，Benedict (Chapter 10) は道徳判断を左右する重要な概念として，英語の sincerity と日本語の makoto を比較しながら説明している．前者は，感じていることを衝動的に口外 (blurt) したり，自分をさらけ出したりする意味も含むのに対し，後者はそのような行為は軽蔑すべきもの，すなわち恥と見なされるとしている．さらに，日本語の makoto は私利 (self-seeking) を求めない人間を褒める言葉であると紹介している．続けて，日本の倫理では利潤を得ること (profit-making) は非難に値し，利潤は搾取 (exploitation) の結果であると見なされ，自分の仕事から道を外れて利潤を得ようとする方向に行ってし

まった仲介者は人の忌み嫌う金貸しになってしまうと述べている.

さらに，英語の self-respect と日本語の「自己を重んじること」すなわち自重を比較している．（英語での self-respect は，"No self-respecting politician would take a bribe." を「きちんとした政治家なら，わいろなど受け取らないだろう．」と和訳する場合を想定するとわかりやすいであろう．）前者は他人にこびへつらわない (not truckling)，自分の権利を主張する，自分の見解 (lights) と良心 (conscience) にしたがうことを曲げない，などを示すのに対して，後者はまさに字のごとく「重い自己」すなわち「軽薄な (light and floating) 自己」の反対であり，さまざまなことにぬかりなく (shrewd) 配慮し，他人から非難されることを防ぎ，成功のチャンスを潰さないようにすることなどを意味する，としている．

ここで，世間の目を気にして (because of society) 自重しなくてはいけない（世間がなければ自重しなくてもいい），という日本語の表現をもとに，日本人は罪 (guilt) よりも恥 (shame) を重視している，というこの著作の中心的な命題が登場する．彼女の言葉で言い換えれば，個人の内面に存在する罪の意識にもとづいて良い行いをするのがアメリカ人で，それとは対極的に，人前で嘲笑される (openly ridiculed) 恥という概念が外からの強制力となり，これを気にしながら良い行いをするのが日本人ということになる．[2]

ここまでの議論で Benedict は，アメリカ人は個人主義的，日本人は集団主義的，などといった言葉を一切用いていないが，「私利のなさ」，「自重」，「世間の目」，「人前での嘲笑」などのキーワードは日本人の主体性のなさや集団性を明確に示すものとなっている．ここで展開された「誠」(sincerity) と「自重」(self-respect) における日・英語の比較は，まさに Sapir-Whorf の仮説そのものであり，「makoto は sincerity よりはるかに少ないことを意味するのと同時に，はるかに多くのことを意味する」(p. 215) という Benedict の言葉がそれを物語っている．

3. 日本式企業経営モデルにおける「心身一如」と「主語・動詞」

日本人は主体性に欠け，世間の目ばかり気にしてビクビクしながら生きている集団性の強い国民で，すぐ徒党を組み，個性に欠ける，などと日本

人が気を悪くするような解説は昔から多い．（このようなものは，外国人による著作や言動のみならず，日本人自身が記した主張の中にも多数見受けられる．南 2006 [1994]: 42-49; 高野 2008: 3-24 を参照．）逆に，日本人が集団の中で学ぶグループ学習や，日本企業における社員の一体感など，集団性をたたえる Vogel (1979) のような解説もある．ここでは，後者に近い例として Nonaka & Takeuchi (1995) を紹介し，この中で日本語の文法的特性がどのような接点を持っているかを紹介したいと思う．

この本は，「日本企業は模倣 (imitation) や応用 (adaptation) には強いが，さほど創造的 (innovative) でない」とする西洋人の通念に反し，日本企業が成功した理由は，組織的知識創造 (organizational knowledge creation) にある，と説明したものだが (p. 3)，1900 年代のフィンランドにおける起業家育成の教育では，重要な参考図書として推奨されており，その内容はフィンランドの起業家教育理論の中核的な部分に組み込まれていた (Leinonen *et al.* 2004: 25-38)．本書の Chapter 2: Knowledge and Management は，主に「知識」とは何かについての論議に割かれているが，その内容は経営に関する解説と言うよりも，むしろ哲学の教科書における説明のようであり，著名な哲学者の名前が，プラトン (Plato)，アリストテレス (Aristotle) から始まって，デカルト (Rene Descartes)，カント (Immanuel Kant)，ヘーゲル (Georg W. F. Hegel)，マルクス (Karl Marx)，さらに，サルトル (Jean-Paul Sartre)，ウィトゲンシュタイン (Ludwig Wittgenstein)，デューイ (John Dewey) などと，順を追って登場する．

その説明の中心は，デカルトにおける「思惟する我」（我思う，ゆえに我あり，における「我」）すなわち精神 (mind) が身体 (body) から独立して存在するという考えから出発している．これは，知るもの（主体: the knower）と知られるもの（客体: the known）という二分割を行う，西洋哲学の認識論 (epistemology) における伝統の一部であると，Nonaka & Takeuchi は指摘している．これに対し，日本では，禅仏教の「心身一如」(oneness of body and mind) という栄西の言葉にも見られるように，知識は一人の人間から切り離されたものではなく，全人格 (the entire personality) という観点で身につけられた智恵 (wisdom) を意味する，という紹介がある．

さらに続けて，新渡戸稲造の武士道と，西田幾多郎の純粋経験に関する

解説が続く．前者によれば，サムライの教育においては伝統的に，知識は個人の人格に一体化されてはじめて知識と見なされるのであり，「行動のひと (man of action)」であることが，哲学などに精通することより重視されてきた．そのため，抽象理論に関する訓練は，逆に，不足しがちになってしまうことを新渡戸自身が嘆いている，と記されている．[3]　また，後者の解説からは，純粋経験 (pure experience) という概念が，究極の実在 (ultimate reality and existence) にたどり着く前提となる概念として紹介されている．これは，卓越した音楽の中で，自己と周囲の事物が忘れられてゆくような状態を指し，主体にとって直接的な経験 (experience direct to subject) と言い換えることもできる，と記されている．[4]

　このように，日本では，抽象的な理論や仮説 (abstract theories and hypotheses) よりもむしろ，個人の直接的な経験の体得 (the embodiment of direct, personal experience) が重視され，その結果，日本の経営においては，現場の (on-the-spot) 個人的経験に重きが置かれるようになるが，ここで，熟練職人などは自分の知っていることの科学的・技術的原理を論理的に説明できないことが多い (p. 8)．このような言葉や数字で明らかにできないような知識，すなわち暗黙知 (tacit knowledge) はうまく伝えるのが難しいのだが (Polanyi 1966)，この知識に着目し，これを個人のレベルにとどめるのではなく，集団で共有し，組織的にダイナミックな活用をすることが日本的知識創造である，というのがこの本の主張である．

　ところで，上記のような身体と精神の一体化を象徴する心身一如の解説に続いて，この本ではさらに踏み込んで，自己と他者の一体化 (oneness of self and other) という視点を日本人独自のものとして紹介している．すなわち，主体と客体を分けて考える西欧人が，客観的な立場から事物を抽象概念化する (conceptualize) のに対し，日本人は事物や他者との関係で概念化を行うという点で，視点が触覚的 (tactile) であるというものである．このことは，日本語の動詞が主語によって変化しないこと（英語における三人称単数現在の語尾などと違って）にも現れていて，これによって日本人は共感や同意を得やすいというものである．本文中の言葉を引用すれば「日本人にとってあなたと私は1枚のコインの裏表」(p. 31) なのであり，西洋社会が生活の目標として，独立した個人の自己実現 (the realization of the individual self) を奨励するのに対し，日本人にとっての生活の理想は，

集団的自己として協調的に (harmoniously as a collective self) 他者と共存することとなる．以上のような自己と他者の一体化も，心身一如と共に，経営実践に対する日本的取り組みを構成する重要な要素として扱われている．

4. 日本的「会社」における自他の一体化

上記 Nonaka & Takeuchi に登場した，日本人特有の「自己と他者の一体化」や「集団的自己として協調的に他者と共存」する傾向は，Nakane (1970) における「会社」の説明にも見ることができる．彼女によれば "kaisha is 'my' or 'our' company" であり (p. 3)，英語で考えるような，個人個人 (individuals) が自分自身を独立した実体 (separate entities) と認識したまま，契約によって法人企業 (a corporate enterprise) に組み込まれている状態を意味しているものではない．（英語の company や enterprise を使うと，日本語の kaisha が日本人に対して持っている社会的含意 [social implications] が伴わなくなる，と彼女は指摘する．）

この本の，日本の集団形成に関する解説部分 (pp. 1-23) では，日本人の集団認識に重要なのは，自分が記者であるとか，エンジニアであるとか，事務員であるとかいう属性 (attribute) よりも，B 社，S 社の者であるといった場 (frame) であり，逆に，他人が知りたがるのも B 社，S 社の者である，といったことが先であり，それから，記者であるとか，エンジニアであるとか，事務員である，ということの順とされている．[5] 属性をもとに形成される集団は，それ自体の同質性から排他性を持ち，安定するが，場をもとに形成される集団は，単なる群れに過ぎず，これが機能的なものになるためには一体感 (a feeling of 'one-ness') を持たせる働きかけが必要となる．その際，属性による差別化といった，理性的な手法ではなく，感情を全面に出した，頻繁な人間接触の維持 (continual human contact) といった手法がとられる．（この「接触」という概念は Nonaka & Takeuchi における，「現場」性や「触覚的」視点に通じるものがあると私は考える．）

この働きかけが極限にまで高められると，集団の意向が個人の行動・思考・考え方にまでおよぶこととなり，集団内での公私の区別すらつかない状態にまで到達する．（これが our company の状態である．）この場合，個人の尊厳は制限されるが，集団意識の中での安心感は得られるよう

になる．すると，ヨソ者 (outsiders) に対しては態度が非常に冷たくなる傾向が強まるが，このような，集団と別の集団の間での，好意的かつ定期的な交流が日本において極端に少ない状態を Woronoff (1990: 171-178) は "Solidarity Outward, Not Inward"（［日本人社会は］世界に向かっては結束，国内ではバラバラ）と嘲笑している．

5．おわりに

これまでの解説を，日本語・英語の対照という形に限ってまとめると，次のようになる．ざっと見た感じで，世界観の形成（というよりは価値判断）において，ある言語の語彙・文法がその言語の話者に影響を及ぼすという Sapir-Whorf の仮説はある程度，納得がゆくものと思われる．

第2章（日）誠：私利を追い求めないさま
　　　（英）sincerity: to speak out one's feelings
　　　　　　without thinking carefully; to expose oneself

　　　（日）自重：ぬかりない配慮で他人からの非難を防ぎ、
　　　　　　チャンスの芽をつまないこと
　　　（英）self-respect: not to submit to others;
　　　　　　to assert one's rights; to follow one's own lights
　　　　　　and conscience

第3章（日）日本語の動詞は主語の人称で変化しない。
　　　　　　（集団的自己として協調的に他者と共存）
　　　（英）English verbs have different forms
　　　　　　in accordance with the subjects.
　　　　　　(the realization of the individual self)

第4章（日）（私の・私たちの）会社
　　　（英）a corporate enterprise consisting of individuals
　　　　　　who consider themselves to be separate entities

第 2 章の例は語彙の対比であり，これはミシンと machine (sewing machine

に限らずひろくさまざまな機械を指す）やビルと building（高層建築に限らず建物全般を指す）の対比（加島 1994: 103-121）に近い．この種の対比は，Kay & Kempton (1984) に代表されるような定量的な分析ができそうである．例えば，緑色と青色という語彙の区別を持つ言語話者と，その区別がなく両者を同じ語彙でひとくくりにしている言語話者では，青色と緑色の区分を認識するラインがどのくらいずれるか，距離の差を数値で厳密に探る試みである．しかし，「誠」と sincerity や，「自重」と self-respect の対比の場合，対比のもととなっている条件が一つではないため，量的な尺度で表せるものではなく，さらに，背景にかなり抽象的な概念を含んでいる．特に「世間の目」や「私利」など，「集団と個人」との関係性に関する概念が多く議論されることとなる．

　第 3 章と第 4 章の例では，動詞の人称変化や所有格 (my/our) など，文法的な内容も加わった議論となり，日本人特有の「自己と他者の一体化」や「集団的自己として協調的に他者と共存」する傾向，逆に言えば「主体としての個人」の認識が欠落する傾向を，より明確に感じることができる．この傾向は，日常的にあえて「私は」とか「彼が」などと言わないという，主語の省略によってもよく現れていると言えよう．

　私は個人的に，主体としての個人認識の欠落は，個が集団に埋没している，ととらえるより，「触覚的」視点や，頻繁な人間「接触」といったものに慣れており，個から離れない認識にとどまるため，個の外界の客体化が弱い，ととらえるべきだと考えている．

注

1. 本論は，この仮説がまあまあの効果を持つ，すなわち Kay & Kempton (1984: 75) にあるような，やや控えめな言語決定論 (a less dramatic linguistic determinism) の役割が存在すると認める立場を取っている．
2. 自重の意味として「むやみに卑下しない」を「軽々しく振る舞わない」より先に載せている国語辞書もあるが，「重」の漢字の成り立ち＝壬：人が立っている＋東：重い袋，を考えると，いずれの場合にしろ，積極的に外界に働きかけるというより，慎重な行動という意味合いが強いだろう．
3. 具体的には，Nitobe (1899) による次の記述を指している：

"Our lack of abstruse philosophy – while some of our young men have already gained international reputation in scientific researches, not one has achieved anything in philosophical lines – is traceable to the neglect of metaphysical training under Bushido's regimen of education." (p. 66)

4. Nonaka & Takeuchi には，Nishida (1990 [1921]) の何ページからの出典であるか明記されていないが，次の記述を指していると思われる：

"Just like when we become enraptured by exquisite music, forget ourselves and everything around us, and experience the universe as one melodious sound, true reality presents itself in the moment of direct experience." (p. 48)

Nonaka & Takeuchi の言う「究極の実在 (ultimate reality and existence)」とは上記の "true reality" に符合し，Nonaka & Takeuchi の言う「直接的な経験 (experience direct to subject)」は上記の "direct experience" に符合する.

5. Nakane が言う「属性」とは，博士号のような，業績で手に入れる資格や役職の他，生まれながらにしてある地主や小作人のような立場，さらにヒンズー教におけるカーストの各階級なども含む.

参考文献

阿部一 (1990)『カタカナ語の常識・非常識』東京書籍，東京.

Benedict, Ruth (1989) *The Chrysanthemum and the Sword: Patterns of Japanese Culture*, Houghton Mifflin Company, Boston, Massachusetts. [Copyright 1946 by Ruth Benedict.]

Crystal, David (1997) *The Cambridge Encyclopedia of Language* 2nd ed., Cambridge University Press, New York.

加島祥造 (1994)『カタカナ英語の話』南雲堂，東京.

Kay, Paul, and Willett Kempton (1984) "What Is the Sapir-Whorf Hypothesis?" *American Anthropologist* Vol. 86, 65-79, American Anthropological Association.

Leinonen, Niina, Johannes Partanen, and Petri Palviainen (2004) *The Team Academy: A True Story of a Community That Learns by Doing*, PS-kustannus, Jyvaskyla, Finland.

南博 (2006)『日本人論: 明治から今日まで』岩波書店，東京. [初版発行は同出版社より 1994.]

Nakane, Chie (1970) *Japanese Society* (タテ社会の人間関係), Charles E. Tuttle Company, Inc., Tokyo.

Nishida, Kitaro (1990) *An Inquiry into the Good* (善の研究), translated by Masao Abe and Christopher Ives, Yale University Press, New Haven, Connecticut. [Japanese copyright 1921 by Kikuhiko Nishida, grandson of Kitaro Nishida.]

Nitobe, Inazo (1899) *Bushido, the Soul of Japan*（武士道）, The Echo Library, Teddington, Greater London.

Nonaka, Ikujiro, and Hirotaka Takeuchi (1995) *The Knowledge-Creating Company: How Japanese Companies Create the Dynamics of Innovation*, Oxford University Press, New York.

Polanyi, Michael (1966) *The Tacit Dimension*, The University of Chicago Press, Chicago.

Reischauer, Edwin O. (1977) *The Japanese*, Harvard University Press, Boston, Massachusetts.（ライシャワー, エドウィン O. 國弘正雄訳『ザ・ジャパニーズ』文藝春秋, 東京, 1979.）

Sapir, Edward (1949) "The Status of Linguistics as a Science," *Selected Writings of Edward Sapir in Language, Culture and Personality*, edited by David G. Mandelbaum, 160-166, University of California Press, Berkeley. [Originally printed in *Language*, Vol. 5, 1929, the Linguistic Society of America.]

高野陽太郎 (2008)『「集団主義」という錯覚: 日本人論の思い違いとその由来』, 新曜社, 東京.

Vogel, Ezra F. (1979) *Japan as Number One*, Harvard University Press, Cambridge, Massachusetts.

Whorf, Benjamin Lee (1956) "Science and Linguistics," *Language, Thought, and Reality: Selected Writings of Benjamin Lee Whorf*, edited by John B. Carroll, 207-219, The MIT Press, Cambridge, Massachusetts. [Originally printed in *Technology Review* Vol. 42, No. 6, April, 1940, MIT, Cambridge, Massachusetts.]

Woronoff, Jon (1990) *Japan as Anything but Number One*, M. E. Sharpe Inc., Armonk, New York.

多義動詞の分析
―「折る」「畳む」「縫う」「編む」の意味の考察―

八　尾　紀　子

1. はじめに

　多義語とは,「同一の音形に, 意味的に何らかの関連を持つふたつ以上の意味が結び付いている語」(国広 1982 : 97) のことである. この定義は単純明快であるが, 多くの問題点がある. 何を多義語の1つの独立した意味と見なすかに関してさえ, 各国語辞典間で差異がみられる. ある意味が, 多義語の1つの意味なのか, あるいは, 別の語 (同音異義語) と考えるのかにも, 揺れが生じる可能性がある. そこで, 多義語の性質を明らかにするためには, 多義語のいくつかの意味が, どのような関係にあるのか, また, いくつかの意味がどのように生じたのかを考察する必要がある.

　本稿では, Lakoff の比喩による多義の派生の分析を参考にしながら, 国広の分析方法に修正を加えた方法で, 日本語の多義語「折る」「畳む」「縫う」「編む」の意味の分析を試みる.

2. 現象素と多義の派生

2.1　多義の定義

　国広 (2006) は,「現象素」という概念を用いて多義語の定義を以下のように修正した.

　　同一の現象素に基づいているか, 同一の抽象概念に基づいている場合に多
　　義を構成する.　　　　　　　　　　　　　　　　　　　　　　(国広 2006: 5)

ここで,「現象素」とは, ある語が指す外界の物, 動き, 属性などで, 五感で直接に捉えることができるものである. 従来の「指示物」(referent) に

近いが，単なる外界の存在物ではなく，人間が認知したものである（国広 1995: 40）．また，現象素は「人間の認知作用を通して，ひとまとまりをなすものとして把握された現象」（国広 1994: 235）で，現象素をいろいろな角度から捉えたり，焦点を絞ったりすることによって多義が生じると考える．

2.2　メトニミーによる意味の派生

国広 (2006) によると，「転がる」の現象素は，「丸い物体が，平面に接して，回転しながらすすむ」と説明され，それを図示すると図1のようになる．[1]

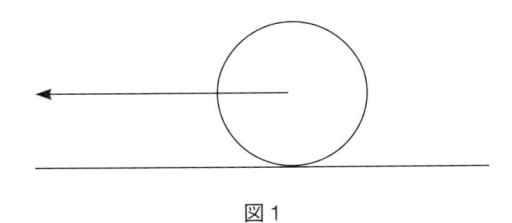

図1

では，派生義はどのように生じるのであろうか．「棒状・筒状のものが倒れる」という意味は，現象素の結果状態に焦点を絞ることによって生じると説明されている（国広 2006: 57）．「私はつまずいてころがった」という例文では，現象素の物体の移動という要素がなくなり，状態変化のみに焦点があたっている．

このような現象素に基づく認知的多義は，現象素と各意味の間に「全体と部分」という近接関係があり，メトニミーによる拡張と見なすことができる（籾山 2001: 47）．

2.3　メタファーによる意味の派生

多義語の意味の派生には，メタファーによるものもある．

メタファーとは，Lakoff (1993) と Lakoff and Johnson (1999) によると，次のように説明される．

Metaphors are mappings across conceptual domains.　　(Lakoff 1993: 42)
. . . conceptual metaphors are mappings across conceptual domains that

structure our reasoning, our experience, and other everyday language.

(Lakoff and Johnson 1999: 47)

つまり，メタファーとは，領域間の写像だということである．その際，元の領域のイメージ・スキーマが先の領域に写像される．

　ここで，イメージ・スキーマとは，「感覚運動的な経験，場所・空間の認知的な経験，等によって形成されるゲシュタルト的なパターンに基づく認知構造の一種」（山梨 2012: 17）で，具象的な意味の世界から抽象的または主観的な概念への意味の派生の多くは，イメージ・スキーマの比喩的な写像によって可能となると考える．例えば，容器のスキーマは，容器（コーヒーカップ，ペットボトル，皿，バケツ等）のイメージの個々の具体的な特徴を捨象し，抽象的なレベルの次のような図で表すことができる．

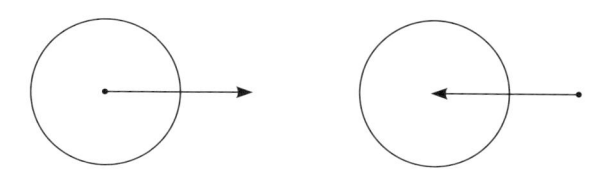

図 2

図 2 では，容器のイメージが，円形で示され，容器に出入りする存在が黒い点で示されている．

　イメージ・スキーマは，現象素を抽象化して図示したものとほぼ同じであると解釈することができる．ゆえに，現象素を抽象化して図示したイメージ・スキーマを用いて，メタファーによる多義の派生を説明することを試みることにする．

3.「折る」の意味分析

3.1 「折る」の意味記述

　国広（1997）が指摘しているように，多義語「折る」の意味記述は，国語辞典によってそれぞれ異なっている．語義の区別をする際，切断の有無を基準としているものと目的語の指す物の形状を基準にしているものがあ

る．このような意味の区別の基準にゆれがあるということは，どちらの基準も「折る」にとって本質的でないことを示唆しており，「折る」の具体義は，〈線・棒・紙状の物を鋭角ができるように曲げる〉にまとめられる（国広 2006: 180-181）．

　3辞典を詳しく考察すると，「折る」の多義的別義は，次の7つになる．

>   (1) ① 線・棒・紙状のものを鋭角に曲げる．また，曲げて重ねる．
>   ② 線・棒状のものを曲げて（一部または全部）切り離す．
>   ③ 紙や布を畳み重ねて物の形をつくる．
>   ④ それまでの強い気持ちや態度をかえる．
>   ⑤ 分筆の業をやめる．
>   ⑥ あるもののために苦労する．
>   ⑦ 波が幾重にも重なって砕ける．

3.2 「折る」の意味の派生

3.2.1 メトニミーによる意味の派生

　「折る」のイメージ・スキーマを考えてみると，「線・棒・紙状のものを鋭角に曲げて形を変える（状態変化）」という過程で，以下のような図になる．

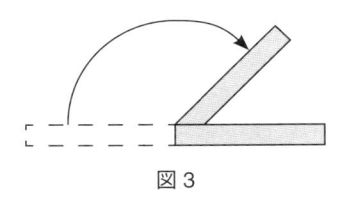

図3

(1)①②③は，鋭角に曲げるという動作とそれによる状態変化という全過程を捉えているが，(1)①は，動作により焦点があたっており，(1)②③は，それぞれ「切断」，「物の形の形成」という状態変化により焦点があたっている．

3.2.2 メタファーによる意味の派生

　メタファーによる意味の派生は，2つの意味の類似性に基づくものであ

る．(1) ④の「それまでの強い気持ちや態度をかえる」という意味は，(1) ①の「線・棒・紙状のものを鋭角に曲げる」という意味から生じ，物理的な動きによる形状の変化から，精神的な動きによる気持ちの変化へのメタファーによる拡張と見なすことができる．物理的にぴんと張ったまっすぐなものを曲げると，その結果，可動性が生じ，強度が下がる．このことを精神的な動きにあてはめると，固い信念や強く主張してきた考えを曲げると，可動性が生じて考えが変わり，その考えは，それまでとは違った柔軟なもの，あるいは弱いものとなる．また，考えが変わると，意地を張るのをやめて人に従うという態度の変化につながる．(1) ⑤は，波が幾重にも重なっているときの波の形状が，線・棒・紙状のものが鋭角に曲がっている形状と類似していることから，メタファーによる拡張と考えられる．

3.2.3　慣用句の意味の生成

本節では，句のレベルの意味の拡張である慣用句の意味について考える．

(2)　a. 骨を折る
　　　b. 筆を折る

(2a) は，メタファーによる拡張によって慣用句の意味が成り立っていると考えられる．骨は硬く，通常の人間の動きでは折れるものではなく，かなりの程度の負荷が骨に加えられたときにはじめて折れるものである．このような，字義通りの骨を折るという行為の意味と「苦労する」という慣用句の意味の類似性により，慣用的意味が成立しているのである．(2b) は，字義通りの筆を折るという動作の意味と「文筆活動をやめる」という慣用的意味がある．字義通りの動作と「文筆活動をやめる」ことは，手段と目的の関係にある．手段（筆を折る）と目的（分筆活動をやめる）は，密接に関連することなので，メトニミーの一種であると籾山 (1997) は指摘している．

3.3　類義語「畳む」との比較

類義語を分析することが，多義語の基本義を決定する手がかりとなる．そこで，本節では，類義語「畳む」の意味分析を行なう．

まず，大辞泉の意味の記述を確認する．

　(3) たたむ【畳む】
　　　① 広げてある物を折り返して重ねる．折って小さくまとめる．「布団
　　　　を―・む」「ハンカチを―・む」
　　　② 広げたものを折るようにして閉じたり，すぼめたりする．「扇子を
　　　　―・む」「傘を―・む」
　　　③ その場所で続けてきた商売や生活をやめてしまう．片付けて，よ
　　　　そへ移る．引き払う．「所帯を―・む」「店を―・む」
　　　④ 心の中に秘めておく．「胸に―・んで話さない」
　　　⑤ 構築のために石などを敷き詰めたり，積み重ねたりする．「温泉ご
　　　　のみに石で―・みました風呂は」
　　　⑥ 幾重にも重ねる．積み重ねる．「翠りを―・む春の峰」
　　　⑦ 俗に，暴力でいためつける．やっつける．
　　　⑧ 積み重なる．「用ガ―・ンデキタ」

「畳む」と比較すると，「折る」の基本義は，「畳む」の重ねるという意味
や，小さくまとめるという意味，閉じるという意味は持たないことがわか
る．また，「折り重ねる」という表現から，「折る」は，必ずしも切断を意
味しないことが確認できる．逆に，「畳む」には，「重ねる」，「小さくまと
める」という意味が重要であることがわかる．そこで，「畳む」の現象素
は，「広げてあるものを折り重ねて，小さくしたり閉じたりする」と考え
られる．
　この現象素をもとに，「畳む」の意味の派生を説明すると，(3)①が基本
義で，(3)②は，畳む動作の最後のほうに焦点が当たった意味で，(3)③は，
②からのメタファーによって派生したものと考えられる．「店をたたむ」
は，「閉店する」と言い換えられることからもわかる．(3)④は，気持ちや
考えが紙に書かれていて，その紙を書かれた内容が見えないように折って
小さくして心の中にしまっておくというようなイメージが浮かぶ．これも
メタファーによる派生である．(3)⑥⑧は，動作の結果を写像したもので
ある．
　ここまでの意味とは(3)⑤は少し異なり，基本義からの派生では，説明
しにくい．そこで，「畳み」の意味を調べてみると，「和室の床に敷くも

の．わらを重ねて麻糸で締めた床に，藺草で編んだ表をつけ，ふつう，両縁に布でへりをつける.」（デジタル大辞泉）と，書かれており，古くは，敷物の総称であった．(3)⑤は，この「畳み」が敷き詰められているイメージの写像，つまり，メタファーによって派生された意味ではないかと思われる．石が敷き詰められた道の部分を石畳というが，道に石でできた畳みが敷き詰められているように見える（図4）．ゆえに，(3)⑤の意味は，同音異義語の意味であると考えられる．

畳が敷き詰められているイメージ

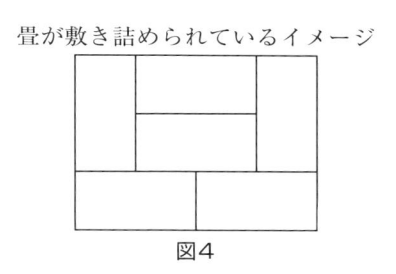

図4

　しかし，この分析は認知に基づくもので，分析者の主観に左右されるところがある．それを少しでも客観的に捉えるため，ほかの多義語のメタファーによる意味の派生と比較することにする．

4.「縫う」と「編む」の意味分析

4.1　「縫う」の意味の派生
　いくつかの国語辞典を参考に，意味を整理すると，「縫う」は，「針に糸を通して，布地などを突き刺してジグザグに進み，閉じ合わせる」という現象素を持つと考えられる．イメージ・スキーマは，次のようになる．

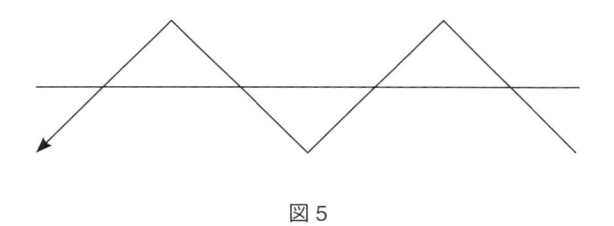

図5

そして各意味は，その現象素の一部に焦点が絞られることによって，または，メタファーによって派生する．ここでは，後者のみを扱うことにする．図5は，複数個の布状のものを突き刺してジグザグに進む様子を描いたもので，つなぎ合わせる様子は表現できていないが，メタファーによる多義の派生は，この図で説明できる．[2]

「縫う」のメタファーによる派生義には，次のようなものがある．

(4) ① （古風）槍や矢などの鋭い武器が刺し貫く．「矢が袖を縫う」
　　② 事物や人々の間をジグザグに進む．「人ごみを縫って歩く」
　　③ 道などが狭い隙間を曲がりくねりながら続く．「細い道が，緑の谷をぬってどこまでも続いている」
　　④ 飛び飛びにある仕事などの空いている時間を見つけて，何か別のことをする．「京都に来たので，仕事の合間をぬって観光をしよう」

(4)①は，現象素の一部である「鋭いもので，刺し貫く」様子に焦点を当てた比喩と考えられる．(4)②は，現象素の一部の「ジグザグに進む」様子に焦点を当てた比喩である．この時，針と糸で布地を縫っている時の機敏な動きも，写像として捉えられている．(4)③は，②をさらに擬人化した比喩で，道は実際に進むことはないので，あたかもジグザグに進むような動きがあって，その結果状態が，そこにあるかのように表現する痕跡表現といえる．(4)④は，時間的比喩で，具象的な空間の領域から抽象的な時間の領域に写像された意味である．時間の流れに沿って仕事が並んでいて，その合間を縫うように観光を入れるイメージになる．図で表すと次のようになる．

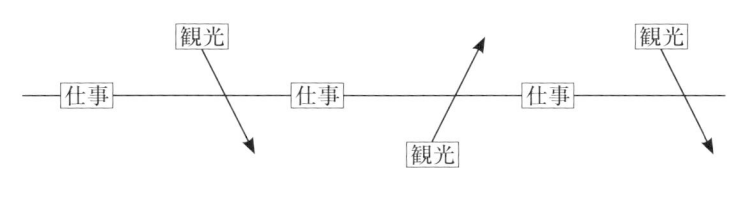

図6

　それに対して，「石で畳む」の「畳む」は，他の「畳む」と同じ現象素からの写像とは考えにくい．ゆえに，同音異義語と考える．

4.2 「編む」の意味の派生

　次に，「縫う」の類義語「編む」の考察を行い，類義語を比較することが多義語の理解に役立つことを示す．[3]

　『明鏡国語辞典』では，「編む」の意味は，次のように記載されている．

> (5) ① ある物を作るために，毛糸，わら，針金，竹ひごなど糸状のものを互い違いに組み合わせる．「編み棒で毛糸を編む」
> ② ①の動作をして，ある物を作る．「極細の毛糸でセーターを編む」
> ③ ①の動作をして，材料をある製品（作品）に変える．「毛糸を手袋に編む」「髪をお下げに編む」
> ④ 幾つかの文章を集めて本を作る．編集する．また，計画表などを作る．「アンソロジー［遺稿集］を編む」

「編む」の現象素は，「同じ素材の糸状のものを互い違いに組み合わせて，何かを作る」で，(5)①は，動作，(5)②と③は，状態変化（結果）に焦点が当たった意味である．

　「アンソロジーを編む」は，数多くの文学作品を何らかの基準で選び，順番に並べて一冊の本にすることで，作品を順に組み入れていく動きが「編む」動作に似ていることから派生したと考えられるメタファーである．この際，同種の素材を編集しているという点も同じ材料を互い違いに組み合わせて作品を作るという「編む」の現象素を写像していると考えられる．

4.3 「縫う」と「編む」の比較

　「縫う」と「編む」の最も違う点は，使う道具で，「縫う」は，針と糸で布などをくっつけるのに対し，「編む」は，同じ素材（典型的には，毛糸）を組み合わせることである．また，「縫う」は，ジグザグに進む線のイメージで，「編む」は，かたまりのイメージがある．ゆえに，メタファーによる派生では，それぞれのイメージが写像されるため，「人ごみをぬう」とは言えても，「人ごみをあむ」とは表現できない．

一方，「縫う」と「編む」の動作は，よく似ていて，結果として作品ができるという点も同じである．しかし，作品の製作の意味を強く持つ（現象素に含まれる）のが，「編む」で，つなぎ合わせる意味は持つが，作品の製作は必ずしも意味しないのが，「縫う」である．

5. おわりに

本稿では，認知意味論の枠組みを用いて，多義語の意味分析を試みた．そして，1つの多義語のそれぞれの意味は，すべて同一の現象素に依存しており，その現象素から派生すると説明することが可能であることを示した．また，同一の現象素から派生が説明できないものは，別の語であると結論付けた．さらに，類義語の現象素を比較することにより，それらの類似点と相違点を見つけ出すことができ，多義語の理解に役立った．そして，現象素の違いがメタファーによって派生される意味の違いを生み出すことも確認した．

現象素を用いた，多義語の分析は，多義語の意味の理解だけでなく，どのように派生されるかといった多義体系も明らかにすることができ，とても有効な方法である．しかし，分析者の主観に頼るところがあり，より客観的に分析するためには，多くの語を比較することが大切であると思われる．その一例を本稿では示してみた．まだまだ課題は残るが，少しでも解決の手がかりになればと思う．

注

1. この図は，国広 (2006: 56) で示されたものを用いた．
2. 比喩は，イメージ・スキーマまたは，現象素をすべて写像する必要はない．
3. 『角川類語新辞典』では，「ぬいとりをする（刺繍をする）」の類義語として，「編む」を載せている．

参考文献

国広哲弥 (1982)『意味論の方法』大修館書店，東京.

国広哲弥 (1994)「認知的多義論―現象素の提唱―」,『言語研究』106, 22-24, 日本言語学会.

国広哲弥 (1995)「語彙論と辞書学」,『言語』24-6, 38-45, 大修館書店, 東京.

国広哲弥 (1997)『理想の国語辞典』大修館書店, 東京.

国広哲弥 (2006)『日本語の多義動詞―理想の国語辞典 II』大修館書店, 東京.

Lakoff, George (1993) "The Contemporary Theory of Metaphor," *Metaphor and Thought*, 202-251, Cambridge University Press, Cambridge.

Lakoff, George and Mark Johnson (1999) *Philosophy in the Flesh*, Basic Books, New York.

籾山洋介 (1997)「慣用句の体系的分類―隠喩・換喩・提喩に基づく慣用句の意味の成立を中心に―」,『名古屋大学国語国文学』80, 29-43, 名古屋大学.

籾山洋介 (2001)「多義語の複数の意味を統括するモデルと比喩」,『認知言語学論考』No 1, 29-56, ひつじ書房, 東京.

山梨正明 (2012)『認知意味論研究』研究社, 東京.

英語における文副詞と強調表現

北　林　利　治

1.　はじめに

　英語には談話の中で，話し手が顔を出すような表現があるが，その1つが文副詞 (sentence adverb) である．文副詞は，いずれも，話し手として，自らのスタンスを表明することによって (Biber, Johansson, Leech, Conrad, and Finegan 1999)，談話の流れをよりスムーズなものにし，聞き手が誤解を避ける手助けをしている．話し手が登場して，談話を主導し，聞き手にとって分かりやすい談話にするために用いられる．話し手の談話の主導のやり方にはさまざまなものがあるが，その1つに強調表現があげられる．これは，話し手が聞き手の注意を談話のある部分に集中させ，自らのメッセージが重要であるということを伝達する言語上の機能である．これらの文副詞の強調表現としての使用例には，文副詞の原初の意味（たとえば，可能性の度合いが強いという話し手の判断を表す certainly）が稀薄になる場合が見られる．たとえば，"Certainly, this is unique." （「確かにちょっと変わってるなあ」）では，命題内容についての話し手の判断の認識性が強いというよりは，「独特である」ということを強調し，話し手の主観的な思い入れを強く表明した表現であると言える．この小論では，文副詞がもつ強調という談話的機能をとりあげて，文副詞，とりわけ，態度離接詞が強調表現と解釈されるプロセスを考察してみたい．

2.　文副詞の諸相

2.1　文副詞の分類

　文副詞は，話し手が自分の発話内容や発話様式について，いわば，コメントをするような場合に用いられるが（安武 2009），通常，命題内容につい

ての話し手の評価を表すもの (We tried to get the tickets. <u>Unfortunately,</u> they were already sold out.) と，話し手の発話の様式について話し手自らがコメントを加えるもの (<u>Frankly,</u> I didn't like that idea.) に分類される．それぞれは，Greenbaum (1969) の言う，態度離接詞 (attitudinal disjunct) と文体離接詞 (style disjunct) に相当する．

　これらの 2 種類の文副詞を明確に理解するために，指向性 (orientation) という概念がしばしば使われる (鈴木 2002)．文副詞の指向性が，見えない遂行節にある場合，命題内容にある場合の 2 種類に大きく分けられる．文体離接詞の場合には，表面上現れていない遂行節 "I tell you" を指向していると考えられる．

(1) <u>I tell you</u> <u>frankly,</u> he will not be able to come.

次に，態度離接詞では，文副詞は命題内容全体を指向していると考えることができる．

(2) <u>Unfortunately, I was not able to make it to the party.</u>

このような例の場合，話し手は，文副詞の次に述べる命題についての自分の判断や評価をコメントとして差し挟んでいる．ここでは，命題の内容はすでに話し手の中では，前提となるものであり，その命題内容に対して unfortunate であると話し手がコメントしている．[1]

　文副詞のもう 1 つの主たるタイプは，どの領域に限って当該の命題が当てはまるかについて留保をつける文副詞である (<u>Linguistically,</u> Tibetan is allied to the Burmese languages.)．この領域を限定する意味合いをもつ文副詞は，いわゆる「主観的」な副詞ではない．[2] しかし，話し手が，当該の領域についてはこのことは当てはまりますよ，というふうに，文頭において制限をしているという意味合いでは，やはり，話し手としての立場を明示するのに使われている．

2.2 コメントとしての文副詞の機能

　文副詞の機能としての共通点は，コメントとしての言語表現にあると言える．コメントとは，談話の主流から外れて傍流に当たるもの，ということになる．ある意味で談話の流れを崩すものとしてコメントを行うということは，それにまさる伝達上の効果があると言えようが，1つの効果は，コメントを行うという立場で話し手が前面に登場することによって，コミュニケーション活動を主導することである．聞き手は，話し手が行おうとしているコミュニケーション活動の方向性を明確に知ることができ，結果として，効果的な伝達が実現される．コメントの主体者としての話し手が談話上顕在化することによって，自ら談話を主導し，望ましい談話の解釈を聞き手に容易に実現させている．談話の中でコメントを行うことは，その性格上，発話の臨場においてなされるものであり，文副詞で話し手が表明している見解や評価は，発話時のものであると考えられる.[3]

　文副詞には，話し手が聞き手に対してコメントを行うことを通して，談話の展開を主導する働きがあると言える．話し手が，談話の流れにおいて，いわば顔を出すということは，それだけ話し手としては，当該の箇所で述べる命題に対して思い入れのある情報や意見であり，談話的観点から言えば，話し手が聞き手に命題内容を強調して提示するという機能が多く見られる．以下，残された紙面は，態度離接詞の分析に費やすことにしよう.

3. 態度離接詞の諸相

3.1 態度離接詞における原因と結果の構造

　態度離接詞とは，命題内容に対してどのような態度で接するかという話し手自身のコメントを差し挟むものである．態度離接詞には，大きく分けて，2つの種類が通常考えられている．1つは，ある文とそれに続いて述べている命題内容を話し手として勘案し，後件の命題内容についての評価をコメントとして加えるものである (We tried to get tickets. Unfortunately they were already sold out.)．もう1つは，前件で述べられている事実から話し手が判断し，後件の命題の蓋然性についての話し手の査定—認識性 (epistemicity) — をコメントとして挟む場合である (You are perfectly trained. Surely you can get the driver's license.)．いずれも，何らかの事態

が話し手に影響を与え，その結果，話し手がある種の判断を下しているという点において共通している．判断者としての話し手が関与し，そこに，判断の根拠（原因）と話し手の判断（結果）の因果関係が介在している．

　態度離接詞 unfortunately が使われる前後の文（命題）をいま，XとYとしてみると，1つの特徴として，XおよびYの命題内容の真は前提として，話し手は表現していることがあげられる．その上で，Yという命題について，話し手は，unfortunate であると評価している．話し手は，XとYの両方を勘案して，その上で，Yは unfortunate であるとコメントしていることになる．以上は，図式的に，

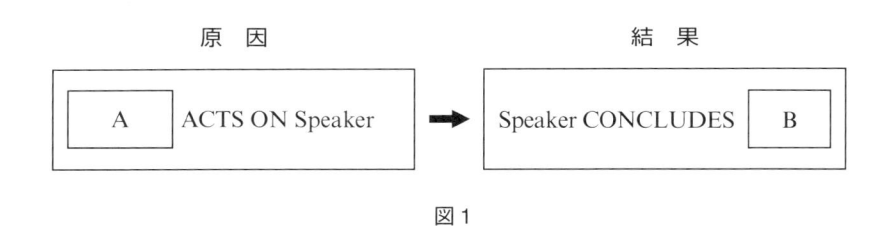

図1

と描くことができよう．Aには，命題Xと命題Yが入る．それらが，話し手に影響を与えて，結果として，話し手は，命題Yが unfortunate である(B)と判断を下して，それをコメントとして，文副詞を使って表現している（北林 2016: 56）．一方で，surely のようなモダリティ副詞 (modality adverb) の場合は，Xという前件の命題があり，この事実を根拠とすると，話し手として後件の命題の蓋然性の度合いはこれくらいだ，とコメントしている．上の図では，Aのところに，命題Xが入る．これにより，話し手は，命題Yの蓋然性の度合いは高いと判断し，surely という文副詞を使って，コメントとして，命題Yの提示の前に置くことになる．いずれにせよ，話し手が原因と結果の構造の中に関与しているという点においては，態度離接詞として共通している．

　上で述べたように unfortunately 型の態度離接詞の特徴は，述べられているXとYの命題内容がともに前提であるというところにある．この点で，自らの意見として話し手が述べる it is unfortunate that 型とは異なる．

(3) <u>Wind energy is a proven way for Japan to reduce its reliance on imported fossil fuels, and to make use of one of its own local energy sources....</u> <u>It is, therefore, unfortunate that Japan still does not properly promote the use of both on-shore as well as off-shore wind farms.</u>

(https://www.ebc-jp.com/downloads/2012-WP-E.pdf)

上の例では，前件で述べている事柄（波線部分）から，話し手は，it is unfortunate（「残念である」）という意見を開陳している（下線部分）.

　それに対して，態度離接詞 unfortunately は，前件と後件の命題が話し手に影響を与え，その結果，話し手は，後件の命題が unfortunate であると判断して，コメントを加えているわけであるから，前件の命題と後件の命題を話し手が勘案しているということが前提になっているがゆえに，unfortunately が接続表現としての機能も果たしていることになる. ここでは，話し手としては，聞き手が期待することと逆のことを次に述べますよ，ということを予告していることになる. 話し手は，特段，unfortunate であるということを言いたいのではなく，それは，コメントとして，後半の文が提示される前置きとして差し挟まれているだけであると言える. そして，話し手を巻き込んだ原因と結果のスキーマの中に現れているというわけである. 話し手は，態度離接詞を使って，対比的な性質のある命題を聞き手に提示することによって，談話の流れを主導し，話し手が聞き手にある種の解釈を強要していることになる.

3.2　態度離接詞の談話上の効果—強調の概念の創出

　X という命題とそれに続く Y という命題を勘案して，コメントを発する場合の1つに，その繋がりが極めて緊密で，因果関係が強いということを示す場合がある. モダリティ副詞の surely とか certainly がこれに該当する. 以上のことを，例を示して説明してみよう.

(4) However, <u>the fact of the matter is that saving energy is itself a burden on businesses and households</u>, and it will <u>certainly</u> put stress on the economy, even under the optimistic scenario.

(https://www.dir.co.jp/english/souken/research/report/macro/mlothers/11072501mlothers.pdf)

この例では，節電自体が企業や家計の負担に他ならないことを考えれば，楽観的なシナリオでさえも経済にストレスを与えることは確かであろう (certainly) と言っている．前半部分（波線部分）が話し手にとって，そう判断した根拠（原因）になっており，その上で，話し手が確実なものと判断して聞き手に提示しているわけであるから，certainly 以下の命題（節電が経済にストレスを与えるということ）を，談話的に強調して提示していると言える．ここでは，「当然で確かだ」というコメントを反復して殊更明示することによって，話し手は，後件の命題内容を強調するという談話的機能を現出させている．

　反復が見られる態度離接詞の例として，naturally を取り上げてみよう．前件の命題 X と後件の命題 Y の繋がりが「自然である」とコメントしている．しかし，談話の流れとして，論理的な自然な流れで談話を進めることは，いわば，普通のことであり，これを殊更にコメントするということは，後件の命題を，話し手がより思い入れをもって強調して提示していることになる．因果関係の当然のことを殊更にコメントするという意味においては，反復の表現が強調表現の基礎にあると言える．

> (5) Can you imagine what would happen if Josiah couldn't cry, scream, or become angry? <u>Naturally</u>, his mom would never know when to change his diaper, feed him, or put him down for a nap.
>
> (https://www.focusonthefamily.com)

上の引用では，前半の言説（Josiah が泣かなかったとしたら）から，「当然のことながら」後半の事実（母親としては，いつ世話をすればよいのか分からない）が導き出せる，と述べている．命題内容 X と Y を提示して，それらを話し手として検討すると，X は Y に自然に繋がるものとして判断できた，ということになる．

4. 因果関係からの逸脱

4.1　原因命題の稀薄化

　前のセクションでは，態度離接詞を話し手が介在する因果関係の枠組み

において理解しようと努めた．では，もし因果関係において「原因」に言及しない，あるいは，自明のこととして述べない，ということになれば，話し手が，いわば，有無を言わさず，聞き手にある種の談話の機能の方向性を主導している，極めて，主観性の高い表現であるということになる．このような場合，態度離接詞が本来もつ固有の意味は稀薄となり，話し手が談話を主導する機能，たとえば，強調の意味合いのみが色濃く感じられるということになる．このように，因果関係から逸脱した態度離接詞としての強調の機能の分析を行ってみたい．このような場合，談話機能としての側面がクローズアップされて，強調表現と解釈されるが，話し手が原因を述べることなく，独善的に述べるということは，話し手の思いが強い強調表現と親和性があることには首肯できる．

　前節で，因果関係において話し手を巻き込んだ分析の1つとして，naturally を取り上げた．前件の命題 X と Y を勘案して，話し手がその繋がりを「当然だ」と判断した場合，naturally で接続することができた．しかし，実際の例を見てみると，必ずしも前件に当たる命題 X が明確に存在せず，後件の命題 Y だけが，態度離接詞 naturally のすぐ後ろに置かれているというケースも多い．次の例では，命題間の自然な繋がりを提示しているのではなく，naturally は，いわゆる強調として用いられていて，needless to say のような意味合いになっている．後件の命題 Y を強調して提示する「前置き」の機能を果たしている．

(6) ... now, because Japan's dependence on China, Russia and other nations has deepened and is not limited to the U.S., it has become possible to use this as leverage in diplomacy with the U.S. Naturally, the U.S. also has the same options, and China is a major market for it. (http://www.nids.mod.go.jp/english/ publication/kiyo/pdf/2010/ bulletin_e2010_2.pdf)

冷戦期は西側か東側のどちらかの陣営に属するという選択肢しかなかったが，現在はアメリカに限らず中国やロシアなどとの依存関係の深まりを対米外交に梃子として使えるようになった．ただ，言うまでもなく(naturally)，アメリカについても同様にこのことは当てはまる，という趣

旨が述べられている．上の談話では，アメリカも中国への依存があるというのは，前の文脈から言えることではなく，その根拠は特段示されていない．むしろ，その根拠に言及することなしに，「もちろん，このことは当然だ」というふうに，後件で述べる内容を聞き手に無条件に受け入れることを強要する，一種の「前置き」として使われている．談話の流れの根拠もなくて，話し手が当該の内容を提示していて，それが自然なことである，と判断しているわけであるから，話し手としては，強調して提示しているということになる．辞書においても，naturally が強調を表す副詞としても記述されるゆえんであろう．

態度離接詞のもう1つのカテゴリーであるモダリティ副詞についても同様である．本来，判断の根拠が述べられて，その根拠に基づいてある種の蓋然性が文副詞によってコメントとして付け加えられる．モダリティ副詞の surely とか certainly は，根拠となるものがあり，その蓋然性の度合いはかなり高く話し手によって見積もられている．しかし，"Surely you didn't do such a thing." などの例では，根拠によって高い蓋然性が示されているわけではなく，話し手の確信の意を強めて，「まさかそんなことはしていないでしょうね」という話し手の主観を高め，強調する表現となっている．話し手にとって自明であることを言うことで，その命題内容を強調しているということになる．このように，文脈から話し手が判断することが，認識的意味の基本なのであるが，「原因」に言及しないことによって，認識的意味が稀薄になり，話し手の独善性が高まり，態度離接詞の本来の意味は稀薄になり，談話における強調の機能のみが立ち上がることになる．

4.2　因果関係が前提とされないケース

因果関係からの逸脱の例として，いわば，固定化しているようなケースもある．文副詞 actually を取り上げてみよう．文副詞の actually は，ある状況が現に存在している (actual) と話し手が判断しているという意味だが，何らかの根拠が示されて，その結果，話し手が actual と判断する，という原因と結果の構造が存在するわけではない．話し手が，現実のものとして，いわば，独善的に，聞き手にある命題が actual だと提示する働きをしている．通常のコミュニケーションでは，本当の現実のことを伝達するの

が前提なのであるから，わざわざ actually と言えば，やはり，そこには，話し手から聞き手に対しての何らかのコミュニケーション上の機能があると聞き手は感じる．たとえば，

(7) A: So you went home around six-thirty.
　　B: Actually, it was probably a bit later than that. Closer to seven, I should think.　　　　　　　　　　（松尾，廣瀬，西川編 2015: 4）

という対話のやり取りでは，actually は，聞き手の予想と反する現実を提示する合図として用いられている．つまり，話し手が命題内容を事実として思っているということは確かであるが，通常，話し手は，事実を伝えるのであるから，殊更に事実であるということを言うことにより，強調の意味合いが創出されている．そのような場合，話し手のコメントとしては，現実のものであるという判断をするわけではなく，むしろ，その結果拡張した機能，すなわち，談話機能としての強調にスポットライトを浴びることになる．現実の出来事である判断の意味合いは稀薄になり，現実のことを言うということを殊更に示している（反復）一種の談話的な符号となっている．

5. むすび

　この小論では，文副詞，とりわけ，態度離接詞に注目して，それがどんなメカニズムで強調の意味合いを帯びるのかを検討してきた．態度離接詞が，話し手の命題に対する評価を行う副詞ということは，その態度の確定のため，原因と結果の枠組みが記述に必要であった．この原因と結果の関係を逸脱するところに，特殊な表現の効果の１つである強調の概念が現れる．態度離接詞が表す原初の意味—話し手の判断や認識—から，判断や認識の根拠が稀薄になることにより，換言すれば，話し手の独善が台頭することにより，強調の意味合いが出てくるということを論じてきた．強調表現は話し手の談話の進展の主導の度合いがいっそう高まったものと解釈できる．コメントとしての文副詞は，いわば，言語の線条性の中で，談話の自然な流れに逆らうものではあるが，話し手の思いを差し挟むことによっ

て，話し手にとって望ましい解釈を聞き手にさせるという意味において，流れのよいコミュニケーション活動に貢献するものである．今回，そのような談話上の機能の1つとして，態度離接詞における強調表現を考察した．

注

1. この変形パタンとして，kindly のようなものがある．"Kindly, he lent me a pen." と言えば，彼の行為 (he lent me a pen) を kind であると評価していると同時に，主語の "he" に対しても kind であると判断している点において，文副詞 kindly は命題と主語の両方を指向している．

2. 同様に，命題に外在して話し手の主観的な態度を表明するのではなく，命題の一部をなしている文副詞に，話し手以外に情報源があることを示す伝聞副詞 (allegedly, reportedly など) がある．たとえば，"If the cook has allegedly poisoned the soup, the police should make an inquiry." では，主節の条件になるのは，if 節において文副詞 allegedly も含まれる内容である．それに対して，離接詞は，if 節に埋め込んでも，発話の真理条件には貢献しない (Ifantidou-Trouki 1993).

3. コメントは談話の流れの中で行われるものであり，話し手の判断には臨場性があると言える．鈴木 (2002: 121) が指摘しているように，"Unbelievably, he told the others what he had done." の言い換えは，"It is unbelievable that he told the others what he had done." と現在形となり，文副詞で示されている話し手の評価は文の内容に対する話し手の発話時の評価を表している．

参考文献

Biber, D., S. Johansson, G. Leech, S. Conrad, and E. Finegan (1999) *Longman Grammar of Spoken and Written English*. Pearson, Harlow.

Greenbaum, Sidney (1969) *Studies in English Adverbial Usage*. Longman, London.

Ifantidou-Trouki, Elly (1993) "Sentential Adverbs and Relevance" *Lingua* 90 (1-2), 69-90.

北林利治 (2016)「英語描写表現における原因と結果の構造」『比較文化研究』121, 53-65.

松尾文子，廣瀬浩三，西川眞由美（編）(2015)『英語談話標識用法辞典』研究社，東京．

大津隆広 (2013)「言語表現が符号化する手続き―手続き的分析の利点」『言語文化論究』30, 1-11.

鈴木大介 (2010)「法副詞 surely の使用域と機能について」*Zephyr*, 23, 24-37.

鈴木英一 (2002)「副詞の曖昧性と指向性」『筑波大学・東西言語文化の類型論特別プロジェクト研究報告書平成 13 年度』

安武知子 (2009)『コミュニケーションの英語学―話し手と聞き手の談話の世界―』開拓社，東京.

文学の教材としての可能性
—グローバル市民育成のために—

玉 井 史 絵

1. はじめに

　近年，実益重視の教育へのシフトが，英語教育における文学の位置をますます危うくする一方で，その可能性を再評価する動きも活発である．アメリカとイギリスの言語教育における文学の役割の変遷を考察したKramsch & Kramsch (2000) は，1980年代以降 communicative language teaching が盛んになるにつれ，文学の価値が重んじられるようになったと論じている．文学は語彙の獲得やリーディング・ストラテジーの発達，論理的思考能力の訓練のための機会を提供するとの認識がこのころ高まった．こうした主張は，input, memory, processing といった情報処理のディスコースに則った従来のリーディング理論には欠如していた視点を提供するものとして興味深い．加えて，人文学擁護の立場から，アメリカの哲学者 Nussbaum (1997) は「世界市民」(Citizen of the World) 育成のためには，共感力や想像力を養う文学が不可欠であると主張する．本稿では，まず，グローバル市民という概念について検討し，英語教育における文学教材の意義を理論的に概観したのち，文学を活用した授業によって，リーディング能力に加えて共感力，想像力，批判的思考力・表現力，といったグローバル市民に必要な能力をいかに育成できるかを，授業実践報告を交えつつ考察したい．

2. グローバル市民とは

　グローバル化のかけ声のもと，大学はそれに対応した教育を求められてきた．産業人材育成パートナーシップ，グローバル人材育成委員会2010年の報告書では，「日本が人口減少社会へ突入し，国内市場の成長が見込

めない中，海外市場へ の進出が重要なテーマとなっている」とし，それに対応できる人材の育成が急務であると述べている．一方でこうした産業界主導のグローバル人材育成の要請に対して，さまざまな方面から批判がなされてきた．江利川 (2016) は，「世界で戦える」グローバル人材育成策は，一部のグローバル企業のためのエリート養成にほかならないと述べている．また，鳥飼 (2016) は企業のために戦う戦士ではなく，多文化共生社会に貢献するグローバル市民の育成こそが教育が目指すべき理想であると論じ，その条件として，①自らのアイデンティティの確立，②異質性への寛容，③ことばを通した他者とのコミュニケーション能力，④〈教養〉と〈専門性〉の 4 つを挙げる．今後ますます多様化していく社会の中で，異質な他者との共存をはかり，新たな価値観を生み出していける人間の育成こそが求められていると言える．

　Nussbaum (1997) は，経済発展を最優先する教育の在り方に意義を唱え，世界を取り巻く諸課題に対して問題意識を持ち民主的社会に積極的に参画する世界市民が教育の理念となるべきだと主張する．そして，世界市民に必要な資質として，批判的思考能力，地域を越えた広い視野とともに，遠く離れた他者に対する共感的想像力 (sympathetic imagination) を挙げ，こうした能力を養う人文学教育の重要性を説いている．日本では長らく教育の職業的意義が軽視されてきたとの本田 (2009) の指摘も真摯に受け止めなくてはならないが，一方で，職業キャリアだけではなく，すべてのライフステージを通じてのキャリア，産業の発展だけではなく，社会全体の福祉をも視野に入れた教育の在り方を考える必要がある．学校や大学とは社会で必要とされる技能や知識を身につけさせる場であると同時に，多様な他者と共存できる市民を育成する場であり，個としての価値観，主体性を持つ人間を育てる場でもある．そして，英語の授業の中で文学は人材教育にとどまらず市民教育，人間教育のため，大きな力を発揮できるのである．次に，英語教育と文学について見ていきたい．

3．英語教育と文学

　従来のリーディング理論はリーディングを情報処理のプロセスと捉えてきた．top-down approach，bottom-up approach，interactive approach な

ど，代表的理論で使用される input, process, memory, capacity, circuit といった用語はすべて情報処理のモデルに依拠している．意味理解プロセスの解明を目的としたこの理論の枠組みにおいては，〈読む〉という行為から生まれる感動といった情緒的側面や，共感や批判といった心理的・社会的側面は考慮されていない．内容理解と感動，共感，批判といった心の動きは個人の内面で一体として起きることであり，教育においてはこれらを総合的に捉えた授業設計が行われる必要がある．

Vigotsky の流れをくむ Lantolf や Kramsch らの社会文化的アプローチでは，第二言語学習は知識やスキルを習得し蓄積する過程ではなく，新しい言語の共同体への〈参加〉であると定義する (Hall, 2015)．Hall (2015) はこの社会文化的アプローチについて，次のように述べている．

> This is an important idea because it potentially returns literature to a central role as texts through which language learners can explore who they are and who they are not, and who they might be becoming as they participate in this new language. Language learning is seen as the development of new ideas and personality, rather than acquisition of a set of new labels for familiar objects or at most of new syntactic rules. Thinking and languaging are effectively inseparable in practice, so that the very objects, the classifications, ideas and beliefs are no longer the same to be labeled. (148)

新たな価値観や視点の発見，アイデンティティの探求，人間性の成長――こうした事柄こそ，文学がその可能性を最大限に発揮できる領域である．文学の英語教育における意義については，さまざまな主張がなされてきた．それらは①オーセンティックなテクストを読むことを通じて豊かな表現に触れ，ことばに対する感性を高めるという言語的意義，②異文化理解，他者理解を促進するという文化的意義，③批判的思考能力を高め人間としての成長を促すという人格陶冶的意義に大別される (Collie and Slater, 1987; Lazar, 1993; Nance, 2010)．

日本の英語教育における文学の在り方を考えるうえでは，こうした英語教育での議論に加え，人文学教育擁護の立場から文学の重要性を説いてきた Nussbaum の議論も参考になる．文学の持つ可能性の中でも彼女がとりわけ強調するのは，文学が持つ他者への共感的想像力や物語的想像

(narrative imagination) を喚起する力である．*Cultivating Humanity* (1997) において Nussbaum は「文学は，さまざまな状況下にある人々の特殊な問題を表象することができるため，世界市民育成のためのカリキュラムにおいてとりわけ重要である」と述べている (87)．また，法学部での倫理的正義感育成を目的として文学を使用した授業の実践経験をもとに書かれた *Poetic Justice* (1995) では，Dickens の *Hard Times* を援用しつつ，「文学的想像力は市民としての理論と実践に不可欠である」と述べている．こうした主張は 19 世紀来繰り返し行われてきた文学のヒューマニズム的擁護の伝統を引き継ぐもので，必ずしも斬新な主張ではないが，人文学の危機的状況にあって，リベラル・アーツ教育の復権を訴える研究者たちによって，再び活発になされるようになった．コーネル大学英文学科で教鞭をとった Schwarz (2008) も文学の教育における有用性を説き，学生に「批判的思考と想像力を持った読書」を教える必要性を説いている．

　教育における文学の意義を最も先進的に主張しているのはシンガポール文部省カリキュラム策定開発部会が 2003 年に発行した文学教育のシラバスである．文学の読書において，「学習者はテクスト，彼らの生き方，世界を結びつける過程の中で積極的に意味を構築する．文学は学習者を想像の世界に入り，自分自身と人間についてばかりではなく，現在と永遠の諸課題について探求し，検証し，深く考えるよう誘う」と述べ，その意義を強調している．また，文学は学習者を他の時代や地域を結びつけるとも述べ，こうした文学の持つ特性は目まぐるしく変化する 21 世紀の教育に適したものだと明言している．その先進性は評価に値する．

　文学の持つ意味の重層性は，学習者間の意見の相違を生み出し，相互のコミュニケーションを活性化する可能性を秘めている．読書が現在のようにひとりで黙って読むという内省的行為となったのは，西洋においても，日本においてもそれほど昔のことではない．Manguel (1997) が明らかにしたように，読書とは，例えば中世の教会で僧侶たちが真理の探究のために読む行為であれ，またヴィクトリア朝の家庭で家族が娯楽のひとときを過ごすために読む行為であれ，常に共同の営みであり，一冊の本を皆で〈分かち合う〉という，まさにコミュニケーション (>*communicare* = to share with) の行為であった．作者と読者ばかりではなく，読者と読者をも結ぶコミュニケーションとしての読書という原点に立ち返るとき，文学の教材

としての新たな可能性が生まれる．文学作品をクラスという言語コミュニティを構築していく核として，有効活用できるのである．

4.　実　践

4.1　授業の概要

　本稿で取り上げるのは，一般教養の英語クラスではなく，私立大学外国語系学部の3年次演習クラスである．この学部では留学が必修となっていて全員が2年次に9ヶ月から12ヶ月の期間，英語圏の大学での留学を経験しているため，日本の大学生の平均レベルよりはかなり高い英語コミュニケーション能力を持つ．しかし，数年間授業を行った実感としては，多くの学生にとって具体的事柄に関するディスカッションは比較的容易だが，抽象度の高い事柄に関するディスカッションは困難である．この学部では学生は2年次の留学後，3年次になって文化・社会・言語の3分野からゼミを選択する．このゼミは文化のカテゴリーに属し，異文化表象，異文化理解というテーマを扱っている．いわゆる英語・英文学の専門課程とは異なり，リベラル・アーツ的なカリキュラム構成となっているため，この授業を除いては，学生たちは文学を学ぶ機会も触れる機会もほとんどない．登録人数は2013年度7人，2014年度12人，2015年度7人，2016年度8人，2017年度17人で，ディスカッション中心に授業を進めるには理想的なクラスサイズである．

　文学を扱うのは秋学期のみで4つの作品を各3回のセッションで扱う．この実践報告でアンケートを取った2016年度は Lewis Carroll の *Alice's Adventures in Wonderland*, Laura Ingalls Wilder の *Little House on the Prairie*, J. K. Rowling の *Harry Potter and the Philosopher Stone*, Franz Kafka の *The Metamorphosis*（Susan Bernofsky 訳）の4冊を取り上げた．2017年度は *Harry Potter and the Philosopher Stone* に代えて Antoine de Saint-Exupéry の *The Little Prince*（Richard Howard 訳）を取り上げた．これらは，グローバル社会の在り方を考えるうえで重要なテーマに関するディスカッションが可能であるかどうかに加え，学生の希望に基づいてこれらのテキストを選定した．各セッションの中心的テーマは以下のとおりである．

① *Alice's Adventures in Wonderland*：異文化体験，カルチャーショックと適応，コミュニケーション，アイデンティティの構築
② *Little House on the Prairie*：異文化間衝突と交流，異文化表象
③ *Harry Potter and the Philosopher Stone*：アイデンティティの構築，異文化間衝突
④ *The Metamorphosis*：マイノリティの問題，包摂と排除
⑤ *The Little Prince*：異文化体験，コミュニケーション

授業計画にあたっては①文学を読むことの意義を明示的に伝える，②英語の４技能がバランスよく伸張するようにする，③課題を明確にする，という３点に留意した．

　最初に，文学を読むことの意義を明示的に伝えるため，学期最初の授業で，読書は英語の読解力向上以外にも様々な能力が涵養されることを強調する．この時に使用するのは，夏目漱石『吾輩は猫である』で，〈吾輩〉が誤って餅を食べて大変な苦しみを味わうという一節である．この場面において，〈餅〉という人間にとってごくありふれた食品は，猫の視点から見ると不気味な未知の物体であり，〈吾輩〉はその違和感を視覚，触覚，味覚という感覚を総動員して表現している．また，この場面は人間の視点から見れば明らかに喜劇だが，猫の視点から見れば悲劇である．人間は生存の危機に直面する猫の苦しみを理解せず，物笑いの対象とする．そして，猫の視点で物語を読んでいるはずの読者は，この場面を読んで笑うことによって，実は人間の視点から読んでいることに気づかされるのである．このように議論を誘導することによって，学生に多様な視点から物事を見た場合，ある一つの事象が全く異なる様相を呈することを理解させ，テクスト分析を通して，共感的想像力や批判的思考能力が養われることを説明した．

　各回の授業では，４技能をバランスよく伸長させるため英語で授業を行い，作品ごとに300語の要約と500語のエッセイを課した．また，課題を明確にするため，エッセイのテーマは各セッションの第１回目に伝え，毎回の授業ではディスカッションの質問を記載したハンドアウトを配布した．まず，その日の範囲でのエピソードの並べ替えの練習問題により内容理解を確認した後，ディスカッションへ移行する．ディスカッションのトピックは具体性のあるものから抽象度の高いものへ上げていくように留

意し，学生にとって応答可能なものとなるよう心掛けた．また，折りにふれ，学習者自身の経験とも結びつけた質問を投げかけることで，文学をより身近に感じてもらうと同時に，文学が現代社会の様々な問題とも関わり合っていることを理解させるようにした．*Alice's Adventures in Wonderland* を例にとると，アリスの体験を異文化体験として読むことにより，主としてカルチャーショックと適応，異文化間コミュニケーション，異文化との遭遇を通じたアイデンティティの構築について議論を行った．その他の作品のセッションにおいても，同様に中心的テーマに沿って授業を進めていった．

4.2　成　果

　授業の成果を検証するため，2016 年度の受講生 8 人，2017 年度の受講生 17 人，計 25 人を対象に学期末アンケートを行った．調査人数が限られてはいるが，以下の表に示すとおり，授業に対しておおむね好意的な結果が得られた．

（各項目 5 段階評価平均）

質問項目	2016 年度	2017 年度
リーディングの力が高まった	4.1	4.1
ライティングの力が高まった	4.0	3.7
スピーキングの力が高まった	4.1	3.2
批判的思考力が身についた	4.6	4.1
さまざまな視点で考える能力が身についた	4.8	4.4
授業の内容に興味が持てた	4.9	4.4
授業で学んだことは将来役立つと思う	5.0	3.9
これからも英語の小説を読みたいと思う	3.5	4.3

2016 年度と 2017 年度では，やや数値に差はあるが，英語力の伸びについては，リーディングとライティングで伸びを実感できたようである．スピーキングに関して 2017 年度の数値がかなり低くなっているのは，受講生が増えたことが影響していると思われる．批判的思考能力，多角的ものの見方に関しては高い数値が得られた．また，文学は一般的には役に立

たないと思われがちだが，将来役立つと思うと答えた学生も多かった．これからも英語の小説を読みたいと思うかという問いに対しても，肯定的な回答が多く，学習自律性がある程度培われたことを示している．また，本稿では紙面の関係上詳細を記すことはできないが，各作品のエッセイからは学生たちが作品の中心的テーマについて理解を深めていることがわかった．

4.3 課 題

　今回は特殊な学部の演習クラスでの授業実践報告なので，これがどの程度平均的な大学での英語の授業に応用できるかという問題がある．それぞれの状況や目的に合わせた授業展開が必要なことは言うまでもないが，工夫次第で一般教養の英語のリーディングやその他の授業で文学を主教材や補助教材として用いることは可能である．たとえば Nation による Free Graded Reader のホームページからは *Alice's Adventures in Wonderland* や *The Metamorphosis* の簡略版をダウンロードできるので，一場面を抜粋して教材を作成することができる．一例を挙げると，涙の海で溺れていた Alice が自分を助けてくれたネズミに向かって猫の話をして怒らせたという場面をもとに，異文化間コミュニケーションについて考えさせる教材ができる．ディスカッションは学習者の英語レベルに応じて一部，またはすべてを日本語で行ってもよい．重視すべきは必要なコミュニケーション能力をいかに総体として育んでいくかである．加えて，文学においては特定の文法形式や表現がコンテクストと密接に結びついている場合が多く，文法学習にも適している．この場面では，"I wish I hadn't cried so much!"，"I wish I could show you our cat Diana"，"Would YOU like cats if you were me?" など，仮定法を使った表現が多用されているため，文法事項として取り上げて学習させることもできる．

　このように，学習者の習熟度や時間的制約に合わせた教材作成は可能であるが，それ以外の問題や課題もいくつかある．第一に，人文主義擁護自体に対する批判である．本稿ではしばしば Nussbaum を引用したが，彼女の議論自体が，古代ギリシャの民主主義を理想とする西洋中心的な市民社会論に基づいているので，その人文主義擁護も当然その範囲内での議論である．そもそも，文学の人文主義的価値とは絶対的なものなのかという疑

問も残る．第二に，本稿では小説を使用した授業実践を紹介したが，SNS の普及によって人々の語り自体の性質が急速に変化している現代のリテラシーとは何なのかを考える必要がある．SNS のメッセージのような断片的な語りや，画像や動画が人々の語りの中心となりつつある現代においては，連続性のあることばによる物語を理解する力とは別のリテラシーが必要とされているのかもしれない．英語教育もこうした変化にともなって，新たな展開が考えられる．これと関連して，第三に，今さら繰り返すまでもなく，文学への学生の関心がますます希薄になっているという現実がある．文化庁が平成 25 年度に行った調査によれば「1 か月に 1 冊も本を読まない」と回答した人の割合は 47.5％，20 代に限ってみても 40.5％で平成 14 年度の 31.3％から約 10 ポイント増加している．英語であれ日本語であれ，読書させること自体が困難になりつつあるのである．

5. むすび

　以上，〈グローバル市民〉育成のための文学教育の在り方を考察し，授業実践に基づく考察を行った．Nussbaum は *Not for Profit* (2010) の終章で人文学の置かれている危機に触れ，人文学は他者を尊重する人間を育成することにより，社会に対して金銭的利益以上に重要な貢献をなしうると，その重要性を力説している．文学に関わる教師たちは，その可能性を最大限生かすべく日々の実践を積み重ねていく必要がある．

　＊　本稿は 2017 年 5 月 20 日静岡大学静岡キャンパスにて開催された 日本英文学会第 89 回大会における招待研究発表「〈グローバル市民〉育成のための文学教育のあり方」の原稿をもとに書かれたものである．

参考文献

Collie, Joanne, and Stephen Slater (1987) *Literature in the Language Classroom: A Resource Books of Ideas and Activities,* Cambridge UP, Cambridge.

Curriculum Planning & Development Division, Ministry of Education, Singapore (2013) "Literature in English: Teaching Syllabus 2013." <https://www.moe.gov.

sg/docs/default-source/document/education/syllabuses/english-language-and-literature/files/literature-in-english-lower-secondary-2013.pdf>

Doyle, Brian (2007) *English and Englishness,* Routledge, London.

Hall, Geoff (2015) *Literature in Language Education,* 2nd Edition, Palgrave Macmillan, Houndmills.

Kramsch, Claire (1993) *Context and Culture in Language Teaching,* Oxford UP, Oxford.

Kramsch, Claire and Oliver Kramsch (2000) "The Avatars of Literature in Language Study," *The Modern Language Journal* 84, 553-73.

Lazar, Gillian (1993), *Literature and Language Teaching: A Guide for Teachers and Trainers,* Cambridge UP, Cambridge.

Manguel, Alberto (1997), *A History of Reading,* Penguin, London.

Nance, Kimberly A. (2010), *Teaching Literature in the Languages: Theory and Practice in Second Language Classroom Instruction.* Prentice Hall, Boston.

Nussbaum, Martha C (1995) *Poetic Justice, The Literary Imagination and Public Life*, Beacon P, Boston.

Nussbaum, Martha C (1997) *Cultivating Humanity: A Classical Defense of Reform in Liberal Education,* Harvard UP, Cambridge, MA.

Nussbaum, Martha C (2010) *Not for Profit: Why Democracy Needs the Humanities*, Princeton UP, Princeton.

Schwarz, Daniel R (2008), *In Defense of Reading: Teaching Literature in the Twenty-First Century,* Wiley-Blackwell, Oxford.

江利川春雄 (2016)「外国語教育は「グローバル人材育成」のためか？」『「グローバル人材育成」の英語教育を問う』15-38，ひつじ書房，東京.

「産業人材育成パートナーシップ　グローバル人材育成委員会 2010 年報告書―産官学でグローバル人材育成を―」<http://www.meti.go.jp/policy/economy/jinzai/san_gaku_ps/2010globalhoukokusho.pdf>

鳥飼久美子 (2016)「グローバル人材からグローバル市民へ」『「グローバル人材育成」の英語教育を問う』39-62，ひつじ書房，東京.

文化庁「平成 25 年度「国語に関する世論調査」の結果の概要」(2014) <http://www.bunka.go.jp/tokei_hakusho_shuppan/tokeichosa/kokugo_yoronchosa/pdf/h25_chosa_kekka.pdf>

本田由紀 (2009)『教育の職業的意義―若者，学校，社会をつなぐ』筑摩書房，東京.

小学校英語教育における語順と文構造の指導
—意味順英語学習法を援用して—

大　岩　秀　紀

1. はじめに—小学校英語教育のこれまでとこれから

　平成 20 (2008) 年度の学習指導要領改訂に伴い導入されることが決まった小学校段階での外国語教育は，平成 23 (2011) 年度から，第5・第6学年で年間 35 単位時間の「外国語活動」として必修化された．そして，平成 29 (2017) 年 3 月に公示された新学習指導要領により，それまでの「外国語活動」は，小学校第3・第4学年で扱われ，第5・第6学年では年間 70 単位時間の「外国語科」が導入されることになった．これは，平成 32 (2020) 年度から全面実施される予定である．平成 30，31 年度は新学習指導要領への移行期間とされ，特例として，第3・第4学年で 15 単位時間，第5・第6学年で 50 単位時間が設けられることになっている．

　旧学習指導要領と同様，新学習指導要領の「外国語活動」の目標は，

　　外国語によるコミュニケーションにおける見方・考え方を働かせ，外国語
　　による聞くこと，話すことの言語活動を通して，コミュニケーションを図
　　る素地となる資質・能力を次のとおり育成することを目指す．（文部科学省
　　2017a: 173）

とされており，「聞く・話す」という音声言語としての側面のみに限定されている点は変わらない．ところが，第5・第6学年に設けられることになった「外国語科」の目標には，従来，中学校の学習指導要領にあった，「読む・書く」という文字言語としての技能が加えられている．

　　外国語によるコミュニケーションにおける見方・考え方を働かせ，外国
　　語による聞くこと，読むこと，話すこと，書くことの言語活動を通して，

コミュニケーションを図る基礎となる資質・能力を次のとおり育成することを目指す.

(1) 外国語の音声や文字，語彙，表現，文構造，言語の働きなどについて，日本語と外国語との違いに気付き，これらの知識を理解するとともに，読むこと，書くことに慣れ親しみ，聞くこと，読むこと，話すこと，書くことによる実際のコミュニケーションにおいて活用できる基礎的な技能を身に付けるようにする.

(2) コミュニケーションを行う目的や場面，状況などに応じて，身近で簡単な事柄について，聞いたり話したりするとともに，音声で十分に慣れ親しんだ外国語の語彙や基本的な表現を推測しながら読んだり，語順を意識しながら書いたりして，自分の考えや気持ちなどを伝え合うことができる基礎的な力を養う.（文部科学省 2017a: 156)

このように前倒しされることになった外国語教育であるが，本稿では小学校段階における文構造の扱いに限定し，それがどの程度・どのように教えられるべきか，小学校段階での国語文法も考慮に入れながら，提案を試みる．そして，田地野 (2011a, 2011b, 2012) で提案されている意味順英語学習こそが，小学校段階での国語文法と英文法を橋渡しするものとして有用であると考え，それに多少の提案を試みたい.

2. ことばへの気づきの重要性

小学校高学年で「外国語活動」必修化が告示された年に出版された大津・窪園 (2008) は，子どもが無意識のうちに身に付けている，母語に関する言語知識の重要性を説いている．その主張の要点は，言語知識という，無意識の知識の性質を意識的に探ることを，ことばの教育の中核的基盤に位置づけるべきであるというものである．中央教育審議会外国語部会が，「言語の面白さや豊かさ等に気づかせたり，言語に対する関心を高めこれらを尊重する態度を身に付けさせたりすること」を「日本語とは異なる英語と言う言語に触れることにより」，達成させようと主張しているのに対し，大津らは，ことばへの気づきを育成するために母語と体系を異にする外国語との触れ合いが有効であることは認めながらも，それ以前の必要な土台作り（きっかけづくり）は直感の利く母語によってなされるのが効果

的であると主張している（大津・窪薗 2008: 15-17）．外国語が母語とは部分的に異なった仕組みであることを理解する前に，そもそも母語がどのような仕組みであるかを理解する必要があると言う．これを「ことばへの気づきを育成するためのきっかけづくり」と呼び，母語における気づきから外国語学習への移行に関して，以下のように述べている．

> 　きっかけづくりをするときに，理想的な対象が母語です．母語は（外国語と異なり）直感がききます．母語の言語表現なら，その自然さを判断でき，それを道具に，言語表現のあいまい性や同義性などへの気づきを育成し，さらには語や文の成り立ちにまで気づきを及ぼさせることができます．（大津・窪薗 2008: 29-30）

このように，すでに 10 年前に，外国語学習の前段階として，母語によることばへの気づきの重要性が指摘されている．外国語が教科として小学校 5・6 年に前倒しされることとなった今回，母語によることばの気づきが，小学校段階での国語・英語を含む言語教育に反映されているのだろうか．そもそも小学校高学年までの国語教育では，日本語の文の仕組みが，どのように（どれくらいの文法用語を用いて），教授されているのか，また，小学校高学年で教えられることになる英語の文の仕組みはどの程度なのか，そして，国語教育と英語教育をつなぐ意図は新学習指導要領に含まれているのか，次節で検討する．

3．英文法と国語文法のへだたり

　まず，「小学校学習指導要領解説外国語活動・外国語編」から，文構造に関して言及している部分を抜き出してみよう．「第 2 部第 2 章第 2 節英語 2 内容 (1) 英語の特徴やきまりに関する事項 エ 文及び文構造」の中で，

> 　次に示す事項について，日本語と英語の語順の違い等に気付かせるとともに，基本的な表現として，意味のある文脈でのコミュニケーションの中で繰り返し触れることを通して活用すること（文部科学省 2017b: 91）

として，以下の項目が挙げられている．（文部科学省 2017b: 96-97）

（イ）文構造
a［主語＋動詞］

b［主語＋動詞＋補語］のうち，主語＋ be 動詞＋ $\begin{cases} 名詞 \\ 代名詞 \\ 形容詞 \end{cases}$

c［主語＋動詞＋目的語］のうち，主語＋動詞＋ $\begin{cases} 名詞 \\ 代名詞 \end{cases}$

重文および複文，また文構造のうち be 動詞以外を用いる第2文型，第4・第5文型，there 構文，仮主語 it を含む文などは中学校段階で教えられることになる.

　他方，母語である国語教育では，小学校段階で文構造がどの程度教えられているのだろうか.「小学校学習指導要領解説国語編」の，「第2節 国語科の内容2〔知識及び技能〕の内容 (1) 言葉の特徴や使い方に関する事項」の項目カによると，低・中・高学年で，文構造の指導は次のような段階を経て指導される（文部科学省 (2017c): 26）. なお，品詞分類等の単語の類別は，中学校第1学年で導入される（文部科学省 (2017d): 43-44）.

第1学年及び第2学年：文の中における主語と述語との関係に気付くこと.
第3学年及び第4学年：主語と述語との関係，修飾と被修飾との関係，指示する語句と接続する語句の役割，段落の役割について理解すること.
第5学年及び第6学年：文の中での語句の係り方や語順，文と文との接続の関係，話や文章の構成や展開，話や文章の種類とその特徴について理解すること.
中学校第1学年：　　　単語の類別について理解するとともに，指示する語句と接続する語句の役割について理解を深めること.

「第3章第1節 第1学年及び第2学年の内容」では次のように，主述の関係の重要性を説いている.

　話や文章に含まれる文の中で主語と述語が関係していることに気付かせることを示している.

　書き言葉としての文章だけでなく，話し言葉としての話の中に含まれる文においても主語と述語との関係に気付かせることが大切である．主語と述語との関係とは，主語と述語の適切な係り受けのことである．例えば，「昨日，私は，母がおやつにクッキーを焼いてくれました．」のように「私は」に対する述語が示されないといったことがないように，主語と述語を適切に対応させることが必要である．表現するときだけでなく，文章を読むときにも主語と述語の適切な係り受けについて意識できるようにすることが大切である．

　また，主語と述語が適切な係り受けの関係となっていることが，伝えたいことを相手に正確に伝える上で重要であることに気付くようにすることが大切である．（文部科学省 2017c: 47-48）

　実際の小学校国語の教科書から該当する箇所を見てみよう．光村図書「こくご　二下　赤とんぼ」（小学校 2 年生下巻）では，主語と述語に関して，以下のような例文と説明を記している．

・<u>がまくんが</u>　<u>言いました</u>．
・<u>かえるくんは</u>，まどから<u>のぞきました</u>．
・<u>お手紙が</u>　<u>来る</u>．
・<u>がまくんは</u>，<u>かなしそうだ</u>．
・<u>これは</u>，<u>お手紙だ</u>．
　上の五つの文で，「だれが（は）」「何が（は）」に当たることばを主語，「どうした（どうする）」，「どんなだ」「なんだ」に当たることばを述語といいます．（文部科学省検定済教科書 2017: 21）

　このように，小学校低学年の段階ですでに，「主語」と「述語」という文法用語を用いて説明されている．
　次に，「国語　三下　あおぞら」では，主語・述語に加え，「だれに」・「何を」・「いつ」・「どこで」・「どのように」など，述語に付け足すことばを「修飾語」として導入している．

　わたしは，　おじいちゃんに　手紙を　書きました．
　　主語　　　　　　だれに　　　　何を　　　　述語
　　　　　　　　　（文部科学省検定済教科書 2015: 26）

述語に付け足されることばだけではなく，名詞を修飾する「どこの」・「どんな」・「どのくらい」・「どのように」を表わすことばも次のような例で，係り受けを表わす矢印を用いて説明されている．

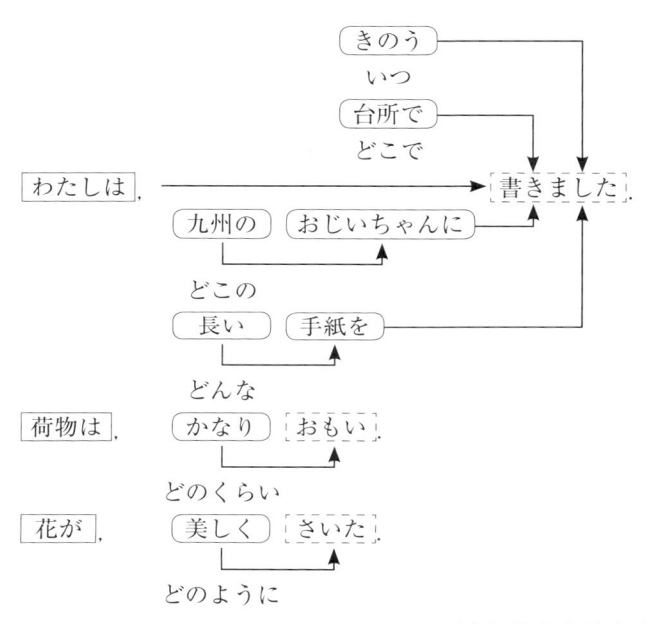

（文部科学省検定済教科書 2015: 27）

「小学校指導要領解説国語科」では，外国語科に関して，「第3節 第5学年及び第6学年の内容」で次のように言及されている．

> 語順について理解するとは，述語が文末に位置することが多かったり，文の成分の順序が比較的柔軟であったりする日本語の語順の特徴を理解することを指している．なお，外国語科においては，第2の3(2)ウに「(ア) 児童が日本語と英語との語順等の違いや，関連のある文や文構造のまとまりを認識できるようにするために，効果的な指導ができるよう工夫すること．」を示している．このことを踏まえ，指導に当たっては，外国語科における指導との関連を図り，相互に指導の効果を高めることが重要である．
> （文部科学省 2017c: 121）

　ここでまず着目すべきは，日本語と英語における文要素のとらえかたの違いである．英語では，文を構成する上で欠くことのできない主要素は，「主語」，「動詞」，「目的語」および「補語」とされる．述語の中心となるのはあくまでも動詞であり，その動詞が必要とする目的語や補語の組み合わせにより，いわゆる基本5文型が得られる．これら4つの要素以外の，意味を補足する要素が修飾語と呼ばれる．他方，日本語では，「主語」と「述語」が基本要素であり，それ以外は述語にかかる「修飾語」とされる．したがって，英語で言うところの「目的語」も修飾語に分類される．日本語における述語には「どうする」・「どんなだ」・「なんだ」が相当することから，動詞だけでなく，形容詞や名詞も述語を作る．しかし，小学校国語科では「動詞」や「形容詞」といった品詞分類が明示的に教えられるわけではなく，性質による語句のまとまりとして示される．性質による語句のまとまりとは，物の名前を表わす語句や，動きを表わす語句，様子を表わす語句のことである．他方，役割による語句のまとまりは，文の主語になる語句，述語になる語句，修飾する語句などのまとまりを指すと，第3・第4学年の学習内容として解説されている（文部科学省 2017c: 86）．英語と日本語を構成する文要素および語順をまとめると以下の通りである．

英語
主語	動詞	目的語・補語	修飾語
who/what	be/do	who/what	where/when/how

日本語
主語	修飾語	述語
だれ（は・が）	いつ・どこで・	どうする
なに（は・が）	だれに・なにを	どんなだ
	どのように	なんだ

4．〈意味順英語学習法〉援用による日本語から英語への橋渡し

　英語と日本語の文構造における相違点は，①語順，②述語を構成する要素，③「修飾語」として定義される範囲，の3点に要約される．小学校の国語教育で「主語」・「述語」・「修飾語」という文法用語は出てくるが，「動

詞」・「目的語」・「補語」は，英語を学習する際に初めて出てくる文法用語である．これら文法用語や，その定義範囲の異なりを明らかにして教えることは，学習者に混乱を招きかねない．そこで，田地野 (2011a, 2011b, 2012) で提案されている意味順英語学習法が有用であると考える．意味順英語学習法とは，原則として，次のような意味のまとまりの順序で単語を並べる，というものである．（田地野（2011a: 31)）

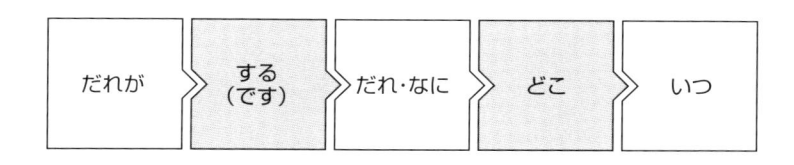

これを援用すれば，語順の違いを文法用語に頼ることなく，明快に示すことができる．また，修飾語の定義範囲も無視することができる．日本語では「だれ・なに，どこ，いつ」すべてが修飾語と呼ばれているのに対し，英語では「だれ・なに」が目的語・補語，「どこ・いつ」が修飾語に対応するが，上記のように表わせば，わざわざその違いを明示する必要はない．

　述語を構成する要素の違いに関しては，工夫が必要である．英語では〈する・です〉のスロットに入るのはもっぱら動詞（一般動詞と be 動詞）である．しかし，〈だれ・なに〉のスロットに入るのが，名詞の場合，それらが目的語であろうと補語であろうと問題なく，適切に英語の語順を示すことができる．

だれが	する（です）	だれ・なに
David	is	a good tennis player
I	like	apples

問題は形容詞の場合である．日本語の場合，形容詞（および形容動詞）単独で述語を形成することができるが，英語の場合，形容詞だけでは述語を形成せず，be 動詞などを伴わなければならない．そこで，上記の意味順〈だれ・なに〉スロットの表記に，形容詞を表わす〈どんな〉を付加することを提案する．主語のスロットにも便宜上，〈だれが〉と〈なにが〉の

両方を記すことにする.

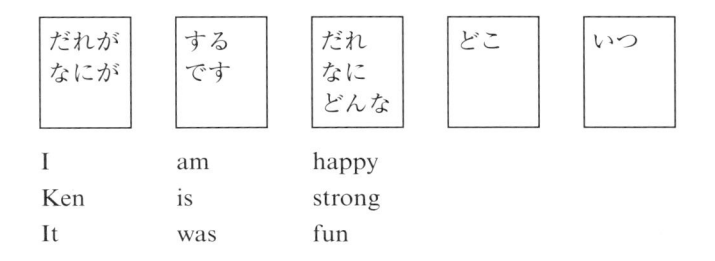

```
I          am         happy
Ken        is         strong
It         was        fun
```

　このように提示すれば, 文法用語に頼ることなく, 英語の語順と述語を形成する要素の違いを無理なく提示することができる.

5. 結　論

　本論では, 小学校高学年での英語教科化が開始されるに際し, 日本語と英語の文構造や語順について橋渡しとなる指導方法として, 田地野(2011a,b) が提案する意味順が有用であることを示した.

　「目的語」や「補語」という文法用語は英語教育において定着しているが, 大津らが指摘する母語を足掛かりとした「ことばへの気づき」の観点から小学校段階での英語教育を考えた場合, 日本語とは定義範囲の異なる文法用語を用いるよりも〈だれが〉や〈なに〉,〈どんな〉といった母語による意味に基づいて, 英語の文構造や語順を示すほうが, 英語を初めて学ぶ児童にとって理解しやすい. 本稿では, 田地野の提案する意味順に, 形容詞で表わされる英語の補語に相当する意味要素として〈どんな〉を提案した. 日本語の場合, 形容詞単独で述語を形成することができるが, 英語では, 補語となる形容詞だけでは述語をつくることはできず, be 動詞などの助けを必要とする. 些細な点ではあるが, これは英語と日本語における大きな違いである.

参考文献

文部科学省 (2017a)「小学校学習指導要領」
　　http://www.mext.go.jp/component/a_menu/education/micro_detail/__icsFiles/af
　　ieldfile/2018/05/07/1384661_4_3_2.pdf
文部科学省 (2017b)「小学校学習指導要領解説外国語活動・外国語編」
　　http://www.mext.go.jp/component/a_menu/education/micro_detail/__icsFiles/
　　afieldfile/2018/05/07/1387017_11_1.pdf
文部科学省 (2017c)「小学校学習指導要領解説国語編」
　　http://www.mext.go.jp/component/a_menu/education/micro_detail/__icsFiles/
　　afieldfile/2018/05/07/1387017_2_1.pdf
文部科学省 (2017d)「中学校学習指導要領解説国語編」
　　http://www.mext.go.jp/component/a_menu/education/micro_detail/__icsFiles/
　　afieldfile/2018/05/07/1387018_2_1.pdf
文部科学省検定済教科書 (2017)『こくご　二下　赤とんぼ』光村図書，東京．
文部科学省検定済教科書 (2015)『国語　三下　あおぞら』光村図書，東京．
大津由紀雄・窪園春夫 (2008)『ことばの力を育む』慶應義塾大学出版会，東京．
田地野彰 (2011a)『どこからやり直せばいいかわからない人のための「意味順」英
　　語学習法』ディスカバートゥエンティワン，東京．
田地野彰 (2011b)『〈意味順〉英作文のすすめ』岩波書店，東京．
田地野彰 (2012)「学習者にとって「よりよい文法」とは何か？—「意味順」の提
　　案」，大津由紀雄（編）『学習英文法を見直したい』157-175，研究社，東京．

学習者による語彙学習ストラテジーの認識に関する一考察

金 志　佳代子

1. はじめに

　語彙は，外国語を習得するためには必要不可欠な要素とされている．学習者が，習得を目指す言語を聞き，話し，読み，書く技能を身につけるためには，その言語の語彙を学ぶ必要がある．つまり，語彙知識は言語の4技能と同様に，第二言語および外国語習得に必須の要素であるとみなされるべきものであり，その言語の語彙を学ぶことで学習者は意思疎通を図ることが可能になる (Nation & Waring 1997)．

　本稿は，学習者が適切な語彙・表現が使えるように考案された語彙練習テストと，学習者の認識調査結果を検証するものである．英英辞書を使用することを目的とした語彙練習テストを実施することによって，学習者の語彙力がどの程度変化したかを C-Test の結果を用いて検証を行う．さらに，テスト実施後に学習者を対象とした質問紙調査を行い，そのデータ結果を数値化すると同時に，KH Coder による計量テキスト分析を用いて，学習者の語彙学習に対する認識について考察する．学習者が語彙練習テストを通して英英辞書への認識変化，自身の語彙力をどのように捉えているのかについて明らかにする．

2. 英英辞書使用のための語彙指導

　辞書は語彙習得および外国語学習には必須のツールである．学習者は，辞書を使用することで語彙の膨大な意味情報，語法の情報を得ることができる．つまり，辞書を使用することは，外国語の語彙を学習するためのストラテジーとなりうる．

　しかし，外国語を学ぶ学習者 (EFL learners) は，英英辞書ではなく英和

辞書 (bilingual dictionaries) を使用している者も多い（金志 2011）．英英辞書を使用する学習者が少ない理由の1つに，辞書で語の意味や用法を説明するために使用されている語彙，つまり定義語 (defining vocabulary)[1] が理解できていないことがあげられる．Waring (2002) によると，教材から語彙を学ぶには，表面的な形式と意味だけではなく，コロケーションやすでに知っている語彙の新しい意味・用法も学ぶべきであり，これによって学習者は語彙を自身の語彙知識として内在化させることができる，としている．しかし，実際の語彙指導の現場において，学習者が語彙の word family[2] やコロケーションを学ぶ機会はほとんど与えられていない．その要因は，授業内で語彙の意味情報を教授する時間が十分になく，また，語彙指導に対する教師の知識不足によるところが多い．こうした限られた時間のなかで語彙指導を行うためには，学習者が学ぶ必要性を感じる語彙，つまり学びたい語彙に焦点を当て，語彙学習への意欲を高める工夫を行うことが必須である．

　Nation (2008) は，学習者が英英辞書を使用するには，少なくとも 2,000 語を習得しておく必要があり，これは英英辞書に掲載されている約 2,000 語の定義語に相当するとしている．また，学習者向けの英英辞書の定義語（約 2,000 語 − 約 3,000 語）は，高頻度語 (high-frequency words) とされる 3,000 語の word family のうち 90% を占めている (Schmitt & Schmitt 2014: 491)．したがって，学習者が自律的に英英辞書を使用し，適切な語彙・語法・表現が使えるようになることを目指した語彙指導を行うためには，高頻度語である英英辞書の定義語を目標語彙として扱うことが重要となる．

3.　定義語と語彙練習テスト

　語彙指導で使用する定義語は，*Oxford Advanced Learner's Dictionary* (2000)，*Cambridge International Dictionary of English* (1995)，*Longman Dictionary of Contemporary English* (2003) の 3 つの英英辞書のうち 2 つの辞書に共通する定義語 384 語を抽出し，そのうち数詞，助動詞，前置詞などを除いた 300 語である．[3]

　語彙練習テストで使用されている定義語 300 語は，空所補充型，定義文型の 2 種類の問題で構成されている．解答となる単語の最初の数文字がヒ

ントとして5問ごとにアトランダムに並べてあるため，解答するには，英文全体を読んで意味を理解する必要がある．以下は，Vocabulary Practice 2010 の一例である．

```
<空所補充型>
con_____  1  If you're feeling cold here in the garden, we can go [    ].
cra_____  2  If you think that today's topic does not [    ] you, you do not have to stay.
indo_____   3  Tom is not a good student. He is too [    ] to do his homework.
la_____   4  I heard a loud [    ] outside. I thought there was a car accident.
wed_____    5  I have been invited to my friends' [    ] next week.

<定義文型>
bact_____  1  not knowing where you are or what is happening around you
ble_____  2  very small living things that sometimes cause disease
ch_____   3  the bottom part of your face, below your mouth
cont_____  4  an official writing agreement between two or more people
uncon_____  5  to lose blood
```

図1　Vocabulary Practice 2010 の一例

　語彙練習テストで学ぶ語彙300語は，1回30単語が10回分のリストとして準備され，このうち約25％にあたる74語は品詞を変えて出題されている（例：absence →　absent）．

　辞書の定義語に基づいた語彙練習テストを用いて，語彙指導を行う研究目的は以下の2点である．

(1) 学習者が語彙練習テストを通じて定義語を学ぶことで，ポストテストの C-Test のスコアが向上するかについて検証する．

(2) 学習者が語彙練習テストの効果をどのように認識しているか，C-Test の結果をもとに各習熟度別グループの特徴を明らかにする．

4.　研究方法

4.1　調査対象者と指導手順

　本研究の調査対象者は，関西地区の大学生71人である．語彙練習テストは，英文法を中心とした半期15回の演習クラスで使用した．まず，学習者のレベルを測るためプリテストとして C-Test を実施した．次に，英英辞書に掲載されている定義語について紹介し，10回の語彙練習テストを通して定義語300語を学ぶことを説明した．語彙練習テストのための語彙

リスト（30 語× 10 回）はテスト実施日の 2 週間前から学習者に配布した．10 週にわたる語彙練習テスト終了後，学習者の到達レベルを測るためのポストテストとして 2 度目の C-Test を実施した．最後に，質問紙調査を行い，語彙学習に対する学習者の認識について検証した．

4.2　結果

4.2.1　語彙練習テストと C-Test（プリテスト・ポストテスト）

　語彙練習テスト（10 回）で得られたスコア結果は，表 1 に示されたとおりである．

　計 10 回の語彙練習テストは空所補充型，定義文型それぞれ 15 点ずつの計 30 点満点である．各テストのスコア結果を比較すると，平均点は 22.2 点から 27.4 点と差があるものの，標準偏差は 3.02 から 4.63 におさまっている．10 回分のテストの平均値のクロンバックのアルファは，$\alpha = .84$ と高い値が得られた．したがって，語彙練習テストは一貫性が保たれていると言える．

表 1　語彙練習テストのスコア結果

	度数	最小値	最大値	平均値	標準偏差
test 1	66	7	30	22.2	3.97
test 2	67	11	30	25.0	4.11
test 3	59	9	29	23.4	4.40
test 4	62	8	30	24.9	3.63
test 5	60	12	30	24.4	4.07
test 6	60	4	30	23.3	4.49
test 7	62	16	29	25.4	3.29
test 8	60	17	30	27.4	3.02
test 9	59	10	30	26.9	3.35
test 10	63	1	30	24.5	4.63

　次に，表 2 は語彙練習テストのプリテスト，ポストテストとして実施した 2 回の C-Test のスコア結果と平均値，および標準偏差である．

　表 2 より，プリテストとポストテストの C-Test のスコア結果を比較すると，ポストテストの平均値が 10.2 点（=83.2−73.0）上がり，標準偏差は，ポストテストがプリテストより小さくなっている（10.77<15.18）．このことか

ら，ポストテストのスコアが，より平均値に集中していると言える．

表2　C-Test（プリテスト・ポストテスト）のスコア結果

	度数	最小値	最大値	平均値	標準偏差
Pre-C-Test	64	38	96	73.0	15.18
Post-C-Test	59	53	100	83.2	10.77

また，プリテストとポストテストの相関関係は .78 (p<.001) であり，クロンバックのアルファは $α = $ .83 であった．

4.2.2　質問紙調査結果

10回の語彙練習テスト実施後，質問紙調査を実施した．調査内容は，定義語300語に基づいた語彙学習の感想について自由記述形式で回答を求めるもので，調査対象者71人が回答した．自由記述による回答結果は，KH Coder を用いて計量テキスト分析を試みた．[4] ポストテストの C-Test スコアの成績別に特徴語の抽出，対応分析を行うことでデータの全体像を探ると同時に，学習者の語彙練習テスト，英英辞書に対する認識についての考察を行った．

表3は，調査対象者の C-Test のスコア結果をもとに「成績上」，「成績中」，「成績下」に分類し，各カテゴリーの上位10語の特徴語を示したものである．[5] 数値は，どの程度「特徴的」であるかを示す Jaccard 係数である．[6]

表3　自由記述回答による成績別の特徴語

成績上		成績中		成績下	
単語	0.351	毎回	0.167	英英	0.192
思う	0.281	確認	0.154	使う	0.160
語彙	0.167	時間	0.143	覚える	0.154
覚える	0.164	授業	0.143	毎回	0.143
機会	0.157	語彙	0.130	勉強	0.136
辞典	0.148	役に立つ	0.125	最初	0.125
意味	0.135	毎週	0.125	辞典	0.120
学習	0.135	テスト	0.120	英和	0.118
自分	0.113	英語	0.105	辞書	0.118
リスト	0.098	自分	0.100	成績	0.111

　また，図2は，「成績」区分ごとにその特徴を把握するため対応分析を行った2次元散布図である．原点 (0, 0) から離れた語ほど特徴的であるとされる一方で，特徴のない語は原点付近に集中することが多い．図2の円は語の出現回数によって大きさが変化することを表し，四角は，それぞれの対象者（成績の上・中・下）を示している．

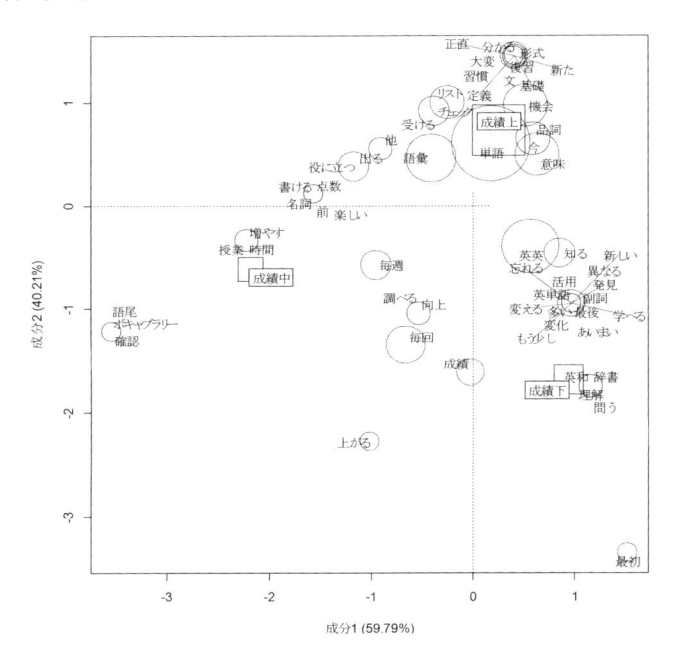

図2　対応分析から見る成績別の特徴語

　関連語検索の表3と対応分析の図2を比較すると，「成績上」は「単語」「語彙」「機会」「意味」「リスト」が共通の特徴語として解釈され，自由記述による回答より，以下のコメントが得られた．（以下，下線部は筆者による）

　　　・英英辞典を使うという機会が一度もなかったので，語彙学習は私にとっていい経験になりました．
　　　・英和辞典と英英辞典を見比べるための，良い機会になりました．意味のニュアンスが異なるように感じられて面白かったです．

　　・英英辞典を引くくせがついたので，これからも習慣として分からない
　　　英語があれば英英辞典を引いていこうと思う．

「成績中」を特徴づける語は，「毎回」「時間」「授業」「語彙」「役に立つ」
「毎週」であり，次のような回答が得られた．

　　・英英辞典で毎回調べていたのですが，使用すると勉強になるなと思い
　　　ました．
　　・語彙リストを単語帳のように使えたので良かった．
　　・ここで出てきた単語が他の授業とかででてきたりもして，役に立った．

「成績下」は「英英」「毎回」「英和」「辞書」「成績」が特徴語として挙げ
られ，自己記述による回答からも特徴語が使用されていることがわかる．

　　・今までにない新しい出題スタイルで，最初はとまどいましたが，だん
　　　だん慣れていって，毎回のテストが勉強になってました．
　　・英英と英和の辞書ではニュアンスが微妙に異なるものがいくつかあり，
　　　語の意味を深く知るのに，英英の良さを知ることができたと思う．
　　・最初と最後のテストで成績が上がったので効果はあると思った．

　さらに，図2より寄与率の高い成分1（左右の位置関係）に焦点を当て
ると，「成績上」と「成績下」は近い距離に位置しているのに対して，「成
績中」とは離れた場所に位置している．このことから「成績上」と「成績
下」の学習者のコメント内容は比較的似通っている一方で，「成績中」の
コメントは異なる内容であることがうかがえる．

5. 考　察

　本研究では，実施した語彙練習テスト（10回分）とC-Test（プリテス
ト・ポストテスト）の結果を検証した．語彙練習テストの結果より，10回
分のテストの平均値のクロンバックのアルファが高かった（ $\alpha = .84$ ）こと
から，語彙練習テストは一貫性が保たれていると言える．また，語彙練習
テストの実施前後に行ったC-Testの結果より，ポストテストの平均値が

10.2 点上がり，ポストテストの標準偏差が小さくなることで，ポストテストのスコアがプリテストのスコアと比べて，より平均値に集中していることがわかる．このことから，学習者は，10 回の語彙練習テストに取り組むなかで，語彙の屈折語や派生語を学び，文脈依存型のテスト形式に対応できるようになったことがうかがえる．その結果，ポストテストにおいてスコアが向上したと言える．

　また，質問紙調査結果より，学習者の成績別の回答内容を比較すると，「成績上」と「成績下」のグループは，英英辞書を使う機会を得ることで，英和辞書とは異なる語彙の意味範疇やニュアンスを理解するようになる，という同様の「気づき」を経験していることが示されている．しかし，「成績上」のグループは，今後も英英辞書を使用し続けたいと述べている一方で，「成績下」のグループは，英英辞書を使用したことで成績が向上したことを実感していることがわかる．つまり，「成績上」のグループは，英英辞書を通じて，効果的な語彙学習法を身につけた自律的な学習者であるのに対して，「成績下」のグループは，英英辞書で自身の語彙力の向上を実感した学習者であると言える．さらに図 2 より，「成績中」のグループは，「成績上」や「成績下」のグループとは少し離れた位置関係にあることから，これら 2 つのグループとは回答の内容が異なっていることがうかがえる．「成績中」のグループによる回答は，英英辞書を使用して語彙リストの単語を学ぶことに役立った，と回答する一方で，英英辞書が有効であることを実感しつつも，毎授業の語彙練習テストのために利用していたツールであったことを示す回答が中心であった．以上のことから，英英辞書を用いた語彙学習に対する認識は，学習者の習熟度によって異なり，ポストテストで高いスコアを取得した学習者ほど，英英辞書の効用を実感し，今後も使い続ける意識をもつようになったと考えられる．

6．まとめと今後の課題

　本稿では，語彙練習テストとプリテスト・ポストテストの C-Test を実施し，学習者が英英辞書を用いて語彙練習テストに取り組むことで，ポストテストの結果が向上したことを示した．さらに，ポストテストの結果をもとに学習者をグループ分けし，自由記述による回答を考察した結果，学

習者の習熟度によって英英辞書の使用に対する認識が異なることが明らかになった．つまり，習熟度の高い学習者ほど自身で英英辞書を今後も使用する意向を示す一方で，習熟度の低い学習者は，英英辞書の効用を自身の成績の向上を通じて認識するにとどまっていることがわかった．

　今後の課題として，学習者の習熟度に合わせた英英辞書指導・語彙指導を行う必要性が考えられる．教師は，単に学習者に英英辞書を奨励するだけでなく，使用する英英辞書の種類（母語話者または学習者向け）の説明をはじめ，授業でのアクティビティに英英辞書を取り入れることで，英英辞書使用のためのトレーニングを行うことが望まれる．学習者の習熟度に応じたニーズを把握し，日常に英英辞書を取り入れるよう実践されることが求められるであろう．

注

1. 定義語とは，英英辞書の見出し語の定義説明に使用される語彙のことであり，冠詞，定冠詞から名詞，動詞（一部の句動詞），形容詞，副詞，接続詞，前置詞，数詞が含まれる．
2. word family とは，headwords（見出し語）とその屈折形，関連する派生語を 1 word family として語を数える方法である．
3. 語彙練習テストの作成過程の詳細については，Kinshi (2009)，金志 (2011) を参照のこと．
4. 本稿では，樋口 (2014) が開発・提供しているテキスト分析用フリー・ソフトウェア KH Coder を採用した．
5. 成績は，ポストテストである C-Test の結果に基づいて学習者を 3 つのグループに分けた．80 点以上を成績上（44 人），70 点から 79 点を成績中（12 人），70 点未満を成績下（14 人）とした．
6. Jaccard 係数は，語 a と語 b について，語 a もしくは語 b の一方のみを含む文書を分母とし，語 a と語 b を両方含む文書を分子として算出するものである．0 から 1 までの値をとり，関連が強いほど 1 に近づく．0.2 以上で特徴があり，0.3 以上で強い特徴が表示される．

辞　書

Cambridge International Dictionary of English. (1995). Cambridge University Press.

Longman Dictionary of Contemporary English, Fourth Edition. (2003). Pearson Education Limited.

Oxford Advanced Learner's Dictionary, Sixth Edition, (2000). Oxford University Press.

参考文献

樋口耕一 (2014)『社会調査のための計量テキスト分析―内容分析の継承と発展を目指して』ナカニシヤ出版，京都.

Kinshi, K. (2009). Bringing vocabulary practice into active use: Towards motivated learning, *The Bulletin of the Writing Research Group, JACET Kansai Chapter*, 8, 15-26.

金志佳代子 (2011)「英英辞書を目的とした語彙学習と認識調査についての一考察」，『JACET 関西支部ライティング指導研究会紀要』第 9 号，25-37.

Nation, I. S. P. (2008). *Teaching Vocabulary: Strategies and Techniques*. Boston: Heinle.

Nation, I. S. P., & Waring, R. (1997). Vocabulary size, text coverage, and word lists. In N. Schmitt & M. McCarthy (Eds.), *Vocabulary: Description, Acquisition and Pedagogy* (pp.6-19). Cambridge: Cambridge University Press.

Schmitt, N., & Schmitt, D. (2014). A reassessment of frequency and vocabulary size in L2 vocabulary teaching. *Language Teaching*, 47(4), 484-503.

Waring, R. (2002). Basic principles and practice in vocabulary instruction. *The Language Teacher*, 26(7), 11-13.

West, M. (1953). *A General Service List of English Words*. London: Longman, Green and Company.

グループ学習を通した
コア産出の質に関する事例研究

藤　井　数　馬

1.　はじめに

　1980 年代初頭に萌芽期を迎え，1980 年代後半から 1990 年代に大きく開花した認知言語学は，身体性や知覚や概念形成といったこれまでの言語学の中心課題にはなりえなかった変数を取りこむことで，言語現象の背後に意味的動機づけが働いていることを明らかにしている．この知見やスタンスを英語教育に応用する応用認知言語学 (applied cognitive linguistics) も，認知言語学研究の深まりと並行して探究が進んでいる．日本におけるその端緒は，1980 年代後半の基本動詞や前置詞等の多義語研究に見出すことができ（田中・川出 1989），2000 年代には指導原理が示され（田中・佐藤・阿部 2006），2010 年代には体系的な文法書も刊行された（田中 2013）．

　しかし，このアプローチ[1]を採り入れた先行実証研究を概観すると，教室で具体的にどのように指導すれば高い学習効果に繋がるのかといった，指導指針に関する提言は十分になされていないことが窺える（藤井 2016）．換言すれば，提案されている理念や教材を，どのように用いれば有効に機能させることができるのかという課題に関する，より実践的な研究が必要と考えられる．認知言語学という言語理論に基づいたアプローチを指導で用いる場合，理論そのものを指導の中で具現化することは不可能である．なぜなら，言語理論とは端的には言語事象の究明のための理論であり，学習者に何らかのかたちで益するために考案された指導体系であるアプローチとは本質的に異なるからである．してみれば，言語理論を基盤にしたアプローチであっても，学習者の年齢や英語習熟度や動機づけといった様々な要因を勘案し，各現場に適したかたちに修正して展開することが指導者に求められることになる．そしてこの場合，指導者にとって様々な指導展開の事例が有用な情報となることを勘案すれば，指導実践の蓄積とそこか

ら得られる知見の集約は，このアプローチの指導可能性を高めるために，取り組まなければならない領域であるということになる．

　一例を挙げれば，多義語指導において，中心義を表したコアや，それを図式化したイメージ図式（田中 2011）を活用する際には，ボトムアップの言語習得概念に即して指導をするべきであることが主張されている（荒川・森山 2009）．指導者からトップダウン的にイメージ図式が提示されれば，学習者はその図式を規範的な「正解」として認識する可能性があり，曖昧で抽象的な図式概念という本来の特性を活かした指導とは言えないからである．しかし，EFL (English as a Foreign Language) 環境で学ぶ日本人英語学習者に，具体的にどのようにすればボトムアップの指導が可能なのかについては十分に研究されていない．こういった領域を探究していくことで，このアプローチの指導可能性を高め，有効に機能させることが期待できる．

　以上の議論に基づき，筆者はこれまでの研究において，イメージ図式をボトムアップ的に活用する学習形態としてグループ学習を提案し，[2] 実証的にその影響を調査してきた（藤井 2016; Fujii 2016a, 2016b）．そして，イメージ図式を有効に活用するためには，学習者がイメージ図式と具体事例との有契性や，具体事例間の意味上の関連性を理解できる支援が必要であること（藤井 2016），イメージ図式使用による学習効果は学習者の英語習熟度によって異なる可能性があること (Fujii 2016b)，そして簡単なものであってもエクササイズを行うことで学習効果が高まる可能性があること (Fujii 2016a) といった示唆を得てきた．

　しかし，これら先行研究では，グループ学習を通して学習者が考え出したコアの質の違いが学習効果に与える影響について分析できていなかった．この「質」とは，コア産出過程における質と，コア産出後における質の二通りが考えられ，産出過程の質とは，グループ学習において，与えられた用例を参照してボトムアップ的に産出したかどうかという問題である．学習者がすでに持っていたイメージを，用例を参照することなくトップダウン的に描いたとすれば，そこにはボトムアップ的な認知過程は含まれていないことになってしまうからである．また，コア産出後の質とは，学習者が産出したコアが，田中 (2011) で提示されているものと比較して適切と言えるものかどうかという問題である．

　そこで本稿では，先行実証研究と同じ学習材料とテストを用い，ボトム
アップの認知過程がとられているかどうかが分かるワークシートを使用し
た上で，学習者が産出したコアの質によって学習効果に差があるのかを事
例研究として行い，その結果を分析し，イメージ図式をボトムアップ的に
活用するための指導指針への示唆を与える.

2.　事例研究

2.1　研究課題

　研究課題として，「日本人英語学習者が，グループ学習で前置詞のコア
を考える際，コアを具体事例からボトムアップ的に適切に考え出すことが
できるグループとそうでないグループで，前置詞の意味理解に差があるか」を設定した.

2.2　参加者

　平成 28 年度の A 高等専門学校の 2 年生で，同一の学級集団に所属する
42 名が本研究の参加者であり，平成 29 年 1 月に実施された.

2.3　材料およびテスト

　先行研究（藤井 2016; Fujii 2016a）と同様，英語前置詞 at, in, on, to, for,
with を選び，それぞれの前置詞に対し，田中（2011: 24-45）のイメージ図式
を用いた（図 1）．また，イメージ図式と用例の意味の間の関連性が想定し
やすいと考えられる用例を，各前置詞につき 5 つずつ用いた（藤井（2016）
または付録 1-4 の中の用例を参照）.

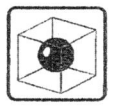

図 1　at, in, on, to, for, with のイメージ図式（左から）

　この指導による学習効果は，以下に示すように，日本語の意味に合う前
置詞を選択肢の中から選ばせる形式のテストで測定した．このテストで

は，各前置詞につき教材で扱った5つの用例の中から任意に3つずつ選び出し，合計18問を用意し，1問1点，合計18点満点とした（使用テストの詳細については，藤井 (2016) を参照）．

(1) 私は<u>少なくとも</u>3日間はロンドンにいます．
   I will be in London for (at) least three days.

選択肢　at / for / in / on / to / with

2.4　手　順

(1) 約8分間の時間をとり，プレテストを行い，解答確認や丸つけをせずに回収した．事前にテスト実施については知らせず，指導もしていない．

(2) 4人程度のグループを全部で11グループ作り，各前置詞の用例が5つずつ印刷されたハンドアウトを各グループに1枚配布した．そして，各用例から共通して考えられる前置詞の意味やイメージを，グループ内で話し合ってハンドアウトに記入させた（参加者のコアの一例は，付録1-4を参照）．この間の指導時間は35分間とった．

(3) ポストテストを約8分間で行った．プレテストと同じ問題だが，練習効果の影響を避けるために出題順を変更した．

(4) 図式はイメージしやすかったか，図式を使うことで意味の理解や記憶の保持やアウトプットに有効と感じたかについて，提示されたイメージ図式に関する意識を，五件法を用い，質問紙で調査した．

2.5　分析方法

グループ学習終了後，各グループからハンドアウトを回収し，用例の意味を考えた上でコアを導き出しているかどうか，導き出されたコアは田中 (2011) で提示されているものと近いものになっているかどうか，の2つの観点から，学習が進み理解が深まったと判断される群（以下，「理解群」）と，学習があまり進まず理解が困難だったと判断される群（以下，「困難群」）に分けることを試みた．しかし，これら2つの判断基準から本研究参加者の全11グループをいずれかの群に厳密に分けることは困難であるため，分析上妥当ではないと考えられた．

　そこで本研究では，参加者の11グループから提出されたハンドアウトを相対的に比較し，前置詞が使われている用例全てに対して考察がなされた上でコアが産出されており，且つ，田中 (2011) によるイメージ図式と比較して適切であると考えられる，特に優れた2つのグループを理解群として選んだ．一方，用例の中で使われている前置詞の意味に対して十分に考察がなされておらず，コアが描かれていなかったり，コアが描かれていたとしても空欄が多く用例からコアが導き出されていないと分析でき，且つ，田中 (2011) の図式と比較して乖離が見られるコアを産出したと分析できる，特に理解に困難を伴った2つのグループを困難群として選んだ．

　具体的には，付録1，2が理解群の2グループ（1班，2班），付録3，4が困難群の2グループ（3班，4班）によるハンドアウトである．理解群によるハンドアウトでは，全ての用例に対して考察がなされた形跡があり，且つ，描かれたコアもほぼ適切であると考えられる．一方の困難群によるハンドアウトからは，用例の中での前置詞の意味が考えられておらず，先にコアが描かれているもの（付録3）や，用例を考えている途中でコアまで考えられていなかった状態のもの（付録4）があり，理解群によるハンドアウトと比べ，困難群と分類して問題ないと考えられる．

2.6　結　果

2.6.1　テスト結果

　付録1を作成したグループを1班，付録2を作成したグループを2班，付録3を作成したグループを3班，付録4を作成したグループを4班として，プレテストとポストテストの結果は以下の表1として示される．

表1　テスト結果と標準偏差

		$M(SD)$	
		プレ	ポスト
理解群	1 班 (n=4)	7.50 (4.12)	13.50 (3.58)
	2 班 (n=4)	10.25 (0.96)	14.25 (4.35)
困難群	3 班 (n=4)	11.75 (1.71)	12.00 (5.48)
	4 班 (n=4)	10.75 (1.50)	11.50 (2.89)

　両群において，プレテストとポストテストの差を統計的に分析してみると，理解群では有意差が見られた（$t(7)=3.19$, $p=.015$, $r=.77$）のに対し，困難群では有意差は見られなかった（$t(7)=0.36$, $p=.729$, $r=.14$）．両群間で効果量の差も大きい．本研究においては調査対象者数が限られ，今後の追調査が必要であるが，グループ学習における学習の質，具体的には用例の意味を考えた上で，適切なコアを考え出すことができたかどうかで，その後の意味理解に差が生じる可能性が示唆される事例となった．

2.6.2　質問紙調査結果

　提示された田中 (2011) の図式に関して，イメージしやすいか，意味理解や記憶保持やアウトプットに有用と感じるかどうかについて質問紙調査を行った．理解群の結果は図 2，困難群の結果は図 3 である．

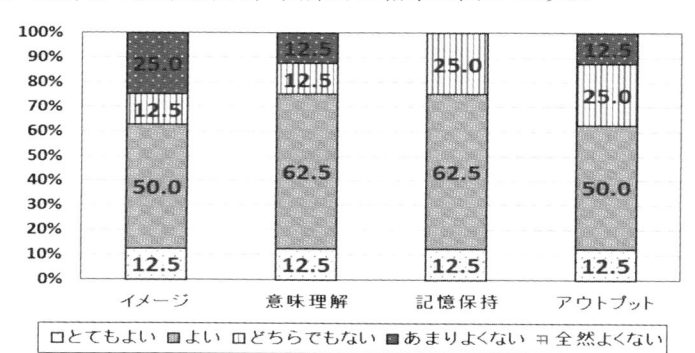

図 2　理解群の質問紙調査結果

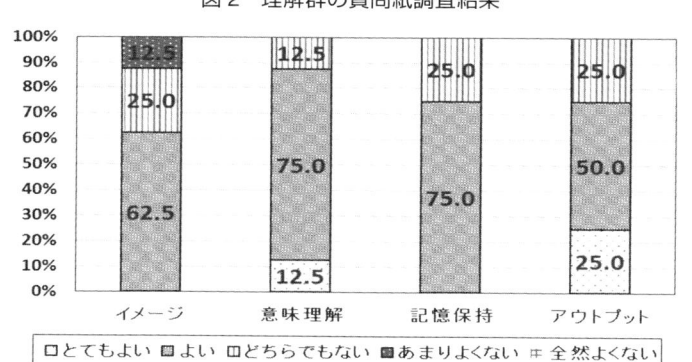

図 3　困難群の質問紙調査結果

　理解群において，得られた回答に対して，「とてもよい」から「全然よくない」を，それぞれ「5」から「1」までの数字で表した場合の平均は，「イメージ」が 3.50，「意味理解」が 3.75，「記憶保持」が 3.88，「アウトプット」が 3.68 であるのに対し，困難群において，「イメージ」が 3.50，「意味理解」が 4.00，「記憶保持」が 3.75，「アウトプット」が 4.00 であった．これらの結果から，困難群よりも理解群の方がイメージ図式に対する肯定的な意識が必ずしも高いというわけではないことが分かる．例えば，「意味理解」に対する意識としては平均値，回答割合ともに，困難群の方がイメージ図式に対しての評価が高く，テスト結果やコアの質とは一致していないことが分かる．

2.7　考　察

　本研究の結果より，以下の考察が得られる．

(1) 理解群と困難群において，プレテストからポストテストへの伸長を示した表1から，理解群では統計上の有意差が見られたのに対し，困難群では有意差が見られなかった．

　このことから，具体事例レベルでの意味を考え，共通項としてのコアを適切に考え至ることができれば，その語の理解が促進される可能性があることが示唆された．教育的示唆としては，イメージ図式を有効的に活用するためには，学習者が具体事例から意味的動機づけをもったものとしてコアを理解できるように支援する必要があることが挙げられる．

(2) 図2および図3より，イメージ図式に対する肯定的な意識は，理解群の方が困難群よりも高いわけではなく，学習効果とイメージ図式に対する印象は必ずしも一致するものではないことが分かった．

　得られる教育的示唆は，用例からコアを考え出すことが困難な学習者であっても，イメージ図式を使った学習は有用だと認識する可能性があるということである．この原因として，日本語を通して前置詞を理解してきたこれまでの学習と比較して目新しさを感じたり，たとえ自分たちだけでコアを考えることが困難であっても最後にイメージ図式を提示されることで「分かったつもり」程度の理解に留まったりした可能性が考えられる．

　以上の考察から，イメージ図式を活用した指導上の留意点として示唆さ

れることは，自分たちでコアを考え出すことができないと，後からイメージ図式を与えられても意味理解に対して図式が有効に働くとは限らない可能性である．そして，グループ学習の時間を十分にとったり，グループ学習を始める前に自分で考える時間を設けて議論を活性化させたり，指導者が必要に応じて声かけ等の支援をしたりすることで，学習者各々が具体事例の意味から共通の意味としてコアを理解できるための支援の重要性である．ボトムアップ的にイメージ図式を導入するためのグループ学習であるが，指導者はその運営方法が学習効果に影響を与える可能性を心に留め，実際に学習者がボトムアップの認知過程を辿りながら具体事例と意味的動機づけをもった概念としてコアを理解できるよう支援していかなければならないということが，本研究から示唆される指導上の指針となるものである．グループ学習の運営で特に重要になってくるのは，コアを考え出すのに困難な学習者に対する支援であろう．そういった学習者にどのように考える糸口を与え，どのように対話や議論を学習の促進に繋げていくか等の具体的な支援のあり方の研究を継続しなければならない．

　以上の結果と考察から，本研究課題に対する回答として，「グループ学習によって具体事例の意味から共通意味としてのコアを創出できたグループの方が，具体事例を参照せずにコアを考えたり，具体事例レベルでの意味が分からなかったりしたグループよりも前置詞の意味理解を促進する可能性が高い」とまとめたい．

3. まとめ

　本稿では，応用認知言語学のアプローチの中でイメージ図式の活用に焦点を当て，その研究背景を第1節で概観した．そして，これまでの実践研究ではボトムアップの言語習得概念を重視した指導のあり方とその学習効果について十分に探究がなされていないことに着目し，グループ学習を採り入れたとしても，各用例の中から意味の共通性を発見し，コアを考え出すという指導者側が期待するボトムアップの認知過程を辿ったグループもあれば，用例を十分に検討せずに各前置詞のコアを考え出したグループもあった可能性に問題点を見出した．

　そこで第2節では，グループ学習形態でコアを考えさせ，コアがボトム

アップの認知過程を経て考え出されたものかどうか，そして考え出された
コアが田中 (2011) で提示されているものと比較して適切なものかどうかと
いう 2 つの観点から産出されたコアの質に注目し，理解が進んだと考えら
れる 2 つのグループを理解群とし，コアを考えるのに困難さを感じたと考
えられる 2 つのグループを困難群とした上で学習効果を検証した．その結
果，理解群についてはプレテストからポストテストにかけて統計上有意に
正答率が上昇しているのに対し，困難群についてはプレテストとポストテ
ストの間で有意差は見られなかったことが分かった．対象学習者が少なく
今後検証を継続すべき事例であるが，本研究からは，グループ学習を採り
入れてイメージ図式を英語教育で活用する際，具体事例の意味と，各事例
間の意味上の関連性を考えた上で，意味的動機づけをもった概念としてコ
アを算出，理解できるように支援することが重要であるという教育的示唆
が得られた．

　また，その親しみやすさとは異なり，イメージ図式を有効に活用するこ
とは決して単純な話ではないことも示唆された．イメージ図式を提示する
ことは，学習者を「分かったつもり」にさせることが目的ではない．図式
を提示することで，和訳を介さずに意味の本質を理解することができ，そ
れが深い理解や記憶の保持や語彙のネットワーク化に繋がることが期待さ
れている (田中 2011)．イメージ図式が英語学習に有効だという印象を学
習者に与えることだけならば比較的容易かもしれない．しかし，イメージ
図式を使うことで本当に学習者を深い意味理解や記憶保持に導けているの
かどうかについて，慎重に観察，検証するべきであろう．

　応用認知言語学を今後実のあるものにするためには，実践的な視点が欠
かせない．教育現場において教員間で共有され引き継がれた実践知には，
時として研究的な発想では及ばない新たな知が教育実践という真正性に裏
打ちされて凝縮されているからである．言語学的な健全性を備えた指導理
念に，いかに教育的な健全性を兼ね備えていきながら，教育現場で実践可
能なものにしていけるのか，という応用認知言語学が向き合わなければな
らない課題を今後も探究していきたい．

注

1. 本稿では Anthony (1963) の古典的な定義分類に則し，公理的で教授の方向性を示した概念として，アプローチという語を使用することにする．
2. イメージ図式をボトムアップ的に活用するためにグループ学習を採り入れることの理論的基盤については藤井 (2016) を参照されたい．

参考文献

Anthony, Edward M (1963) "Approach, Method, and Technique," *ELT Journal*, 17, 63-67.

荒川洋平・森山新 (2009)『わかる！！日本語教師のための応用認知言語学』凡人社，東京．

藤井数馬 (2016)「認知言語学の視座を英語教育に応用する学習形態としてのグループ学習とその実践」，『中部地区英語教育学会紀要』45 巻，133-140，中部地区英語教育学会．

Fujii, Kazuma. (2016a). "Exploration into the Effects of the Schema-Based Instruction: A Bottom-Up Approach," *Journal of Pan-Pacific Association of Applied Linguistics*, 20(1), 75-94.

Fujii, Kazuma. (2016b). "Effects of Learners' Proficiency Level in Learning English Prepositions through the Schema-Based Instruction," *English Language Teaching*, 9(10), 121-132.

田中茂範 (2011)『田中茂範先生のなるほど講義録 3：英語のパワー基本語：前置詞・句動詞編』コスモピア，東京．

田中茂範 (2013)『表現英文法 GFE』コスモピア，東京．

田中茂範・川出才紀 (1989)『動詞がわかれば英語がわかる』ジャパンタイムズ，東京．

田中茂範・佐藤芳明・阿部一 (2006)『英語感覚が身につく実践的指導—コアとチャンクの活用本』大修館書店，東京．

付録1：学習者のコア（1班）

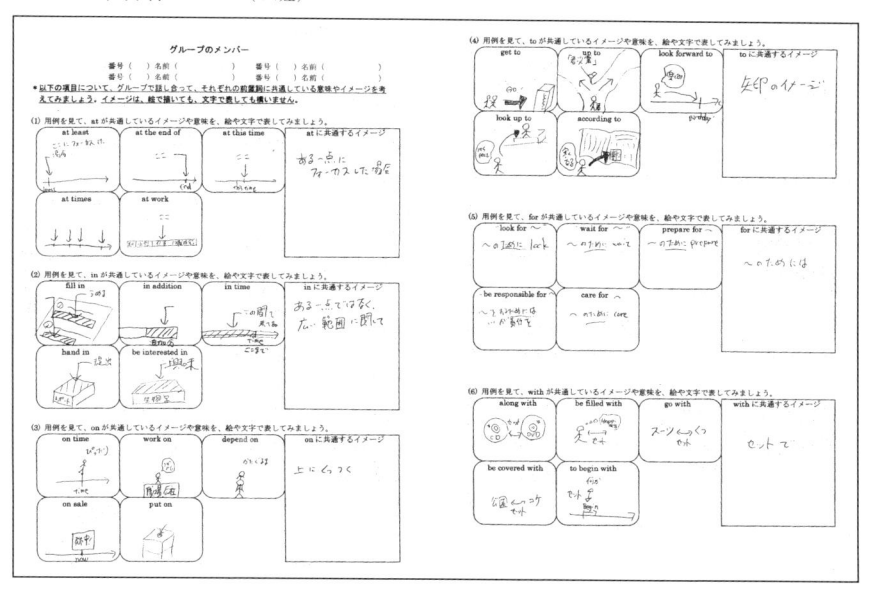

付録2：学習者のコア（2班）

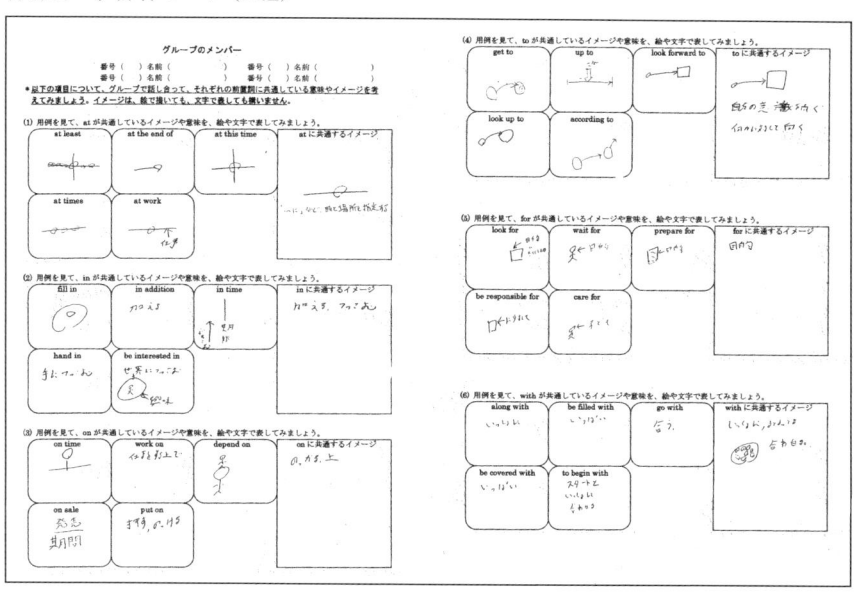

付録3：学習者のコア（3班）

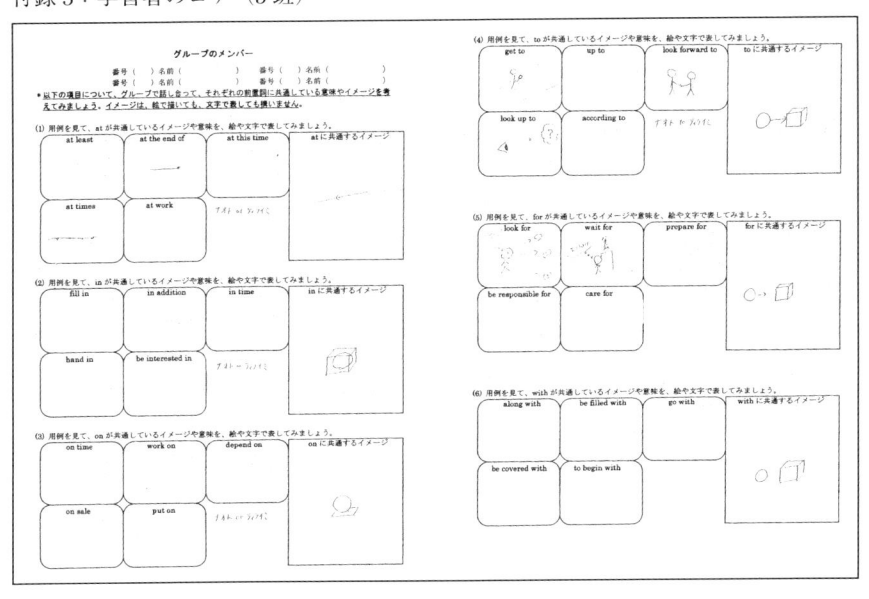

付録4：学習者のコア（4班）

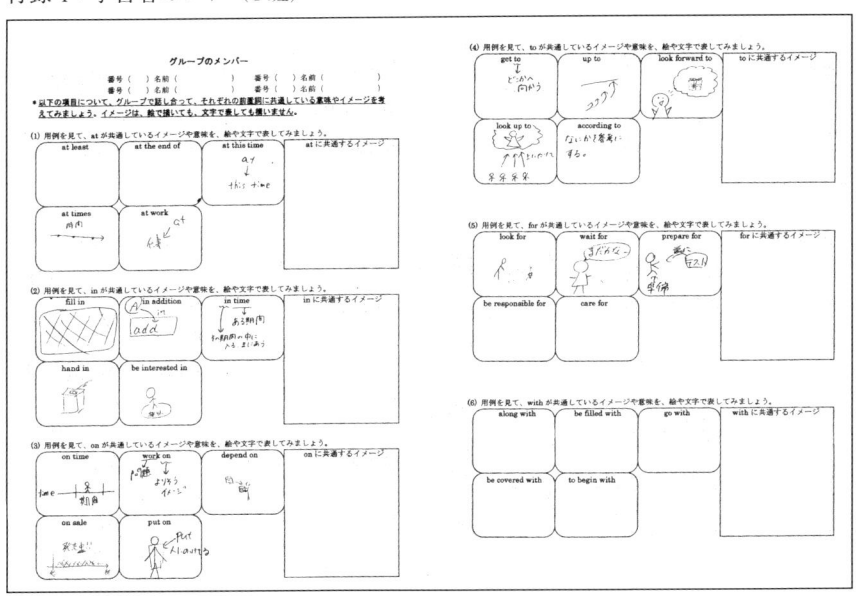

権利としての言語の両義性
—バイリンガル教育法とアメリカの言語教育政策—

石　崎　一　樹

1. はじめに

　今日まで続く移民の増加傾向を決定づけたケネディ・ジョンソン法が制定された 1960 年代のアメリカ合衆国では，20 世紀初頭から続いた言語文化的同化政策から多文化共生政策への転換が連邦レベルで試みられる．公民権法制定翌年の 1965 年，子どもたちの学力差 (achievement gaps) をなくすための公正平等な機会を提供することで優れた教育を実現することを目的とする初等中等教育法（Elementary and Secondary Education Act: ESEA 法）が制定されたのである．この法律は，1994 年のアメリカ学校改革法 (Improving America's Schools Act)，2002 年の「落ちこぼれ防止法」（No Child Left Behind Act: 以下 NCLB 法），そして 2015 年成立で現行の「すべての生徒が成功する法」（Every Student Succeeds Act: 以下 ESSA 法）で大幅な改変が行われながら修正再認可を繰り返し現在に至っており，アメリカの教育政策の枠組みを半世紀以上にわたり形成している．[1]

　「歴史的」とも称されるこの初等中等教育法であるが，いっぽうで言語教育分野に関する規定として 1968 年に同法に追加されたのが，タイトル VII として設けられたバイリンガル教育法 (Bilingual Education Act) である (Louie 2004: 69)．およそ 30 余年にわたり初等中等教育課程の言語教育分野に関する政策立案の根幹となったこの法律であるが，結果として「失敗に終わった実験」と評されることも少なくない (Gándara and Contreras 2009)．この法律が有効であった 30 余年においてすでにバイリンガル以外の有効な教育プログラムの模索は行われていたが，NCLB 法でバイリンガル教育法の代替法として「英語力不足者および移民生徒のための語学指導」(Language Instruction for Limited English Proficient and Immigrant Students) が成立し，そして現行の ESSA 法では「英語学習者と移民児童・生徒のための語学指

導」(Language Instruction for English Learners and Immigrant Students)
へと，アメリカの言語教育プログラム策定のための補助金に関する規定は
随時改正されている．

　教育の場における人種やジェンダー，果ては宗教を巡る論争と同じく，
英語のみによる教育とバイリンガル教育とのいずれを採用するかについ
ては，結果として少なくとも 20 世紀までは，政治的またはイデオロギー
的傾向が反映されやすい異論に満ちたものであった (Tyack and Cuban
1995: 8)．本論は，バイリンガル教育の是非はさておき，19 世紀と 20 世紀
のアメリカの言語教育事情を概観し，「権利としての言語」の観点から，
1960 年代という時代に「バイリンガル」をその名に掲げた法が成立する過
程と，その後 20 世紀の終焉とともにバイリンガル教育法が廃止されるま
での経緯を辿ることにする．

2．19 世紀のバイリンガル教育

　19 世紀のアメリカでは，言語的多様性については，比較的寛容な雰囲気
と，多様性には慎重な意見が混在していたと見られる．そもそも，第 1 回
合衆国議会期間中の 1790 年に成立した帰化法 (Naturalization Act) は，ア
メリカへの帰化の条件を自由身分の白人に限定し，2 年の滞在後（1795 年
の改正で 5 年に延長）に市民権が認められるというものであった．いっ
ぽうでこの 1790 年帰化法には言語に関する制限はなく，19 世紀のほと
んどを通じて多様なヨーロッパ言語の共存を受け入れるような「ほどよ
い寛容」(expedient tolerance) の態度がアメリカ社会にあったと見られる
(McCarty 2004: 75)．ドイツ系，オランダ系，フランス系，ノルウェー系，
ポーランド系，スイス系などのヨーロッパ移民がそれぞれのコミュニティ
で教会，新聞，娯楽，自治のための言語として母語を使用し，また学校に
ついては地域が独自に運営し，母語とバイリンガルの両方の教員が教鞭を
取っていた (Perlmann 1990)．

　しかしもちろん，見た目の言語多様性がすべての言語に対する公平性を
保証していたわけではない．ネイティブアメリカン，アジア系，ヒスパ
ニック系については白人の言語とは対照的に，差別的な扱いを受けてい
た (de Jong 2013)．19 世紀のいわゆる旧移民の代表的な分布としては，ド

イツ系やオランダ系がペンシルバニア，フランス系がルイジアナ，ヒスパ
ニック系とドイツ系がテキサスにそれぞれ多かったが，例えば建国の父の
一人であるトマス・ジェファーソンは，同じ言葉を話す同じ人種による民
主政府を創り出そうと考えていたとされ，またベンジャミン・フランクリ
ンも，フィラデルフィアでのドイツ系移民の優位な状況を警戒し，イギリ
ス系による統一国家を目指したとされる．カリフォルニアでは1855年に
英語のみによる授業を義務付ける法整備がなされ，また1880年代にはイ
ンディアン事務局によるネイティブアメリカンの言語抑制策が敷かれた
(Crawford 2004)．白人に限定されるが，移民とその母語に対する寛容と慎
重の双方の態度が存在するなか，確かであるのは，19世紀のアメリカを通
じて，バイリンガル教育や言語的マイノリティといった問題群が，国家に
とっての主要な関心事として連邦政府による法規制が必要な状態となるま
でには至っていなかったことである．

　この間，19世紀を通じて最大のマイノリティとして移民の数が増加して
いたドイツ系移民の動向が，20世紀以降の国家的な言語政策への道筋を作
ることになる．19世紀なかばには，オハイオ，ペンシルバニア，テキサ
スなど少なくとも八つの州で，ドイツ語と英語のバイリンガル教育だけで
なく，母語のドイツ語だけで教育を行う学校が存在し (Wiley 1998)，また
ドイツ語による教育の端緒は1694年のフィラデルフィアまで遡るという
(Crawford 2004: 82)．さらに，オランダ，デンマーク，ノルウェーなどの
少数言語話者についても，20世紀初頭まで母語による教育が実践されてい
た (Kloss 1998: 43)．

　母語を前提とした教育に対して寛容であった理由はいくつかあり，例え
ば主に都市部では公立学校と私立学校の学生獲得競争が背景にあったこ
と，また民族的同質性の高い地方では，慈善を目的とする学校などで母語
やバイリンガルによる教育に寛大な傾向があったことがそうである (Baker
2011: 185)．実際のところ，19世紀の後半の大都市圏においては英語のみ
による教育が優勢であったものの，バイリンガル教育は多くの都市で存在
し，例えばシンシナティの一部の学校では一日の半分はドイツ語，残りで
英語を使用していた．当時は，当該のコミュニティや学区が許可する限り，
学校での使用言語に関する規定が問題になることはなかったのである．

3. 移民の増加と同化政策

　20世紀に入ると，例外的に認められていたケースを除いて，バイリンガル教育を規制する動きが本格化に向かう．主な理由は移民の急激な増加を主要因とする人口増加である．アメリカの総人口は，政府が最初の国勢調査を実施した1790年の約392万人から，1820年にはその倍以上の約964万人，さらに1900年には7,620万人に達している．実際のところ19世紀にはすでに，急激な移民の増加が引き起こす社会不安は表面化していた．1855年結成のアメリカン党 (American Party) を始めとするノウ・ナッシング (Know-Nothing) 運動はアイルランド移民排斥をかかげ活発化し，またウィリアム・サムナー (William Sumner) を代表とするソーシャル・ダーウィニズム思想は，人口増加により混乱の度合いを増す社会の中で，特に黒人や貧困層に対する社会の厳しい見方を助長するものであった．

　こうした動きとともに高まるアメリカニゼーションの機運が，アメリカの言語政策に直結し，1906年の連邦政府改正帰化法 (Naturalization Act of 1906) で「帰化が許可されアメリカ市民となるためには，いかなる外国人も英語が話せなければならない」と，移民に英語運用能力が必要であることが明文化され，国家への忠誠を示す要素として英語力が勘案されるようになる．[3] また1917年のドイツへの宣戦布告によるアメリカの第一次世界大戦参戦に伴い，当時最大のマイノリティであり，多くの州でバイリンガル教育を展開していたドイツ系移民のことばがアメリカ統一に向けての脅威として象徴付けられた．民族的な分離よりもアメリカ的統一が重みを持ち，中央集権的な傾向が強まるなか，義務教育における共通言語の必要性が検討されると，1923年までには34の州が，公立私立問わずすべての小学校で，英語のみを使用することを州法で定めることとなる (Peréa and Coll 2008: 210).

　しかし，いわゆるメルティングポット方式の画一的な言語政策が敷かれていた時代にも，英語以外の言語の使用をめぐり法廷で争われたケースがある．1923年のメイヤー対ネブラスカ裁判はその代表的なものである．この裁判では，福音派教会が経営する学校の教師ロバート・メイヤーが，8歳の児童に対し，ドイツ語で書かれた聖書にまつわる書物を用いドイツ語を教えたとして起訴されたことに始まる．最終的には最高裁が，メイヤー

が起訴された根拠となったネブラスカ州法を，合衆国憲法修正第14条の
デュー・プロセス条項によって保障される「自由」を侵害するものとして
違憲であると判示した．違憲と判断されたネブラスカ州法（通称ジーマン
言語法）は，いかなる者も，個人または教師として，私立，宗派，教区ま
たは公立学校において，誰に対しても，英語以外の言語でいかなる科目も
教えてはならず，また英語以外の言語は，生徒が第8学年を首尾よく修了
するまで，上記の学校において教えてはならないと規定したものであった
（小竹2013）．その後，当該のネブラスカ州法は「日曜学校等，学校の目的
が宗教教育を与えることである場合を除いて」英語以外の言語でいかなる
科目も教えてはならないと改められ，合憲判断が出された．要点は，合衆
国憲法に照らし，教育現場における英語の使用を「無条件に」義務化する
ことが不合理であるという司法の判断が存在することである．その後1927
年にはハワイ州の外国語学校の取締を違憲としたファリントン対トクシゲ
最高裁判決がメイヤー対ネブラスカ判決を踏襲する形となり，この時代に
あっても「人種のるつぼ」としてのアメリカへの抵抗の動きが，継続的に
維持されていたことは念頭におくべきであろう．

4．連邦法としてのバイリンガル教育の成立

　言語文化的同化政策と同時に進行していたのは移民の制限である．アジ
ア系についてはすでに1882年の中国人排斥法（Chinese Exclusion Act）の
ほか，日本人移民が実質的に禁止となった1924年移民法が成立していた．
この1924年移民法では同時に新移民に対し，1890年の国勢調査を基準に
国別で2％という厳しい移民の上限を設け，実質的に新移民を排除するも
のとなった．果たせるかな，アメリカ統計局によると，1900年には15％
であった人口に占める外国生まれの移民の割合は，1950年には7％，さら
に1970年には4.7％までに減少していた．そうしたなか，「スプートニク・
ショック」と呼ばれる1957年のソビエトによるスプートニク1号の打ち
上げ成功は，宇宙開発と科学技術では世界一を標榜していた自国の教育の
水準と質に対する国民の自信を大いに失わせるきっかけとなった．翌1958
年，合衆国政府は国家防衛教育法（National Defense and Education Act）
を制定し，研究費や奨学金はもとより，理科や数学への教育支援のほか

に，外国語教育への支援を含めて，続く7年の間に10億ドルを教育に投じることとし，また適用は高等教育のみならず初等中等教育にも及んだ．国家防衛教育法は連邦法としてはじめて教育行政における補助金の仕組みを制度化し，後の教育行政のあり方，特に外国語教育の大きな方針転換の布石となった．

1906年の改正帰化法から半世紀を経ようとするなか，教育の現場では，言語文化的同化政策の弊害が顕著に現れはじめていた．1960年代初頭までの状況について Weyer は，テキサス州のヒスパニック系住民が多く住む学区でメキシコ系の半分が事実上文盲か，あるいは5年生以下の教育しか受けていないこと，またカリフォルニア州でも生徒の半分は8年生までに中退するなどの状況と合わせて，「黒人生徒が平均9年間の学校教育を終了しているのに対して，ヒスパニック系生徒は7.1年間という低さであった」と報告している（Weyer 1988［浅野 96］）．そうしたなか，ケネディ政権下の1963年に，フロリダ州デイド郡の小学校でのキューバ難民を対象とするバイリンガル教育が一定の成果を上げたことで，連邦政府がバイリンガル教育の普及のための財政援助を行う道筋をつくり，翌年にはテキサス州の複数都市でも同様のプログラムが実施されることになる（吉川 2009: 78-79）．

こうした動きと合わせて，リンドン・ジョンソン政権下の1964年に，連邦が支援するプログラムの実施における人種や肌の色，出身国による差別を禁止した公民権法（Civil Rights Act）が制定されると，1965年には初等中等教育法を軸にした教育改革の道筋が示された．ジョンソン政権初の一般教書演説で掲げられた貧困への戦い（War on Poverty）の旗印のもと，低所得者層やハンディキャップをもつ児童・生徒への支援策とともに，1968年に初等中等教育法の追加規定として制定されたのがバイリンガル教育法である．

バイリンガル教育法は，公立学校に在籍する英語を母語とせず英語能力が十分でない児童・生徒（Limited English Proficient: LEP）向けの革新的な教育的施策を，連邦政府が賦与する競争的資金や補助金によって打ち立てるとする目標が明示された初の法案となったのである．このバイリンガル教育法は概ね5年毎に5回の修正が加えられた後，1994年の学校改革法で再認可された．そしてブッシュ政権下で成立した NCLB 法での改定で

事実上廃止となり，後継の規則として同法に「英語力不足者および移民生徒のための言語教育」として組み込まれた．さらに現在のESSA法では，「英語学習者と移民児童・生徒のための語学指導」と，タイトル内の表現が英語力不足 (LEP) から英語学習者 (English Learners: EL, ELL) へと改められている．

5. バイリンガル言語観の変遷

　1970年代と80年代に実施されたバイリンガル教育法の5回の修正再認可は，この時期のアメリカにおけるバイリンガル観の変遷をたどる目安となる．1974年と78年に行われた二度の修正では，いずれも英語と母語の二言語を用いた教科教育と，英語と母語の二つの言語教育を含めたバイリンガル教育の実施を，「英語を話す能力が十分ではない子どもたち」と「英語の能力が十分ではない子どもたち」といった適用範囲の違いはあるが，州とその学区に求めるものであった．いわばもっとも基本的で理想的なバイリンガル教育が構想されていたのがこの時期であった．1980年代にレーガン政権が誕生すると，それまでのバイリンガル政策に対する批判や見直しが行われ，1984年と1988年の二つの修正バイリンガル教育法では，ともに英語の能力が十分ではない子どもたちの教育の機会均等をめざしつつも，母語や母文化による教育の過程よりも，英語の獲得と学力の向上を到達点とすることが重視された．二言語を併用しつつ二言語の能力を育成する「発展型バイリンガル教育」と並び，二言語能力の育成を必ずしも伴わずに母語から英語への移行をめざす「移行型バイリンガル教育」プログラムが選択肢として含まれるなど，英語の獲得と学力の向上のための手段としてのバイリンガル概念の修正が行われた．さらに1994年の最後期のバイリンガル教育法は，「英語の能力が十分でない子どもたちと青年たち」として3歳から21歳まで適用範囲を広げるとともに，英語のみを使用し英語のみを教えるプログラムも学区が選択可能となった．

　アメリカの言語教育政策における英語とその他の言語がそれぞれ果たす役割について末藤 (1999) は，リチャード・ルイーズの「解決すべき問題としての言語」，「権利としての言語」，「人的資源の言語」という三つの異なる言語観に照らし，バイリンガル観の変遷を示している．「人的資源の言

語」が今後のアメリカの言語政策の可能性を示すものであるというルイーズの主張については考察の余地はあるが，ここではバイリンガル教育との関連から「権利としての言語」について端的に理解してみたい．

バイリンガル教育法成立までは，ルイーズの「解決すべき問題としての言語」観，すなわち少数言語がその話者の社会参画を妨げ，かつアメリカの統一を遅らせる要因であるという考え方が主流であった．同時にこの時代，すでに「権利としての言語」を主張する動きは司法の場でも散見された．例えば，先述のメイヤー対ネブラスカ判決やファリントン対トクシゲ判決は，いずれも母語の使用の権利を訴えるものであった．しかし，バイリンガル教育の定義にも結びついたとされる 1974 年のサンフランシスコでのラォ対ニコラス判決では，英語と母国語／母国文化の両方による教育が尊重されるべきであるという判断がなされた．つまり，「権利としての言語」は母語であると認識されていた時代から 1960 年代の公民権運動の時代を経て，現代におけるバイリンガル教育においては，逆説的にではあるが英語が「権利としての言語」として認知されるに至ったと言える．

6. おわりに

1980 年代の修正バイリンガル教育法では再び「解決すべき問題としての言語」の要素を少数言語が帯びることになり，バイリンガル教育法廃止後の NCLB 法タイトル III「英語力不足者および移民生徒のための語学指導」では，移行型と発展型の双方について「バイリンガル」という名称はもはや明示されず，プログラムとして選択的に組み込まれている．さらに ESSA では選択可能なプログラムのうち従来的にはバイリンガルだったものは，概ね「移行型」に限定される形となっている．その意味で，現代において「権利としての言語」としての母語は一定の役割を終えた，とするルイーズの指摘は興味深い（末藤 1999:86）．

アメリカの保守系シンクタンクである移民研究センターの 2011 年の報告によると，2010 年の移民登録者数は約 4 千万人で，アメリカ合衆国の歴史上最多を記録した．[5] 2030 年には，就学児童・生徒の 40％を ELL の児童・生徒が占めることになるというアメリカ統計局の予測もある（ETS

2005).　アメリカの言語教育政策の絶えざる変化は政治や教育の当事者が
もつ展望と関係し，その変化はその時々のアメリカ社会におけるイデオ
ロギー的価値の潜在的な移行状況を示しているとの指摘は多い (McCarty
2004).　また近年，バイリンガル教育の重要性を再評価する議論が散見され
ているのも事実である (Vaznis 2017).　これまでの歴史にない人口分布の様
相を呈するアメリカ社会において，有効な言語教育政策に関するさらなる
議論が必要となるであろう.

注

1. 各州の学校区ごとに補助金の賦与を定める初等中等教育法における教育省の権限について，教育省の権限を制限することを目的に初等中等教育法の廃止を提案した法案 (H.R.610 "Choices in Education Act of 2017") が 2017 年 1 月に議会提出されたのは，この法律をめぐる近年の動きのひとつである.
2. Baker (2011:184) によると，ネイティブアメリカンについてはこうした寛容の態度の埒外にあったが，あえて言語的教化の側面から見れば，例えばキリスト教の布教が急激な言語教化策とともに行われたわけではなく，スペイン語やオランダ語，時にはネイティブアメリカンの部族の言葉が教化言語として使用されていたと見られる.
3. Act of June 29, 1906, 34 Stat. 596.
4. LEP，LP，ELL，ESL，EL など，英語学習者の呼び方と略称の定義については Webster と Lu (2012) の詳細な説明が参考になる.
5. https://cis.org/Report/RecordSetting-Decade-Immigration-20002010

参考文献

小竹聡 (2017)「学校と言語教育：The Story of Meyer v. Nebraska, 262 U.S.390 (1923)」,『拓殖大学論集 政治・経済・法律研究』，第 19 巻第 2 号，49-82.
末藤美津子 (1999)「アメリカのバイリンガル教育法における言語観―1968 年法から1994 年法までの変遷―」,『比較教育学研究』第 25 号，81-96.
吉川敏博 (2009)「アメリカにおけるバイリンガル教育と英語公用語化の是非論」,『立命館国際研究』21-3，78-79.
Baker, Colin (2011) *Foundations of Bilingual Education and Bilingualism*, Bristol, Multilingual Matters.

de Jong, Ester J. (2013) "Policy Discourses and U.S. Language in Education Policies," *Peabody Journal of Education* 88, 98-111.

Crawford, James (2004) *Educating English Learners: Language Diversity in the Classroom.* Los Angeles, Bilingual Education Services.

Educational Testing Service (2005) *Policy Notes: News from the ETS Policy Information Center* 13-1, 5.

Gándara, Patricia and Frances Contreras (2009) *The Latino Education Crisis: The Consequences of Failed Social Policies*, Harvard UP, Cambridge.

Garcia, E. E. (1992) *The education of linguistically and culturally diverse students: Effective instructional practices.* Santa Cruz, CA, National Center for Research on Cultural Diversity and Second Language Learning.

Kloss, Heinz (1998) *The American Bilingual Tradition*, Washington DC, Center for Applied Linguistics.

Louie, Vivian (2004) "Immigrant Newcomer Populations, ESEA, and the Pipeline to College: Current Considerations and Future Lines of Inquiry," *Review of Research in Education* 29, 69-105.

McCarty, Teresa. L. (2004) "Dangerous Difference: A Critical-Historical Analysis of Language Education Policies in the United States," James W. Tollefson and Amy B.M, Tsui eds., *Medium of Instruction Policies: Which Agenda? Whose Agenda?* Mahwah, NJ, Lawrence Erlbaum, 71-93.

Peréa, Flavia C. and Cynthia García Coll (2008) "The Social and Cultural Contexts of Bilingualism," Jeanette Altarriba and Roberto R. Heredia eds., *An Introduction to Bilingualism: Principles and Processes*, NY, Routledge, 199-244.

Perlmann, Joel (1990) "Historical Legacies: 1840-1920," *The Annals of the American Academy of Political and Social Science* 508, Thousand Oaks, CA, Sage Publications, 27-37.

Tyack, David and Larry Cuban (1995) *Tinkering Toward Utopia: A Century of Public School Reform*, Cambridge, Harvard UP.

Vaznis, James (2017) "New law clears way for bilingual teaching in Mass. public schools," *The Boston Globe.* November 22, 2017.

Webster, Nina L. and Chunlei Lu. (2012) "'English Language Learners': An Analysis of Perplexing ESL-Related Terminology." *Language and Literacy* 14-3. 83-94.

Weyer, Thomas (1988) Hispanic U.S.A. Breaking the Melting Pot, NY, Harpercollins. (浅野徹訳，トーマス・ワイヤー (1993)『米国社会を変えるヒスパニック』日本経済新聞社，96.)

Wiley, Terrence G. (1998) "The imposition of World War I era English-Only policies and the fate of German in North America," Thomas Ricento and Barbara

Burnaby eds., *Language and Politics in the United States and Canada*, NY, Routledge, 211-241.

大学生初級英語学習者の主語の習得に関する指導法の提案
—主題標識「は」を含む助詞の意味に着目して—*

橋 尾 晋 平

1. はじめに

　英語教育の達成目標の一つは，コミュニケーション能力を養成することである．また，グローバル化の進展に伴い，英語の必要性はさらに高まってきており，初級レベルの学習者に対しても，コミュニケーション能力養成に焦点を当てた実用的な英語教育が求められている．

　コミュニケーション活動は，日常会話やスピーチ，ディスカッションなど多岐に亘るが，コミュニケーション能力と並行して，批判的思考力の養成も，中等教育から高等教育まで一貫して重視されている（楠見 2012）．そこで，本稿におけるコミュニケーション活動は，特定のトピックに対して，学習者が自身の意見を英語で述べるディベートのような活動と捉えることとする．

　習熟度が低い学習者を対象とした授業では，原稿などを作ってからスピーチを行うといった事前準備を伴う活動を行うことが望ましい．Hashio (2018) は，Fill-in-the-blank の要領を活用し，図1のように，一定の雛形（テンプレート）を与え，空所に自分の考えを英語で述べさせることで，ディベートのような特定のトピックに関する意見文を書くことが可能になると提案した．

　しかしながら，Hashio (2018) は，このような提案と同時に，空所に正確な英文を挿入させられるようにするための文法指導の重要性も主張している．文法能力はコミュニケーション能力の一要素であるため (Canale & Swain 1980)，学習者がどのようにして正確な英文を産出できるようになるかという課題は，コミュニケーション重視の英語教育において重要である．

　本研究では，特に英語の主語の習得に着目し，大学生初級学習者が正確に主語を置くことができるようになるために必要なことは何かを整理し，大学

生初級英語学習者のクラスにおいて，主語習得に関する指導を提案する．

I think that using the Internet is [good / bad] for two reasons.

First, _____.

For example, _____.

Second, _____.

For instance, _____.

So, using the Internet has many [advantages / disadvantages].

図1　テンプレートの例（Hashio 2018）

2. 主語に関する誤りはなぜ生じるのか

　初級レベルの学習者は，図1のような意見文を作成する課題において，まず空所に入るような日本語文を発想し，それを英訳することで文章を完成させようとするが，馬場 (2008) などが指摘するように，その翻訳のプロセスにおいて，しばしば誤った文が産出される．実際に，図1のように，学生にインターネットの利用に関する意見文を作成させようとすると，多くの学生が，「インターネットはたくさんの情報が得られる．」という日本語をそのまま英語で表そうとしたと思われる "*The Internet can get a lot of information." という誤った英文を産出してしまう．

　このような意見文を作成する課題において，学習者は「インターネットは」から始まる文，すなわち，インターネットのもつ属性を述べる日本語文を発想する．このような後続にX（名詞句）の属性を叙述（解説）させるXを主題といい，「Xは」から始まる文のような "主題＋解説" の構造の文を属性叙述文という (Masuoka 2017)．

　日本語は，「Xは～．」の属性叙述文を基盤とした主題卓越型言語に類型され，必ずしも主語を置くことが要請されないのに対し，英語は，原則，主語を用いなければならない主語卓越型言語に類型される (Li & Thompson 1976; Masuoka 2017) ため，このような構造の違いにより，主題卓越型言語を母語とする主語卓越型言語の学習者は目標言語の習得過程において母語からの負の影響（転移）[1] を受ける (Schachter & Rutherford

1979). Sasaki (1990) や Aoki (2006) などは，主題卓越型言語の日本語の特徴として，「X は」が文頭に置かれること，空主語が許されること，二重主語文が存在することを挙げ，これらの言語的特徴が英語の学習に負の影響を与える[2]可能性を示唆した.

　先述の通り，主題構造からの転移による誤りは，英語の主語周辺に関わるものであり，学習者が「X は」を英語の主語と同一視することから生じる．しかしながら，ここでの名詞句 X は，X がもつ属性の記述を後続で要請する要素であり，動作主に限らない．例えば，(1a) の「この本を」が (1b) のように文頭に移動し，動作の対象を表す「を」が主題標識「は」に交替し，(1b) から (1c) のような文が導かれる．このように，文中の名詞句と後続の格助詞が文頭に移動し，格助詞が主題標識「は」に交替する一連の過程を「主題化」（野田 2007 他多数）と呼ぶ.

　　(1a) 父がこの本**を**買ってくれました.
　　(1b) この本**を**父が買ってくれました.
　　(1c) この本**は**父が買ってくれました.

Sasaki (1990) や Aoki (2006) は，日本語からの転移を受けた学習者は，(1c) の文を "My father bought ..." などのような文ではなく，"*This book bought ..." のような非文を産出してしまうと指摘している.

　一方で，Kuribara (2004) は，(1b) のような「は」を伴わない文頭の名詞句であっても，学習者は主語と認識してしまう可能性があると指摘した．そこで，橋尾 (2017) は，同等の英語運用能力をもつ日本人英語学習者を 3 組に分け，以下の 1 組目に (2a) の文を，2 組目に (2b) の文を，3 組目に (2c) の文を英語で表現させる課題を与えた.

　　(2a) 私たちはインターネットでたくさんの情報が得られる.
　　(2b) インターネットでたくさんの情報が得られる.
　　(2c) インターネットはたくさんの情報が得られる.

　その結果，1 組目は，"We can get a lot of information on the Internet." のような正しい構造の文を産出できたが，2 組目も 3 組目も同程度の割合で "*The Internet can get a lot of information." のような誤った文が産出

された．さらに，追加の課題によって，文頭の「で」が動作の主体を表している (3a) の日本語文を (3b) の英文で表現する際の誤用は少ないが，文頭の「で」がその動作が行われる場所を表している (4a) の日本語文を英語で表す際，(4b) ではなく，(4c) のように表す学習者が多いことも明らかになっている．

(3a) そのお店で新しいイベントを計画している．
(3b) The store is planning a new event.
(4a) この部屋でインターネットを使うことができる．
(4b) You can use the Internet in this room.
(4c) *This room can't use the Internet.

したがって，日本人英語学習者の主語の誤りは，主題標識「は」が日本語文に存在している場合だけに留まらず，英語における主語の要素が日本語文に存在していない場合に生じると導くことができる．また，主語の誤りには，助詞がどのような意味を表すかということ，さらに，日本語が助詞によって意味が決定するということが理解できていないこととも関係していることを理解しておかなければならない．

3．英語の文産出と主語の習得に関する指導法の先行研究

本稿では，大学英語教育において，初級英語学習者の主語の習得に関する指導法の提案を行うため，ここからは，これまで英語の文産出と主語の習得に関してどのような指導がなされてきたのかに関する先行研究をいくつか挙げる．

まず，中等教育の英語教育の問題点として，梅原・冨永 (2014) は，日英語の違いは中高の英語の教科書で明示的に取り上げられていないと指摘している．英語の主語という概念をどのように導入しているかというと，中学英語の検定教科書の *New Horizon I* や *New Crown I* では，文の最初の「～は（が）」に当たる部分が主語であると説明しており，主語に関する誤用を引き起こす可能性があると警鐘を鳴らしている．

一方，初級英語学習者の文産出を促進するための指導法として，Tajino (2017) は，英語は語順が固定され，その語順によって意味が決定すること

を徹底して指導する「意味順指導法」を提案した.「意味順指導法」では，最初に「誰が」（主語）・「する・です」（動詞）にあたる要素を置き，最後に「どこで」（場所）・「いつ」（時間）にあたる要素を置く[3] という英語の固定された意味役割の順序を学習者に意識づけるために，以下の図2のような表を用いて指導する．梅原・冨永 (2014) は，動作主に注目させることで，主題卓越構造からの転移を克服できると提案し，人を動作主主語にとる文だけ身につくまで練習する必要性を主張しているので,「意味順指導法」は，初級英語学習者にとって有効な指導法であり，Jojima *et al.* (2017) などによって,「意味順指導法」による文産出における初級英語学習者への学習効果が実証されている.

誰が	する・です		どこで	いつ
（私たちは）	（得ることができる）	（たくさんの情報を）	（インターネットで）	
We	**can get**	**a lot of information**	**on the Internet**	

図2　意味順指導法の例（Tajino 2017 を参考に作成）

また，吉田・柳瀬 (2004) は，次の (5a) のような普段無意識に使っている日本語 (J1) を (5b) のような英語の構造に依拠した日本語 (J2) [4] に置き換える過程を設けると，学習者が正確に英語を産出することができると提案した.

(5a) うさぎは耳が長い.（J1）
(5b) うさぎの耳は長い.（J2）
(5c) Rabbits' ears are long.

英語の構造による日本語 J2 とはどのような日本語であるかに関して，十分に定義されていないが，前出の Tajino (2017) の意味順で示されている意味役割に沿った日本語であると考えることができるだろう.

さらに，英語による文産出においては，母語である日本語の理解が重要であると前述したが，大津 (2012) は，国語教育と英語教育の連携が重要であるとし，日本語の特徴の理解を基盤とした英語学習を推奨した．また，斎藤他 (2013) は，修飾語・被修飾語の項目に関して，英語と国語の教科横

断型の指導法を提案し，実践研究を行っている．よって，文部科学省が英語を英語で教えることを推奨してはいるが，英語の主語の習得に必要な日本語の助詞の知識を英語教育あるいは国語教育で導入・指導することは極めて重要であると主張する．

4. 日本語の助詞の用法に基づく英語の主語に関する指導法の提案

ここでは，学習者の主語周辺の誤りの問題を踏まえ，先述したいくつかの指導法を統合した主語の習得の指導法を提案する．本稿で提案する指導法は，中学国語で導入される助詞をより詳しく指導し，英語による文産出に応用できるようにすることを目指す．

まず，それぞれの日本語の助詞の用法[5]を導入・説明する．なお，本稿で取り扱う助詞は主題標識の「は」と格助詞「が」・「を」・「に」・「で」を取り上げ，助詞の用法については，益岡・田窪 (1992) を参照し，初級学習者が英語で表すことが可能と思われる用法のみに限定する．

また，「X が」・「X を」・「X に」・「X で」の「X ＋助詞」の組み合わせが，Tajino (2017) の提案する意味順におけるどの意味役割と対応するのかについて指導する．なお，図3は，格助詞「を」の用法と「X を」が意味順の対象・場所に該当することを指導するための授業資料の一部である．

A) 動作や感情を向ける対象を表す⇒意味順の "対象"				
1.「私たちは毎週金曜日に英語を勉強している．」				
主　語	動　詞	相手／対象	場　所	時　間
私たちは	勉強している	英語を		毎週金曜日に
We	study	English		on Fridays

B) 移動の場所・起点を表す用法⇒意味順の "場所"				
2.「歩道を歩くようにしてください．」				
主　語	動　詞	相手／対象	場　所	時　間
	歩くようにしてください		歩道を	
	Walk		along a sidewalk	

図3　助詞「を」を含む日本語文を扱った授業における授業資料の一部

　さらに，「Xが」・「Xを」・「Xに」・「Xで」という要素は，先述したように，文頭に置かれる場合，「Xは」などという主題化された形で表示される．したがって，文頭の主題の「は」がどの助詞と交替したものなのかを指導することも重要である．実際の授業においては，図4のような授業資料を使って，主題化されている要素や日本語文中で表されていない動作主（主語）について解説を行っていくことで，学習者に対して，「は」がどの助詞と交替したものなのかということと，また，英語における主語の要素が日本語文中に表されていない場合にその要素を補足しなければならないということを明示的に指導する．

◆格助詞「を」は文頭に出てくるときは「は」になる場合があるので注意！				
「私たちは毎週月曜日にドイツ語<u>を</u>勉強している.」				
⇔「ドイツ語<u>は</u>毎週月曜日に勉強している.」				
主　　語	動　　詞	相手／対象	場　　所	時　　間
（私たちは）	勉強している	ドイツ語<u>は</u>		毎週月曜日に
We	study	German		on Mondays

図4　主題化された日本語文を扱った授業における授業資料の一部

　このように，日本語の助詞が複数の意味を示すことを踏まえたうえで，Tajino (2017) の提案した「意味順指導法」を活用して文産出のトレーニングを行えば，意見文のような課題においても，学習者は正しく英文の主語を把握し，産出できると期待される．

5.　おわりに

　本稿では，一定の文脈下で日本語を発想し，英語で表すことが求められている Fill-in-the-blank などのような活動において，初級学習者が正しく主語を置くうえで，主題卓越型言語である母語の日本語の意味の決まり方を理解し，主語卓越型言語の英語での学習に活用していくべきであると主張し，日本語の助詞の用法を基盤にした文産出の指導法を提案した．斎藤他 (2013) および Jojima *et al.* (2017) などの実践例に鑑みると，日本語の理解に基づいた指導法は，初級学習者の英語の主語の習得が促進されると導ける．本稿において提案した手法の実践については今後の課題としたい．

注

* 本稿は 2018 年 5 月 19 日に開催された第 40 回日本比較文化学会全国大会において，「初級英語学習者の文産出促進のための指導法に関する提案—制限英作文における主語の設定を中心に」と題した研究発表をもとに加筆・修正したものである．

1. 佐野・岡・遊佐・金子 (2011) は，外国語学習・第二言語習得において，習熟度の低い学習者ほど，自身の母語に依存する傾向が強く，転移が生じやすいと主張している．

2. Jin (1994) は，主語卓越型言語の母語話者が主題卓越型言語を学習する際も負の転移を受けると指摘し，空主語や二重主語の構文が存在しない英語母語話者が日本語と同様に空主語や二重主語の構文が存在する中国語を学習する際にこれらの構文を習得するのが困難であったと指摘している．

3. Tajino (2017) は，英語における意味役割がどのような順序で表されているのかについて，Pinker (1994) や Hasan (1988) などを参照した．また，「する・です」と「どこで」の間には，主に動作の相手や対象が置かれると，当指導では紹介されているが，動作の手段・方法・道具などの要素が表されるとしている．

4. 山内 (1995) は，リーディングの指導などにおいて，英語を日本語へと翻訳する際に，まずは，「中間線」と呼ぶ英語の構造に依存した日本語で表現し，このプロセスの後，自然な日本語へと直していくような教授法の必要性を主張している．この過程は，吉田・柳瀬 (2004) の提案と類似している．

5. 現状，中学国語の検定教科書を見ても，日本語が助詞によって意味が決定することは指導されておらず，助詞についても，格助詞・副助詞・接続助詞といったような概念レベルの解説に留まり，それぞれの格助詞の用法は一切取り上げられていないのが実状である．

参考文献

Aoki, C. (2006) "Interference Caused by Transfer of Characteristics of Topic-Prominent Languages,"『北海学園大学学園論集』130, 21-35.

馬場千秋 (2008)「日本人英語学習者のライティング能力—英作文と日本語作文の関係」，日英言語文化研究会（編）『日英の言語・文化・教育：多様な視座を求めて』307-317，三修社，東京．

Canale, M. & Swain, M. (1980) "Theoretical Bases of Communicative Approaches to Second Language Teaching and Testing," *Applied Linguistics*, 1, 1-47.

Hasan, R. (1988) "The Analysis of One Poem: Theoretical Issues in Practice," In Birch, D. & O'Tool, M. (Eds.), *Functions and Style*, 45-73, Edward Arnold, London.

橋尾晋平 (2017)「日本人初級英語学習者の主語の取り扱いに関する一考察—日本語の主題『〜は』に着目して」日本比較文化学会関西支部 12 月例会口頭発表資料.

Hashio, S. (2018) "The English Debate Instruction to Improve Production Ability among Elementary-Level Japanese EFL Learners: Proposal for "Simplified Debate","『文化情報学』第 13 巻第 1 号 , 74-77.

Jin, H. G. (1994) "Topic-Prominence and Subject-Prominence in L2 Acquisition: Evidence of English-to-Chinese Typological Transfer," *Language Learning*, 44(1), 101-122.

Jojima, T., Oyabu, H., & Jinnouchi, Y. (2017) "Developing a Base of English Expressions Using MAP Grammar," In Tajino, A. (Ed.), *A New Approach to English Pedagogical Grammar: The Order of Meanings*, 175-184. Routledge, London.

Kuribara, C. (2004) "The Identity of Pre-verbal Noun Phrases in Japanese Learners' English,"『外国語教育研究』7, 1-17.

楠見孝 (2012)「批判的思考について—これからの教育の方向性の提言」平成 24 年 9 月 7 日中央教育審議会高等学校教育部会資料 4.

Li, C. N. & Thompson, S. A. (1976) "Subject and Topic: A New Typology of Language," In Charles N. Li (Ed.), *Subject and Topic*, 457-461. University of Texas Press, Austin.

益岡隆志・田窪行則 (1992)『基礎日本語文法』くろしお出版, 東京 .

Masuoka, T. (2017) "Topic and Subject," In Shibatani, M., Miyagawa, S, & H. Noda (Eds.), *The Handbook of Japanese Syntax.* 97-122, Mouton de Gruyter, Berlin.

野田尚史 (2007)「日本語の主題マーカー」中日理論言語学会第 11 回研究会シンポジウム資料.

大津由紀雄 (2012)「日本語への『気づき』を利用した学習英文法」, 大津由紀雄（編）『学習英文法を見直したい』176-192. 研究社, 東京.

Pinker, S. (1994) *The Language Instinct: How the Mind Creates Language*, William Morrow & Company, New York.

斎藤兆史・秋田喜代美・藤江康彦・藤森千尋・柾木貴之・王林鋒・三瓶ゆき (2013)「メタ文法カリキュラム—中等教育における国語科と英語化を繋ぐ教科横断カリキュラムの試み」,『東京大学大学院教育学研究科紀要』53, 255-272.

佐野富士子・岡秀夫・遊佐典昭・金子朝子編 (2011)『第二言語習得：SLA 研究と学習者言語』大修館書店, 東京.

Sasaki, M. (1990) "Topic Prominence in Japanese EFL Students' Existential

Constructions," *Language Learning*, 40, 369-385.

Schachter, J. & Rutherford, W. (1979) "Discourse Function and Language Transfer," *Working Papers on Bilingualism*. 19, 3-12.

Tajino, A. (2017) "MAP Grammar: A Systematic Approach to ELT," In Tajino, A. (Ed.), *A New Approach to English Pedagogical Grammar: The Order of Meanings*, 175-184. Routledge, London.

梅原大輔・冨永英夫 (2014)「日本人英語学習者は主語をどう捉えているか—量的・質的研究」, *JACET Kansai*, 16, 103-122.

山内信幸 (1995)「表現学と英語教育—国語教育との接点を求めて」,『表現研究』62, 23-32.

吉田研作・柳瀬和明 (2004)『日本語を活かした英語授業のすすめ』大修館書店, 東京.

高大接続改革を見据えた英語教育プログラムの開発
—大阪産業大学国際学部の試みを通した考察—

藤　岡　克　則

1. はじめに

　これからの時代を生き抜く若者は，生産年齢人口の急減，労働生産性の低迷，グローバル化・多極化などの難題を乗り越え，変化の激しい予測不可能な社会に順応できる「生きる力」[1] をもった人材として成長しなければならない．彼らの成長を支える柱は教育にある．そして，これからの新たな時代を生き抜き，社会を牽引する人材を育成するための教育改革が喫緊の課題であることは誰もが認識していることであろう．

　しかし，従来の我が国の教育制度においては，小学校・中学校・高等学校・大学という制度に区分けされた各制度内での教育改革は実行しやすいものの，各制度をつなぐ教育改革の実現はかなり厳しいと言わざるをえない．特に，高等学校と大学の接続教育については，入学者選抜が大きなハードルとなり，抜本的改革を実現させることが難しい状況である．例えば，2014 年 12 月 22 日の中央教育審議会の答申『新しい時代の高大接続の実現に向けた高等学校教育，大学教育，大学入学者選抜の一体的改革に向けて〜すべての若者が夢と目標を芽吹かせ，未来に花開かせるために〜』（以降，『高大接続改革答申』）において，「本答申は，教育改革における最大の課題でありながら実現が困難であった『高大接続』改革を，初めて現実のものにするための方策として，高等学校教育，大学教育及びそれらを接続する大学入学者選抜の抜本的な改革を提言するものである」と謳っている．

　本稿においては，上述した新たな時代を見据えた教育における学力の三要素，及び，高大接続改革と英語教育の方向性を概観し，その実現に向けて，大阪産業大学国際学部が着手している「高大接続グローバル人材育成プログラム」の試みについて考察する．

2．学力の三要素と高大接続教育の重要性

　学力の三要素とは，小学校教育を念頭に置き，2007 年 6 月に学校教育法の改正において第 30 条 2 で示されたものであり，①基礎的な知識・技能，②思考力・判断力・表現力等の能力，③主体的に学習に取り組む態度，と簡略化されて提示されることが多いのであるが，[2] 上述の高大接続答申で示された学力の三要素においては，以下のように捉えなおされており，幼児教育，小・中学校で積み上げられてきた教育成果を，高等学校，大学における教育で確実に発展させることにより，初等教育から高等教育を貫く視点に立ち，「確かな学力」を身に付ける教育を重視することが強調されている．

　　学力の三要素を社会で自立して活動していくために必要な力という観点から捉えなおし，高等教育を通じて（ⅰ）これからの時代に社会で生きていくために必要な，「主体性を持って多様な人々と協働して学ぶ態度（主体性・多様性・協働性）」を養うこと，（ⅱ）その基盤となる「知識・技能を活用して，自ら課題を発見しその解決に向けて探究し，成果等を表現するために必要な思考力・判断力・表現力等の能力」を育むこと，（ⅲ）さらにその基礎となる「知識・技能」を習得させること．大学においては，それを更に発展・向上させるとともに，これらを総合した学力を鍛錬すること．（『高大接続改革答申』：6-7）

　溝上（2017）によると，高等学校の教育における学力の三要素を示す場合は，「『多様な人々と協働して学ぶ』という態度を追加するのは，小学校よりも出口に近い高校教育での役割，ひいては学校から仕事・社会へのトランジションを見据えて重要だと考えられる」とし，さらに，「多様な立場，役割，異文化の人々と協働する機会が少なからずあるという，昨今の高度化・複雑化する社会・文化状況を反映させた学習を高校教育，さらには大学教育で実現する，それによって多様な人々と協働する態度を育てようと考えるのである」と述べている．

　学力の三要素という概念は，学力を，その基礎となる「知識・技能」，それを活用する「思考力・判断力・表現力」に加え，「主体性・多様性・協働性」という主体的に多様な人々と協働して学ぶ態度までを含んで捉え

ていることが重要である．この概念は，従来型の学力とは大きく異なる概念であり，このような総合的な学力を育成するための教育の実現には，高等学校と大学のそれぞれの段階において育むべき学力を明確にするとともに，両者をつなぐ大学入学者選抜においても，「主体性・多様性・協働性」という数値化しにくい能力を踏まえた総合的な評価が求められることになる．また，そのような態度も学力であるという意識を高等学校の教育の中で経験を通して高める学習が大切であり，大学教育においては，そのような態度をさらに発展・向上させる教育が求められている．

　高大接続改革と言えば，大学入学者選抜制度の改革が大きく取り上げられているが，この改革の本質は，この先の 10 年後，20 年後の社会を支える人材を育成することにあり，新たな入試制度に対応した受験対策としての教育であってはならない．本質的な教育改革の実現に向けて，高等学校と大学が円滑に接続されるような教育連携が，今日，高等学校と大学に求められていると言えよう．その実現の鍵となるのは，上述した溝上 (2017) で触れている，仕事・社会へのトランジションとしての高等学校の役割であり，さらにトランジションを教育として実現する大学の役割であろう．これは，溝上氏が「トランジション課題」として提示しているものであり，溝上 (2016: 59) では，「近代の学校教育は，そもそも，多くの児童生徒が出口としての仕事・社会生活に適応して，力強く過ごしていくためのものとして発展してきた．今，その学校と仕事・社会がうまくつながらなくなっている」と指摘している．出口に近い高等学校と大学の接続教育改革は，仕事・社会へのトランジションを見直すことでもあると言える．この考え方のもとに，高等学校と大学は，入試制度に留まらず，トランジションとしての教育の役割において，本質的に接続されることが可能となる．それを実現するためには，制度を超えた連携を強化するための，教職員の主体性・多様性・協働性の能力が問われることになる．

3. 高大接続改革と英語教育の意義

　高大接続改革の実行に向けて 2015 年 1 月 16 日に文部科学大臣が決定した『高大接続改革実行プラン』においては，「多様な背景を持った学生の大学への受入が促進されるよう，大学入学希望者の能力・意欲・適性等を

多面的・総合的に評価する大学入学者選抜の改革を行う」という趣旨のもと，改革の方向性として，（1）個別選抜改革を推進するための法令改正，（2）大学入学者選抜実施要項の見直し，（3）アドミッション・ポリシーの明確化，（4）認証評価等の推進，（5）財政措置，の５項目が示されている．本プランは，３つのポリシーの充実と入試制度改革を法令化することによって高大接続改革を制度の観点から促進しようとするものであるが，多面的・総合的な選抜により，大学入学者の学力が多様化することが想像できる．前節で触れた溝上氏の提示した「トランジション課題」が，今後，大学教育が抱える大きな課題になると予測される．[3] 一方で，学生の多様性を積極的に受け入れ，多様な人々と協働して学ぶ機会を重視する教育へと質的に転換できれば，大学教育は仕事・社会へのトランジションとして重要な社会的機能を担う教育機関として発展することになるであろう．[4] その鍵となるのは，グローバル化する社会の在り方を見据えたコミュニケーション能力の育成を重視する英語教育にあると言える．

　再度，『高大接続改革答申』において，英語教育がどのような背景のもとに重要視されているかを確認したい．本答申において，高等学校と大学それぞれの段階において「生きる力」「確かな学力」を育成するためには，生徒・学生自身に教育目標を自覚させること，学習への動機づけを行うこと，意欲を喚起することなどが必要であると指摘した上で，英語教育と異文化理解教育の重要性を以下のように述べている．

　　　また，グローバル化の進展の中で，言語や文化が異なる人々と主体的に協働していくためには，国際共通語である英語の能力を，真に使える形で身に付けることが必要であり，単に受け身で「読むこと」「聞くこと」ができるというだけではなく，積極的に英語の技能を活用し，主体的に考えを表現することができるよう，「書くこと」「話すこと」も含めた四技能を総合的に育成・評価することが重要である．
　　　また，英語のみならず，我が国の伝統文化に関する深い理解，異文化への理解や躊躇せず交流する態度などが求められていることにも留意が必要である．（『高大接続改革答申』：7）

　英語教育においては，技能の習得に留まらず，習得した技能の活用を重視するとともに，多様な人々と協働して学ぶために必要な自国の伝統文化

と異文化への理解や躊躇せず交流する態度の育成が求められている．このことは，自己と他者・社会・世界との関わりの中で言語を捉えるという見方や，外国語の背景や異文化の多様性を尊重して協働するためにコミュニケーションが必要であるという考え方を涵養しながら，[5] 英語の技能の習得と活用を同時に行うようなダイナミックな教育プログラムの構築が英語教育に求められているとも言えよう．[6]

　高大接続改革の観点から英語教育の意義を論じてきたが，「話すこと」「書くこと」を重視した四技能統合型の知識・技能の習得と，習得した技能を活用することに加え，多様な人々と協働して学ぶという態度の育成も，これからの英語教育には求められているのである．さらに，英語を国際共通語として身に付けることや，異文化への理解や躊躇せず交流する態度の育成なども英語教育の目標であることを鑑みると，これからの英語教育は，従来の英語教育と比べれば，学習者の主体性・多様性・協調性が重視される言語教育へと質的に転換していくことが必要である．

4．大阪産業大学「高大接続グローバル人材育成プログラム」の試み

　『高大接続改革答申』を中心に，新しい時代の高大接続の実現に向けて，高等学校と大学を接続させる英語教育の在り方を論じてきた．特に，学力の三要素については，従来型の学力に加え，最終的には「多様な人々と協働して学ぶという態度」が重要であることを指摘した．また，グローバル化する社会における英語教育の在り方として，「積極的に英語の技能を活用し，主体的に考えを表現すること」に加え，「異文化への理解や躊躇せず交流する態度」の育成を到達目標とした授業展開が求められていることを述べてきた．英語教育の到達目標という観点から考えると，近年，「話すこと（やり取り・発表）」を含めた四技能統合型の教育が求められているが，このようなコミュニケーション技能の育成から，さらに大きく一歩踏み込み，「主体性を持って多様な人々と協働して学ぶ態度（主体性・多様性・協働性）」を育成するという新たな到達目標を見据えた英語教育が高等学校と大学に求められる時代が到来したと言える．このような視点から学校教育における英語教育を見直すことは，仕事・社会へのトランジションとしての学校教育の社会的機能，さらには，英語教育の社会的役割

の強化に向けて，英語教育が質的転換期を迎えているのであり，また，それだけ英語教育への社会からの期待が高まっていると言えよう．

大阪産業大学国際学部では，『高大接続改革答申』を受け，上述した社会的機能を担う学校という視点から，高等学校と大学の接続を実践可能な教育プログラムとして捉え直し，2017年より1年間に亘り附属高校と協議を重ね，2018年度後期より，高大接続英語教育実施のために，「高大接続グローバル人材育成プログラム」を開始することとなった．以下，図1にプログラム概要を示す．

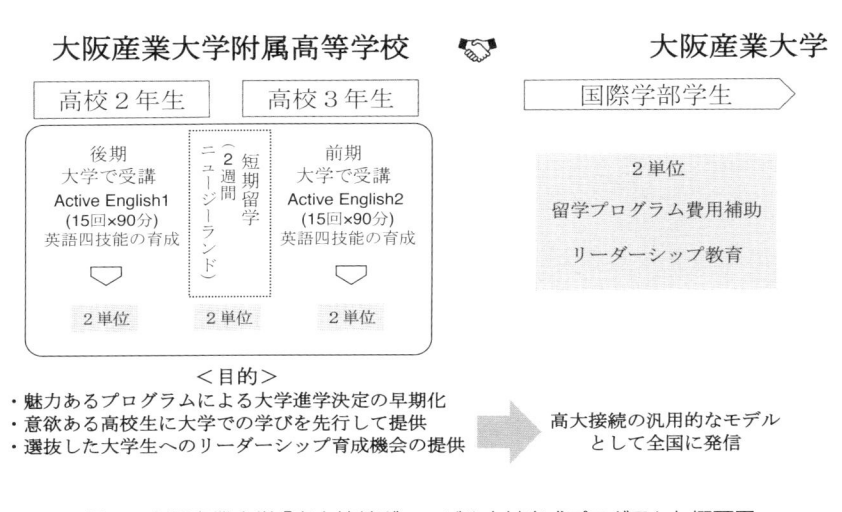

図1 大阪産業大学「高大接続グローバル人材育成プログラム」概要図

本プログラムの概要は以下の通りである．大阪産業大学附属高等学校の2年生を対象に，後期に大阪産業大学国際学部が開講するActive English 1（2単位）を科目等履修生として受け入れる．履修生は，同科目を大学生と同じシラバス・テキスト・授業内容で受講し，大学生と同様に成績評価を受ける．その後，春休み中に2週間，ニュージーランド研修を実施する．

ニュージーランド研修においては，平日の午前中は，語学学校にてインターナショナルクラスで多国籍の生徒たちと英語を学び，午後はグループごとに（リーダーとなる国際学部学生1名と附属高校生4名程度），テー

マ別ワークショップを行う．実際にニュージーランドで働く人々をゲスト
スピーカーに迎えたパネルディスカッションや企業訪問を行うことを通し
て，仕事・社会を英語環境の中で体験して考える機会となる．同時に，大
学生にとっては，リーダーシップを育成する機会となる．研修期間中は全
期間ホームステイを行うことにより，英語環境での生活を実体験する．な
お，本研修は，国際学部開講のプロジェクト演習1（2単位）として評価・
単位認定される．

　帰国後，高等学校3年生前期でActive English 2（2単位）を受講し，
ニュージーランド研修の事後指導に加え，ワークショップで学んだ内容に
ついて，英語で発表とディスカッションを行う．さらに，英語でのプレゼ
ンテーションについて，より専門的な学習を行う．

　高大接続という観点における本プログラムの特徴は，以下に纏められる．
（ⅰ）プログラム受講者選抜において，コミュニケーションをする積極的
　　　な態度や，協働して学ぼうとする意欲を評価する【主体性・協働性】
（ⅱ）高等学校で，英文法やリーディングをしっかり学んでいる高校生に
　　　スピーキング（やり取り・発表）を中心とした大学の授業を提供する
　　　【四技能の総合的育成と評価】
（ⅲ）大学生がエルダーとして授業に加わり，ペアワークやグループ活動
　　　のサポートを行うことにより，大学生へのリーダーシップ育成機会を
　　　提供する【協働性】
（ⅳ）高校生と大学生の混成グループによるニュージーランド研修を行
　　　い，ニュージーランドで生徒・学生主体のグループプロジェクト学習
　　　を実施する【主体性・多様性・協働性】
（ⅴ）高等学校と大学の教員間で，受講者の選抜・授業内容・教授法など
　　　について共同開発を行う【高等学校と大学の組織としての連携】

　以上の特徴から窺えるように，高大接続を見据えた英語教育プログラ
ムを実施することにより，「高大接続答申」で強調される「主体性を持っ
て多様な人々と協働して学ぶ態度（主体性・多様性・協働性）」を育成す
る機会に直接関わるプログラムの実現が期待される．また，体験型学習を
中心にプログラムを開発することにより，「生きる力」や「学力の三要素」
の育成とともに，英語教育においては，四技能を統合的に学ぶ必要性が学
習者の立場からも認識できるものと期待している．[7]

5．おわりに

　これからの時代を生き抜き，日本の社会を牽引する若者は，「生きる力」と「確かな学力」を備えた人材でなければならず，彼らを育てる教育は従来型の学力に留まらず，「主体性を持って多様な人々と協働して学ぶ態度」を養う教育へと質的に転換しなければならない．まさしく，学校の社会的機能が見直されているということであり，このことは，特に，仕事・社会への出口に近い高等学校や大学においては，溝上氏が提示する「トランジション課題」が問われていると言える．加えて，グローバル化する社会における多様な人々とのコミュニケーションという観点から，英語教育においては，四技能の統合的育成に留まらず，社会的機能を重視した「主体性を持って多様な人々と協働するために」コミュニケーションを行うという態度の養成も求められる．本稿では，この課題に向けて，大阪産業大学国際学部と大阪産業大学附属高等学校が協働して2018年度後期より実施することとなった「高大接続グローバル人材育成プログラム」の試みを概観した．なお，本稿執筆の現時点では，本プログラムの申込みと選抜が終了したところであり，授業（および研修）はまだ始まっておらず，従って，教育成果の検証は今後の課題である．

　本プログラムの実施にあたっては，高等学校と大学という教育制度の違い（授業時間や授業期間の違い），同法人でありながら異なる組織間での連携と接続という課題，高校生が大学に移動する時間と手段の確保，単位認定に向けての協定締結（科目等履修制度と登録料の扱い，入学後の単位認定の手順の取り決め），[8] 学部・教務課・入試課・総務課・庶務課という学内組織の連携と教職協働の実現，そして，実際に授業やリーダーシップ研修，ならびに，海外研修引率に関わる教員の業務負担など，多くの部署と教職員・保護者が関わって実現に至った．この過程において高等学校と大学の教職員に問われたことは，まさしく「主体性を持って多様な人々と協働してプログラムを実現させる態度」であったと思う．教える立場の人々が質的に転換しなければ，本当の意味での教育の質的転換は達成できないのかもしれない．

注

1. 初等中等教育から高等教育までを通じた教育において，子供たちに育むべき「豊かな人間性」「健康・体力」「確かな学力」を総合した力のこと．（『高大接続改革答申』参照．）

2. 教育課程企画特別部会の「論点整理」(2015) においては，学力の三要素を教わる生徒の立場から見直すと，以下の3つの柱で構成されるとしている：(i)「何を知っているか，何ができるか（個別の知識技能）」，(ii)「知っていること・できることをどう使うか（思考力・表現力・判断力等）」，(iii)「どのように社会・世界と関わり，よりよい人生を送るか（学びに向かう力，人間性等）」．

3. アドミッション・ポリシーの充実と明確化は，多面的・総合的な評価を導入した大学入学者選抜を通して多様な学力を有する学生を受け入れることにつながり，大学教育におけるアドミッション・ポリシーとカリキュラム・ポリシーの乖離を生じさせるという懸念がある．その乖離を埋める役割として，初年次教育がますます重要な役割をもつと予測できる．同時に，大学のアドミッション・ポリシーの明確化を法令上義務付けることから，さらに一歩踏み出し，高等学校のディプロマ・ポリシーの策定を推進することにより，高大接続教育の意義がより具体性を帯びて実感できると考えられる．

4. 溝上 (2016：60-61) は，協働性を育むための言語活動やグループワークを継続して行っているアクティブ・ラーニングに対して，「個を育てるための協働」となっているかという観点が欠けてはならないと強調している．知識・理解という次元での学力に個人差があるように，協働性においても個人差がある．高大接続改革を通して大学入学者の総合的学力が多様化することにより，教育現場では他者と協働する意欲のないフリーライダーが増えてくることが考えられるが，「小学校から大学まで，それぞれの段階で，『ここでできていなければ，この子は！』くらいの気持ちで育て」ることによって，協働性という意欲の低い児童生徒を教育・指導し，多様な人々と協働して課題に取り組む意欲を育む教育を行うことが重要であろう．

5. 外国語教育において，「見方・考え方」を働かせながら，知識・技能を習得すること，そして，コミュニケーションの場面に関連付けて知識・技能を活用することによって外国語によるコミュニケーションに熟達させることの重要性については，向後 (2016) を参照．

6. 2018年度実施の教員免許状再課程認定に併せて，英語科のみ先行して英語コアカリキュラムが導入されることとなり，英語コアカリキュラム対応表の提出が求められたのであるが，これは小・中・高等学校を貫く英語教育プログラムの再構築に向けて，学力の三要素を柱に英語の指導を行うことができる英語科教員の養成という狙いもあると考えられる．英語コアカリキュラムは，東京学芸

大学が 2017 年 3 月に公表した『文部科学省委託事業「英語教員の英語力・指導力強化のための調査研究事業」平成 28 年度報告書』に示されている．事業の背景には，（i）小・中・高等学校を通じた英語教育改革の動向と，（ii）次期学習指導要領の方向性と教員に求められる資質・能力の養成があり，それを可能にするための専門性を一層重視した指導体制の構築を目指したものである．

7. 本プログラムを実施するにあたり懸念したことは，高校生のニーズであったが，実際には，受講予定者数を超える応募があったことから，本プログラムに対する高校生のニーズは高いことが窺える．実施にあたり，Active English 1 は受講者上限を 20 名，ニュージーランド研修は高校生 16 名・大学生 4 名を上限として設定したが，Active English 1 は申込者が 40 名を超えたため，2 クラス開講とした．（なお，ニュージーランド研修参加者は，必ず Active English 1 を履修するという条件を付けている．）また，ニュージーランド研修参加者は，高校生 17 名，大学生 4 名である．

8. 本プログラムは，大阪産業大学国際学部に入学することを前提としないことも特徴の 1 つである．なお，他大学や他学部へ入学した場合は，科目等履修によって取得した単位が認定されるかどうかは，入学先大学（学部）の規定に基づいて判断される．

参考文献

中央教育審議会 (2014)『新しい時代にふさわしい高大接続の実現に向けた高等学校教育，大学教育，大学入学者選抜の一体的改革について〜すべての若者が夢や目標を芽吹かせ，未来に花開かせるために〜（答申)』2014 年 12 月 22 日．

向後秀明 (2016)「外国語教育とアクティブ・ラーニング」教育課程研究会（編）『「アクティブ・ラーニング」を考える』212-15, 東洋館出版社，東京．

溝上慎一 (2016)「手段として組み込み，期待する学習効果を上げる」教育課程研究会（編）『「アクティブ・ラーニング」を考える』56-67, 東洋館出版社，東京．

溝上慎一 (2017)「（用語集）学力の三要素」溝上慎一の教育論．2017 年 7 月 23 日更新．（最終閲覧日：2018 年 9 月 23 日）
http://smizok.net/education/subpages/aglo_00003(gakuryoku3).html

文部科学大臣決定 (2015)『高大接続改革実行プラン』．2015 年 1 月 16 日．

文部科学省 教育課程企画特別部会 (2015)『論点整理』．2015 年 8 月 26 日．

東京学芸大学 (2017)『文部科学省委託事業「英語教員の英語力・指導力強化のための調査研究事業」平成 28 年度報告書』．2016 年 3 月 30 日更新．（最終閲覧日：2018 年 10 月 21 日）
http://www.u-gakugei.ac.jp/~estudy/report/index.html

あとがき

　本書の企画，編集，出版にあたっては，多くの方々にご尽力いただきました．また，その過程において数々の貴重なご助言をいただきましたことを，編者一同，この場をお借りしてお礼申し上げます．執筆者の皆様には，忙しい授業期間中に執筆していただくことになりました．それでも予定通りに進めていくことができたのは，先生方のご協力の賜物です．山内信幸先生，赤楚治之先生，高坂京子先生には，ご自身の論考をご寄稿いただいただけでなく，折にふれ状況を気にかけてくださり，その都度，適切なアドバイスをいただきました．本書を捧げるべき先生方に，かえって助けていただくというような局面がありました．ここにあらためて感謝申し上げます．

　山梨正明先生，益岡隆志先生，田地野彰先生には，招待執筆者としてのご寄稿を快くお引き受けくださり，本当にありがとうございました．先生方のご寄稿により，広がりと深みのある論文集に仕上がりました．心より御礼申し上げます．

　最後になりましたが，宇治正夫様には本書の企画段階から多くのアドバイスとサポートをいただき，また編集においても大きな支えとなっていただきました．マナ・コムレードの酒井祐次様には，本書作成の各段階において数々のご配慮を賜りました．佐々木元様は，私たちの恩師である故石黒昭博先生とゆかりの深い英宝社に本書を出版していただくという願いを聞き届けてくださいました．心より御礼申し上げます．

　2019 年 1 月

藤　岡　克　則

北　林　利　治

長谷部　陽一郎

執筆者一覧

山 梨 正 明	京都大学名誉教授・関西外国語大学特任教授
益 岡 隆 志	神戸市外国語大学名誉教授・関西外国語大学特任教授
田 地 野 　 彰	京都大学名誉教授・名古屋外国語大学教授
赤 楚 治 之	名古屋学院大学教授
山 内 信 幸	同志社大学教授
高 坂 京 子	立命館大学教授
菊 田 千 春	同志社大学教授
須 川 精 致	名古屋学院大学教授
川 本 裕 未	大阪学院大学教授
三 浦 秀 松	武庫川女子大学准教授
西 山 淳 子	和歌山大学准教授
原 口 智 子	愛知総合看護福祉専門学校非常勤講師
塩 田 英 子	龍谷大学特任講師
*長 谷 部 陽 一 郎	同志社大学准教授
友 次 克 子	静岡理工科大学教授
岡 　 良 和	人間環境大学教授
堀 口 誠 信	徳島文理大学教授
八 尾 紀 子	同志社大学嘱託講師
*北 林 利 治	京都橘大学教授
玉 井 史 絵	同志社大学教授
大 岩 秀 紀	徳島文理大学教授
金 志 佳 代 子	兵庫県立大学教授
藤 井 数 馬	長岡技術科学大学准教授
石 崎 一 樹	奈良大学教授
橋 尾 晋 平	同志社大学大学院博士後期課程・大阪産業大学非常勤講師
*藤 岡 克 則	大阪産業大学教授

*は編者

ことばとの対話 ―― 理論・記述・言語教育 ――

2019年2月5日　印　刷　　　　　　　2019年2月15日　発　行

　　　　　　　　　藤　　岡　　克　　則

編著者 ⓒ　北　　林　　利　　治

　　　　　　　　　長　谷　部　陽　一　郎

発行者　　同志社ことばの会記念論文集刊行会

発売元　株式会社　英　　宝　　社

〒101-0032　東京都千代田区岩本町2-7-7
Tel [03] (5833) 5870　　Fax [03] (5833) 5872

ISBN978-4-269-61033-0 C3082
[組版:(株)マナ・コムレード/ 製版・印刷:(株)マル・ビ /製本:(有)井上製本所]
定価（本体3,200円＋税）